> **基金资助**：江苏省教育厅哲社基金一般项目"创新驱动苏南城市群制造业转型升级路径与对策研究"（2017SJB0425）

江苏制造业转型升级研究

赵 彤 著

东南大学出版社
SOUTHEAST UNIVERSITY PRESS
·南京·

图书在版编目(CIP)数据

江苏制造业转型升级研究 / 赵彤著. —南京：东南大学出版社，2022.5
ISBN 978-7-5641-9271-6

Ⅰ.①江… Ⅱ.①赵… Ⅲ.①制造工业—产业结构升级—研究—江苏 Ⅳ.①F426.4

中国版本图书馆CIP数据核字(2020)第242718号

江苏制造业转型升级研究
Jiangsu Zhizaoye Zhuanxing Shengji Yanjiu

著　　者	赵　彤
出版发行	东南大学出版社
社　　址	南京市四牌楼2号(邮编:210096　电话:025-83793330)
网　　址	http://www.seupress.com
责任编辑	孙松茜
责任校对	张万莹
封面设计	王　玥
责任印制	周荣虎
经　　销	全国各地新华书店
印　　刷	广东虎彩云印刷有限公司
开　　本	700mm×1000mm　1/16
印　　张	11.75
字　　数	237千字
版　　次	2022年5月第1版
印　　次	2022年5月第1次印刷
书　　号	ISBN 978-7-5641-9271-6
定　　价	68.00元

(本社图书若有印装质量问题，请直接与营销部联系。电话:025-83791830)

前　言

　　习近平总书记在党的十九大报告中指出:"我国经济已由高速增长阶段转向高质量发展阶段,正处在转变发展方式、优化经济结构、转换增长动力的攻关期。"这是对我国经济发展阶段变化和现在所处关口做出的一个重大判断。制造业是立国之本、强国之基。在经济新常态发展背景下,我国的经济发展和改革开放已经进入攻坚克难的阶段,中国制造业几十年快速发展所积累的产业结构、发展模式、路径依赖等问题不断被暴露出来。当前,劳动力成本不断上升,投资和出口增速明显放缓,资源消耗和环境污染不断逼近资源和环境承载极限,传统主要依靠规模扩张的粗放型经济增长模式很难持续。如何根据自身的特点,找准制造业全球价值链上的最佳突破口,促进我国制造业成功升级,是我们当前急需解决的重要问题。2015年5月,中国政府发布了《中国制造2025》,这是我国首个制造强国战略的十年行动纲领,规划了未来10年中国制造业的发展蓝图,以一条主线、四个转变、八项对策为核心,推动中国制造做大做强,推动我国制造业转型升级。其中"一条主线"是指以体现信息技术与制造技术的深度融合的数字化、智能化、网络化制造为主线;"四个转变"是指由要素驱动转变为创新驱动、由生产型制造转变为服务型制造、由资源消耗大污染大的粗放制造转变为绿色制造、由低成本竞争优势转变为质量效益竞争优势;"八项对策"分别为:提升产品质量,强化制造基础,推行绿色制造,提升产品设计能力,完善技术创新体系,推行数字化、网络化和智能化制造,发展现代制造服务业,培养具有全球竞争优势的产业集群。在《中国制造2025》的指引下,把握新常态所带来的发展机遇,积极应对国内外环境变化的挑战,从经济发展追求速度向经济发展追求质量转变,将自主创新能力作为未来制造业转型升级的核心和关键因素,依托强大的制度优势和政策支持,突出创新驱动,塑造中国制造业竞争的新优势已迫在眉睫。

　　江苏是长江经济带、长三角地区的重要组成部分,是我国重要的制造业大省。江苏省委十三届三次全委会提出"经济发展高质量,改革开放高质量,城乡建设高质量,文化建设高质量,生态环境高质量,人民生活高质量"。经济高质量发展是江苏"六个高质量发展"的重中之重,是决定江苏高质量发展全局的关键环节。在2008年国际金融危机前,江苏就开始推动以创新驱动为核心的转型升级,高质量发展是转型升级的题中应有之义,经过多年积累,江苏从经济高速增长转向高质量发展已积蓄强劲动能,站在全新起点,江苏经济呈现不同以往的全新特征。"十三五"以来，江苏经济发展进入创新引领加速、质量全面提升的新阶段，江苏紧扣"强富美高"总目标，深化"两聚一高"实践，深入践行"争当表率、争做示范、走在前列"新使命新要求，坚持制造强省建设不动摇，持续保持和强化制造业在全省经济社会发展中的支柱地位和引领作用，努力构建自主可控安全高效的现代产业体系，依托雄厚的产业基础和相对完善的市场机制，加快建设具有全球影响力的产业科技创新中心、具有国际竞争力的先进制造业基地、具有世界聚合力的双向开放枢纽。2017年12月12日，习近平总书记在视察江苏时指出："必须始终高度重视发展壮大实体经济，抓实体经济一定要抓好制造业"，"装备制造业是制造业的脊梁，要加大投入、加强研发、加快发展，努力占领世界制高点、掌控技术话语权，使我国成为现代装备制造业大国"。这一重要讲话，深刻指出了制造业之于实体经济、实体经济之于经济发展的重大意义，具有很强的针对性和指导性。作为制造业大省，制造业一直是江苏的优势和长项所在。江苏发展实体经济的重点在制造业，难点也在制造业。江苏制造业层次和水平还处于中低端，核心关键技术突破还不够。当前，数字经济、共享经济、产业协作正在重塑传统实体经济形态，全球兴起了以智能制造为代表的新一轮技术创新与产业变革，数字化、网络化、智能化日益成为未来制造业发展的主要趋势，全球制造业正处于转换发展理念、调整失衡结构、重构竞争优势的关键节点。江苏要在新一轮产业变革中抢占竞争制高点，迫切需要通过全省统筹、省市联动的方式，加速制造业转型升级与提质增效，形成高质量发展的制造业竞争新优势。

本书以江苏制造业转型发展为研究对象，依据区域经济学、产业经济学、经济地理学等学科理论，采用定性分析、统计分析与计量分析、案例研究等方法，梳理江苏制造业发展脉络与特点，测算分析江苏制造业集聚水平及影响因素，从江苏制造业转型升级现实条件出发，评价江苏制造业转型升级方向和速度，分析制约江苏制造业转型升级的内在因素和外在因素，破解路径依赖的锁定效应，对于优化资源配置，推动"新常态"下江苏制造业转型升级，具有重要意义。

目 录

第1章 绪论 ·· 1
   1.1 研究背景与意义 ··· 1
   1.2 文献综述 ··· 11
   1.3 研究方法与内容 ··· 17

第2章 概念界定与理论基础 ··· 20
   2.1 概念界定 ··· 20
   2.2 基础理论 ··· 24
   2.3 本章小结 ··· 38

第3章 江苏制造业发展脉络及特点 ·· 39
   3.1 江苏制造业总体发展态势 ··· 39
   3.2 江苏制造业发展的历史进程 ·· 43
   3.3 江苏制造业在全国经济中地位的变化 ······························ 47
   3.4 江苏制造业发展的主要特点 ·· 51

第4章 江苏制造业产业集聚水平测算及影响因素分析 ················· 57
   4.1 江苏制造业产业集聚水平测算 ······································· 57
   4.2 江苏制造业集聚影响因素的实证分析 ······························ 69
   4.3 结论与对策建议 ··· 75

第5章 江苏制造业转型升级的现实基础 ···································· 77
   5.1 "新常态"下江苏制造业转型升级的认识 ························ 77
   5.2 江苏制造业发展类型演变特征与态势分析 ······················· 84
   5.3 本章小结 ··· 92

第6章 江苏制造业转型升级的方向和速度测度 … 93
6.1 转型升级测度模型与数据来源 … 95
6.2 江苏制造业转型升级方向测度结果分析 … 96
6.3 江苏制造业转型升级速度测度结果分析 … 101
6.4 对策性建议 … 105
6.5 本章小结 … 106

第7章 江苏制造业转型升级评价及影响因素分析 … 110
7.1 江苏制造业转型升级评价 … 110
7.2 江苏制造业转型升级的影响因素分析 … 122
7.3 本章小结 … 131

第8章 国内外典型地区和代表性企业制造业转型升级的经验借鉴 … 132
8.1 德国制造业转型升级 … 132
8.2 英国制造业转型升级 … 136
8.3 东盟制造业转型升级 … 139
8.4 韩国制造业转型 … 144
8.5 国内典型地区制造业转型升级 … 146
8.6 制造业企业转型升级的案例分析——以南京××企业"智能化"和"数字化"转型 … 149
8.7 本章小结 … 154

第9章 加快江苏制造业转型升级的对策性建议 … 155
9.1 打造产业链,推动制造业转型升级 … 156
9.2 自主创新,推动制造业转型升级 … 159
9.3 集聚人才,推动制造业转型升级 … 160
9.4 财政支持,推动江苏省制造业转型升级 … 162
9.5 税收扶持,推动江苏制造业转型升级 … 164
9.6 金融助力,推动制造业转型升级 … 167
9.7 本章小结 … 168

参考文献 … 169

后记 … 182

第1章 绪 论

1.1 研究背景与意义

1.1.1 研究背景

1.1.1.1 发达国家重塑高端制造业竞争优势

后金融危机时代,欧美发达国家重新认识制造业这一基础产业的重要性,改变了"重金融、轻制造"的观念,提出振兴制造业尤其是高端制造业发展战略,比如英国推出的"重振制造业战略"、德国提出的工业4.0战略、美国的再工业化战略升级版等等。无论是德国的工业4.0战略,还是美国的再工业化战略升级版,都以涉及国家安全和高端、战略性产业作为主攻方向,以信息物理融合系统为基础,通过信息通信技术(互联网)和网络空间虚拟技术(物联网)相结合,实现制造业的智能化生产,并以生产的高度数字化、网络化及机器自组织为典型特征。

2008年国际金融危机爆发后,美国不再接受"创造在这里,制造在海外"(invent here, manufacture overseas)的格局,于2009年提出再工业化和制造业回归。奥巴马政府提出的"再制造业化"战略是指发展先进制造业、材料工业、清洁能源技术与产业、医疗卫生、环境与气候变化、信息通信领域等,保持美国制造业价值链上的高端位置和全球控制者地位。2009年2月,美国政府通过了《美国复兴与再投资法案》,标志着美国再工业化发展战略升级版正式启动。该法案计划耗资7 870亿美元,鼓励发展新能源、环保等战略性新兴产业,推动美国制造业的高端化发展。2009年12月,奥巴马政府发布《振兴美国制造业框架》,计划从7个方面破解再工业化难题。2010年1月,奥巴马在《国情咨文》中又提出"出口倍增计划",旨在未来5年使美国的出口翻一番,并在国内创造200万个就业岗位。2010年8月,奥巴马政府签署了《美国制造业促进法案》,提出重塑美国高端制造业的领先地位。2010年,美国在清洁能源技术和产业、医疗卫生、环境与气候变化、信息通讯、材料与先进制造等领域出台了一系列新的计划与政策措施。2011年6月,美国政府推出了"先进制造业伙伴关系"计划(AMP),通过政府、高校及企业的合作推动美国制造业的高端化发展,其中包括缩短材料技术开发和应用周期、创新能源高效利用的制造工艺、投资机器人技术和提高国家安全相关行业制造水平四个方面。2012年2月,美国国家科学和技术委员会发布了《先进制造业国家战略计划》,提出加大中小企业投资、提高劳动力技能、建立健全伙伴关系、调整和优化政府投资、加大研发投入力度共五大目标。① 特朗普政府的"重振制造业"战略偏向"制造业回归"战略,特朗普签署多项总统行政令,设立贸易和制造政策办公室,改革税收制度等,重点是将美国制造企业的对外投资和制造品的进口转变为对内投资和对外出口,通过提高进口关税,重开贸易谈判;企业所得税改革,对就业岗位回流公司减税;放松金融管制和企业环保管制;鼓励企业投资,加大基础设施建设等措施,将制造业外包订单留在国内。根据2018年2月CRS发布的《国际视角下的美国制造业》(U. S. Manufacturing in International Perspective)报告,2002年美国制造业在全球制造业中的份额为28%,其后不断下降,2009年出台"再制造业化"战略后,中止下降趋势,2011年为16.5%,2016年上升到18%。从2010年开始,美国制造业增加值逐年增加,2017年比2008年提高了21.0%,比2009年提高了28.1%,其中耐用品增长39.2%,非耐用品增长16.1%。② 2010年开始,中国取代美国成为最大的制造国。2016年,中国制造业增加值3.08万亿美元,GDP中占比为27%;美国制造业增加值2.18万亿美元,GDP占比为12%。尽管在制造业增加值世界排名方面,美国居于中国之后,但美国制造业产品出口国内增加值占比高于中国。根据经济合作与发展组织(OECD)的计算,2014年美国制成品出口中78%来自国内的增值,中国国内增值比重不到65%。比如,中国是计算机和光学设备产品最大的出口国,美国89%来自国内增值,但中国国内增值比重不到50%。③

德国工业4.0发展战略的提出主要基于三方面原因:一是制造业领域的全球竞争日趋激烈,美国再工业化战略和亚洲制造业的崛起都威胁着德国制造业的地位。二是信息与互联网技术一直是德国制造业弱项,与谷歌(Google)、亚马逊(Amazon)等为代表的美国跨界融合企业相比,德国制造业的优势明显不足。三是制造业市场需求正在发生变化,即由追求同质化、规模化向强调个性化和定制化转变。基于此,2010年7月,德国于《高技术战略2020》报告中提出工业4.0概念。2013年4月,德国正式提出《实施"工业4.0"战略建议书》,并于汉诺威工业博览会正式推出。德国工业4.0发展战略的主要思路为:一个网络、两大主题、三

---

① 丁平. 美国再工业化的动因、成效及对中国的影响[J]. 国际经济合作,2014(4):21-28.
② 数据来自:U. S. DEPARTMENT OF COMMERCE, Industry Data. Value Added by Industry. November 01,2018. https://apps.bea.gov/iTable/iTable.cfm? ReqID=51&step=1#reqid=51&step=51&isuri=1&5114=a&5102=1.
③ OECD. Trade in Value Added, Origin of Value Added in Gross Exports[J]. //Congressional Research Service. Marc Levinson, U. S. Manufacturing in International Perspective, February 21,2018:5.

项集成、八项计划、三个转变①。

2016年,安倍政府成立"第四次产业革命官民会议",下设人工智能技术战略会、第四次产业革命人才培养促进会等,大力发展代表人工智能技术产业化的机器人产业。制造业服务化发展趋势,已经成为日本制造业企业提升产品附加值和竞争力的一个重要途径。再如,随着新冠肺炎疫情的蔓延,数字化成为日本促进产业及经济复苏的一个重要抓手。日本政府积极推动企业加快调整,制造业数字化、智能化转型将迎来大发展时代。②

在全球制造业发展的新趋势和我国制造业竞争优势流失的双重压力下,加快我国制造业结构调整和发展方式转变,在全球产业竞争中尽快实现从"组装者"向"整合者"和"创新者"的转变已迫在眉睫。③ 在今后20年,实现我国从制造大国到制造强国的跨越式发展④,未来在全面建设小康社会的过程中,就必须依靠创新驱动实现制造业从平面式数量扩张到立体式质量提升的变化。⑤

1.1.1.2 发展中国家制造业追赶势态显现

20世纪60年代,东盟国家大力发展工业化,着力发展劳动密集型产业。工业化战略的实施,一方面改变了东盟各国传统单一的经济结构;另一方面,制造业对经济贡献率不断加大。"出口加工区"的设立,又进一步推动东盟各国工业化进程,并克服了资金不足的难题,促使其经济在整个70年代和80年代初期飞速发展⑥。20世纪90年代,受国际贸易条件恶化和国内生产成本增加等因素影响,东盟出现"去工业化"的趋势,过度强调以金融业为代表的服务业发展。受美国"再工业化"的影响,东盟各国现已意识到工业是经济增长的核心,以及制造业"乘数效应"对提振国民经济的重要作用。为应对"去工业化"带来的负面影响,东盟国家纷纷提出"再工业化"发展战略,通过政府的帮助实现传统工业部门复兴和鼓励新兴工业部门增长,来推进实体经济的转型与复苏。泰国、越南、菲律宾等东盟国家同时具备劳动力和成本优势,为避免同质性竞争,保持制造业优势,推行制造业"差异化"战略。泰国定位为亚洲汽车生产中心,越南是世界新兴电子工业中心,菲律宾为劳务输出和人力密集型制造业中心,新加坡为知识研究型中心,包含电子信息产业。越南依靠其快速发展的经济、廉价劳动力和便捷的地理位置等优势正在成为世界新兴电子工业中心,受到众多电子厂商和世界大型手机生产企业的

---

① 李云志."工业4.0"时代的管理架构研究[J].管理观察,2014(24):95-96.
② 徐梅.日本制造业强大的原因及镜鉴[J].人民论坛,2021(S1):116-121.
③ 叶琪.世界创新竞争驱动制造业转型的机理与验证[J].工业技术经济,2015,34(1):29-36.
④ 周济.制造业数字化智能化[J].中国机械工程,2012,23(20):2395-2400.
⑤ 周民良,梁仁.日本建设低碳社会的着力点及启示[J].中国发展观察,2012(11):45-48.
⑥ 王正毅.东盟国家的工业化战略及其对产业布局的影响[J].人文地理,1994,9(2):54-59.

青睐。三星超 50%的手机出口以及 1/3 的电子产品出货量,都由越南生产。2021 年三星(越南)公司营业收入 742 亿美元,增长 14%,出口额达 655 亿美元,增长 16%。截至 2021 年底,三星电子在越南投资总额达 180 亿美元,较 2020 年增长 102%。① 劳动力素质高、成本低的独有优势吸引了不少西方企业将制造业转移到菲律宾。2016 年菲律宾工业产值为 939.88 亿美元,同比增长 8.5%,其中,制造业产值 598.93 亿美元,占比 16.3%,建筑业、电力能源和矿业产值分别为 220.98 亿美元、95.9 亿美元、24.07 亿美元,分别占比 6%、2.6%和 0.7%,电子、食品等制成品,占制造业产出比重约 60%。② 泰国凭借国内发达的公路交通网络和基础设施、充裕的电力及低通货膨胀率,吸引外资大力发展汽车制造业。2017 年,汽车销售量超过 85 万的预期目标,累计 87.1 万辆,同比增加 13.4%,国内汽车产量超过 180 万辆既定目标,累计 198.8 万辆,同比增加 2.28%。③ 2018 年,泰国汽车生产总量为 2 167 694 辆,同比增加 9%,国内销售总量 1 039 158 辆,同比增加 19.2%,出口销量 1 140 640 辆,同比增加 0.1%。④ 2016 年,泰国推出工业 4.0 计划,旨在促进创新型产业发展,泰国经济发展前景再度看好。在创新驱动经济发展战略指导下,泰国制定十大目标产业,即现代汽车制造、智能电子、高端旅游及保健旅游、农业和生物技术、食品加工 5 个已有优势产业,加上机器人制造、航空业、生物燃料和生物化学、数字经济、全方位医疗 5 个未来产业。

  2018 世界经济论坛东盟会议主题是"东盟 4.0:企业精神和第四次工业革命",会议聚焦东盟地区未来发展方向,集中讨论东盟一体化及新愿景、数字时代下的经济新模式和治理体系、东盟国家在第四次工业革命背景下的经济增长新动能、地区和世界治理体系中的企业融入等议题。⑤ 在印尼政府已经推出的工业 4.0 路线图中,食品饮料、汽车、电子、纺织、化工 5 个领域将成为制造业试点,配合对应的创新计划、人力资源结构发展规划,到 2045 年,印尼有望迈入高收入国家行列,工业 4.0 可促使这一目标早日实现,届时经济年增长率将达到 26.4%,人均收入将达到 2.9 万美元。⑥ 东盟迎接"工业 4.0"具有人口红利明显、互联网

---

① 越南制造业火爆背后:外资带飞,可自己没有翅膀[EB/OL]. (2022-05-07)[2022-05-08]. https://baijiahao.baidu.com/s?id=1732153773189682660&wfr=spider&for=pc.
② 菲律宾国家概况[EB/OL]. (2018-07-23)[2019-04-12]. https://www.fmprc.gov.cn/chn//gxh/cgb/zcgmzysx/yz/1206_9/1207/.
③ 2017 年泰国汽车总产量 198.8 万辆[EB/OL]. (2018-01-27)[2019-04-10]. http://chiangmai.mofcom.gov.cn/article/jmxw/201801/20180102704859.Shtml.
④ 定了!2019 年泰国汽车产销总量 215 万辆[EB/OL]. (2019-02-11)[2019-04-12]. http://www.sohu.com/a/294144244_761161.
⑤ 2018 世界经济论坛东盟会议聚焦工业 4.0[EB/OL]. (2018-09-11)[2019-04-11]. http://world.people.com.cn/n1/2018/0911/c1002-30287137.Html.
⑥ 印尼政府将推出工业 4.0 路线图[N]. 印尼商报, 2018-04-03.

用户占比高等优势。以越南为例,越南的互联网用户占总人口一半以上,基于移动互联网的创业创新产品不断涌现。越南正推进通信、农业、安全设备、智能住宅等领域与"工业4.0"相结合:一方面积极与国际知名企业合作,引进先进技术理念;另一方面,在高校开设数字化、人工智能等专业,培养适应"工业4.0"需求的人力资源。

综合来看,东盟制造业尤其是传统工业部门的发展优势和潜力较大,东盟政局基本稳定,经济增速较快。东盟国家的国内GDP从1970年的376亿美元猛增到2016年的2.6万亿美元,2018年经济增长率为4.9%,预期未来五年平均增长速度为5.3%,其中,缅甸、越南、菲律宾增速迅猛。[1] 东盟国家落实"差异化"发展战略,出台各种优惠政策,大力发展互联互通,制定工业4.0等措施,东盟各国积极搭乘中国"一带一路"的快车,以钢铁、水泥和纺织服装为首的传统工业在生产体系中拥有比较优势,发展空间较大。其他优势产业拥有一定发展空间,如马来西亚的电子商务、泰国的新能源汽车、印尼的航空航天及越南的可再生能源等。在后危机时代,发达经济体重启再工业化道路,全球价值链体系进入了深度调整期。全球价值链的调整对深度嵌入全球价值链分工体系的东盟制造业来说造成了巨大的影响。随着发达经济体"双转移"步伐的加快推进,东盟国家承接了更多的低端制造业生产,使其低端制造业的分工地位在后危机时代显著提升(特别是泰国和越南),在全球价值链中的影响力也越来越大。[2]

1.1.1.3 中国制造业大国的地位进一步巩固

2014年5月,习近平总书记在河南考察时强调,我国经济发展处于重要战略机遇期,应"从当前我国经济发展的阶段性特征出发,适应新常态,保持战略上的平常心态"。随后又在2014年亚太经合组织工商领导人峰会开幕式上发表了《谋求持久发展,共筑亚太梦想》的演讲,指出中国经济呈现出新常态的几个主要特点:①从高速增长转为中高速增长;②经济结构不断优化升级,第三产业逐步成为主体,城乡区域差距逐步缩小,居民收入占比上升,发展成果惠及更广大民众;③从要素驱动、投资驱动转向创新驱动。[3] 2014年10月21日,李克强总理在第21届亚太经合组织财长会上提出,中国经济运行"仍处在合理区间,并出现了一些积极、深刻的趋势性变化","结构优化更趋明显"。中国经济发展的"新常态"由

---

[1] 美媒:2020年东盟有望成世界第五大经济体[EB/OL].(2017-08-08)[2019-04-13]. http://world.huan-qiu.com/exclusive/2017-08/11096306.html? agt=1079.

[2] 张彦.全球价值链调整下的东盟制造业发展[J].东南亚研究,2020(2):16-39.

[3] 习近平.谋求持久发展 共筑亚太梦想:在亚太经合组织工商领导人峰会开幕式上的演讲(2014年11月9日,国家会议中心)[N].人民日报,2014-11-10(2).

此被正式提出,并随着2014年中国宏观经济的现实演进而渐现端倪。① 中国经济新常态是指在当前社会发展条件下,中国经济发展的新模式和新方向。新常态首先是"新",就是说中国经济不同以往,发展条件和环境已经发生重大变化,传统的"高速度＋高失衡"的粗放增长模式不可持续,经济增长速度和模式将有新转变；新常态其次是"常",就是说未来我国经济增长将会从过去40多年两位数的高增长进入到中速增长阶段,并且中速增长将是常态。② 新常态给中国带来新的发展机遇。

党的十九届五中全会通过的《中共中央关于制定国民经济和社会发展第十四个五年规划和二〇三五年远景目标的建议》明确提出,坚持把发展经济着力点放在实体经济上,坚定不移建设制造强国,强调"保持制造业比重基本稳定"。习近平总书记强调,"制造业是国家经济命脉所系","把实体经济特别是制造业做实做强做优","加快建设制造强国"。"十三五"时期,我国工业领域以供给侧结构性改革为主线,大力实施制造强国战略,深入推进"三去一降一补",实现平稳较快增长,总体实力显著增强,世界第一制造大国的地位进一步巩固,产业结构不断优化升级,中高端制造保持快速增长,新动能持续增强,有力推动我国工业向高质量发展迈进。2012年以来,我国制造业增加值占GDP的比重呈波动下降趋势,由2012年的31.53%下降到2019年的27.17%,全国规模以上制造业规模增速也从2012年的10.0%逐年降至2019年的6.0%,步入持续中低速增长阶段。

经济结构继续优化,三产对经济的贡献率创历史新高,消费的贡献大幅提高。从三次产业结构看,2018年,第一、二、三产业占GDP的比重分别为7.2%、40.7%和52.2%,对GDP增长的贡献率分别为4.0%、35.8%和60.1%,较上年变化－0.9、－0.5和1.3个百分点,其中第三产业的贡献率创历史新高。从最终需求看,最终消费支出、资本形成总额和净出口对GDP增长的贡献率分别为76.2%、32.4%和－8.6%,比上年变化17.4、0.3和－17.8个百分点,分别拉动GDP 5.0、2.1和－0.6个百分点。互联网消费贡献突出,全国网上零售额90 065亿元,比上年增长23.9%。全年实物商品网上零售额增长25.4%,占社会消费品零售总额的比重达18.4%,比上年提高3.4个百分点。全年完成邮政行业业务总量12 345亿元,比上年增长26.4%。全年快递业务量507.1亿件,快递业务收入6 038亿元。全年完成电信业务总量65 556亿元,比上年增长137.9%；移动宽带用户130 565万户,增加17 413万户。全年移动互联网用户接入流量711亿GB,比上年增长189.1%。

---

① 李智.新常态下中国经济发展态势和结构动向研究[J].价格理论与实践,2014(11):7-12.
② 揭仕军.经济新常态下增长转型与增速预测:基于新中国70年的时间序列数据[J].经济问题探索,2020(6):9-18.

整体上生产增长放缓，传统行业增速低，新经济新产业快速发展。2018年规模以上工业增加值同比增长6.2%，较上年放缓0.2个百分点。其中，传统行业增速放缓明显，纺织、造纸、化学原料和化学制品制造业增速分别为1.0%、1.0%和3.6%，较上年放缓3.0、3.2和0.2个百分点。与此形成鲜明对比的是，新产业新业态快速崛起。2018年高技术制造业、战略性新兴产业和装备制造业增加值分别比上年增长11.7%、8.9%和8.1%，增速分别比规模以上工业快5.5、2.7和1.9个百分点。新兴工业产品产量快速增长，铁路客车、新能源汽车、智能电视、锂离子电池和集成电路分别增长183.0%、40.1%、18.7%、12.9%和9.7%。信息服务业一枝独秀，同比增速高达30.7%。全年软件和信息技术服务业完成软件业务收入63 061亿元，按可比口径计算，比上年增长14.2%。从子行业来看，移动游戏、网络购物约车平台、旅游平台、大数据云计算等众多子行业增速达30%～50%。每个子行业都诞生了一批独角兽企业，使得中国企业在全球创新创业领域的话语权迅速提升。截至2018年底，中美独角兽企业分别占全球比重为28%和48%。未来信息服务业与人工智能、AR、VR技术结合仍将释放巨大的增长潜力，为中国经济发展提供重要动能。

在经济新常态发展背景下，我国的经济发展和改革开放已经进入攻坚克难的阶段，中国制造业几十年快速发展所积累的产业结构、发展模式、路径依赖等问题不断被暴露出来。当前，劳动力成本不断上升，投资和出口增速明显放缓，资源消耗和环境污染不断逼近资源和环境承载极限，传统主要依靠规模扩张的粗放型经济增长模式很难持续。我国应如何根据自身的特点，找准制造业全球价值链上的最佳突破口，促进我国制造业成功升级，是我们当前急需解决的重要问题。2015年5月，中国政府提出了《中国制造2025》，这是我国首个制造强国战略的十年行动纲领，规划了未来10年中国制造业的发展蓝图，以一条主线、四个转变、八项对策为核心，推动中国制造做大做强，推动我国制造业转型升级。其中"一条主线"是指以体现信息技术与制造技术的深度融合的数字化、智能化、网络化制造为主线；"四个转变"是指由要素驱动转变为创新驱动、由生产型制造转变为服务型制造、由资源消耗大污染大的粗放制造转变为绿色制造、由低成本竞争优势转变为质量效益竞争优势；"八项对策"分别为：提升产品质量、强化制造基础、推行绿色制造、提升产品设计能力、完善技术创新体系、推行数字化网络化和智能化制造、发展现代制造服务业、培养具有全球竞争优势的产业集群。[①] 在《中国制造2025》的指引下，把握新常态所带来的发展机遇，积极应对国内外环境变化的挑战，从经济发展速度向经济发展质量转变入手，将自主创新能力作为未来制造业转型升级

---

① https://baike.so.com/doc/8385315-8703052.html.

的核心和关键因素,依托强大的制度优势和政策支持,统筹规划突出创新驱动,塑造中国制造业竞争的新优势已迫在眉睫。

1.1.1.4 江苏制造业进入高质量发展阶段

习近平总书记在党的十九大报告中指出:"我国经济已由高速增长阶段转向高质量发展阶段,正处在转变发展方式、优化经济结构、转换增长动力的攻关期。"这是对我国经济发展阶段变化和现在所处关口做出的一个重大判断。江苏省委十三届三次全委会提出"经济发展高质量,改革开放高质量,城乡建设高质量,文化建设高质量,生态环境高质量,人民生活高质量"。经济高质量发展是江苏"六个高质量发展"的重中之重,是决定江苏高质量发展全局的关键环节。在2008年国际金融危机前,江苏就开始推动以创新驱动为核心的转型升级,高质量发展是转型升级的题中应有之义,经过多年积累,江苏从经济高速增长转向高质量发展已积蓄强劲动能,站在全新起点,江苏经济呈现不同以往的全新特征。

消费成为拉动经济增长的主力军,投资质量与外贸结构逐步改善。2017年,江苏消费贡献率达61.7%,稳居"三驾马车"之首。从消费支出结构来看,居民消费升级趋势加快。2017年江苏居民人均用于食品烟酒和衣着的支出占总消费比重为34.2%;居民人均用于教育文化娱乐的支出占总消费比重为11.7%,说明江苏居民用于生存型消费的支出在减少。当前,江苏城乡居民拥有汽车比例已超过1/3,洗衣机、电冰箱、彩色电视机等耐用品已经成为家庭"标配";智能手机、计算机等信息产品基本普及,中高档乐器、健身器材、组合音响等享受型消费达到一定比例。这表明,江苏正在进入以耐用品消费为主的"高额群众消费"。伴随居民对消费品品质及服务质量的要求越来越高,江苏现有供给体系质量与效益面临极大的提升压力,这也反映了整个社会存在向"追求生活质量阶段"转变的强烈需求。消费率提升与消费迭代效应叠加,强力推进经济从以往"生产者导向"转向"消费者导向",高品质需求倒逼高质量供给。[①] 从投资结构看,2018年第一产业投资比上年增长6.7%,第二产业投资增长7.9%,第三产业投资增长3.7%。第二产业投资中,工业投资增长8.0%,其中制造业投资增长11.2%;制造业投资占项目投资比重为59.0%,对全部投资增长的贡献率达79.9%。工业技术改造投资增长10.7%,占工业投资比重达55.0%。高新技术产业投资增长15.2%。电子及通信设备、计算机及办公设备、新能源、医药、智能装备、仪器仪表制造业投资分别增长23.9%、22.6%、19.0%、14.9%、14.8%和11.4%。第三产业投资中,科学研究和技术服务业增长6.8%,水利、环境和公共设施管理业增长2.4%,文化、体育

---

① 夏锦文,吴先满,吕永刚,等.江苏经济高质量发展"拐点":内涵、态势及对策[J].现代经济探讨,2018(5):1-5.

和娱乐业增长8.5%。这表明投资结构在改善,成为产业转型升级的有力支撑。从进出口情况看,2018年全省完成进出口总额43 802.4亿元,比上年增长9.5%。其中,出口26657.7亿元,增长8.4%;进口17 144.7亿元,增长11.3%。从贸易方式看,一般贸易进出口总额21 342.6亿元,增长10.9%;占进出口总额比重达48.7%,超过加工贸易9.4个百分点。从出口主体看,国有企业、外资企业、私营企业出口额分别增长17.7%、3.6%和15.1%。从出口市场看,对美国、欧盟、日本出口比上年分别增长6%、6.9%和5.5%,对印度、俄罗斯、东盟出口分别增长4.4%、10.5%和13%。从出口产品看,机电、高新技术产品出口额分别增长8.9%、8.5%。对"一带一路"沿线国家出口保持较快增长,出口额6459.6亿元,增长8.9%;占全省出口总额的比重为24.2%,对全省出口增长的贡献率为25.7%。这表明江苏进出口结构进入持续改善阶段。

产业转型升级深度推进,制造业结构持续优化。2018年实现地区生产总值92 595.4亿元,比上年增长6.7%,三次产业增加值比例调整为4.5∶44.5∶51。服务业增加值占GDP比重比上年提高0.7个百分点,继2015年以来第四年实现第三产业比重超过第二产业,第三产业已经成为经济增长的第一动力。全省高技术产业、装备制造业增加值比上年分别增长11.1%和8%,高于规模以上工业6个和2.9个百分点;对规上工业增加值增长的贡献率达43.4%和74.2%。分行业看,电子、医药、汽车、专用设备等先进制造业增加值分别增长11.3%、10.4%、7.2%和12.5%。代表智能制造、新型材料、新型交通运输设备和高端电子信息产品的新产品产量实现较快增长。新能源汽车、城市轨道车辆、3D打印设备、智能电视、服务器等新产品产量比上年分别增长139.9%、107.1%、51.4%、36.4%和26.2%。这表明,江苏制造业中的新产业、新业态的占比快速提升,推动制造业内部结构不断优化,正在重塑江苏制造业的结构、质量与内涵。

经济增长动力加速向创新驱动转换,创新正塑造高质量发展动能。2018年,江苏省专利申请量、授权量分别达60.03万件、30.7万件,其中发明专利申请量19.88万件,比上年增长6.31%;发明专利授权量4.2万件,增长1.21%;PCT专利申请量达5 500件,增长19.8%;万人发明专利拥有量达26.45件,增长17.56%。全省企业共申请专利43.76万件。全年共签订各类技术合同4.2万项,技术合同成交额达1 152.6亿元,比上年增长32%。省级以上众创空间达746家。2018年,江苏共有50个项目获国家科技奖,获奖总数位列全国各省第一。新认定国家高新技术企业超过8 000家,企业研发经费投入占主营业务收入比重提高至1.3%,大中型工业企业和规模以上高新技术企业研发机构建有率保持在90%左右,国家级企业研发机构达到145家,位居全国前列。全省已建国家级高新技术特色产业基地160个。全社会研究与试验发展(R&D)活动经费占地区生产总值比重达

2.64%,研究与试验发展(R&D)人员78万人。全省拥有中国科学院和中国工程院院士98人。在各类科学研究与技术开发机构中,政府部门所属独立研究与开发机构达466个。建设国家和省级重点实验室171个,科技服务平台277个,工程技术研究中心3 404个,企业院士工作站326个,经国家认定的技术中心117家。高新技术产业产值比上年增长11.0%,占规上工业总产值比重达43.8%,比上年提高1.2个百分点;战略性新兴产业产值比上年增长8.8%,占规上工业总产值比重达32%,比上年提高1个百分点。①

江苏是长江经济带、长三角地区的重要组成部分,制造业规模总量、创新能力、运行质效居于全国前列。然而,从总体上看,江苏制造业产业空间布局还存在"局部贪大求全""产出效率偏低"和"南北差距较大"等突出问题。② 随着新发展理念的深入人心和生态文明建设的不断深入,传统的同质化、分散式布局结构难以适应高质量发展的新要求,江苏迫切需要通过全省统筹、省市联动的方式,形成高质量发展的制造业竞争新优势。

1.1.2 研究意义

1.1.2.1 理论意义

技术创新作为内生动力因素,其驱动制造业转型升级的作用方式始终受到学术界研究的关注。本书以内生经济增长为逻辑起点,通过提高要素质量推动制造业向技术集约型转变,寻找解决依靠技术创新推动制造业转型升级的有效途径,以此完善制造业转型升级的理论认识。在分析江苏制造业转型升级发展历程和现实条件的基础上,探讨FDI、产业集聚等因素对制造业转型升级的影响,并综合行业发展内、外条件,深入分析江苏制造业转型升级面临的困境,剖解深层次结构性矛盾,具有较强的科学性和系统性。

1.1.2.2 现实意义

国际金融危机后,发达国家相继出台"再工业化"战略,发展中国家制造业竞争优势显现,我国制造业面临"双向"挤压。江苏作为我国制造业重要基地,正处于由传统制造业向现代制造业转型升级的阶段,过去粗放型增长模式所积存的诸多问题日益突出,资源环境约束也不断增强,经济"新常态"对制造业转型升级提出了更高的要求。与发达国家相比,江苏制造业仍然存在着产业层次较低、创新

---

① 资料来源:江苏省2018年国民经济和社会发展统计公报,http://www.tjcn.org/tjgb/10js/35768_3.html.
② 张睿,许婧,姜东.江苏高质量发展的先进制造业布局[J].唯实,2019(12):36-38.

能力不强、利用外资水平不高等问题,转型升级的制约因素依然存在。在梳理江苏制造业发展的脉络与特点,测算分析江苏制造业集聚水平及影响因素,从江苏制造业转型升级现实条件出发,评价江苏制造业转型升级方向和速度,分析制约江苏制造业转型升级的内在因素和外在因素,破解路径依赖的锁定效应,对于优化资源配置,推动"新常态"下江苏制造业转型升级,具有重要意义。

1.2 文献综述

1.2.1 产业升级的内涵

恩斯特(Ernst)指出的产业升级概念复杂,不同产业和国家的产业升级会呈现不同特点。① 在概念界定上,不同理论会基于不同视角在不同层次上进行界定。国内外存在"产业结构调整"和"价值链升级"两种认识和研究思路,国外的产业升级研究着眼于微观企业活动,逐步扩展到产业集群升级和区域产业升级,国内的产业升级研究却经历了一个从宏观到微观再到中观的过程。理论的拓展适应于实践的发展,国外产业升级研究的发展,反映了国际分工从产业间向产业内进而到产品内的变化,映衬着世界经济一体化的潮流。国内对产业升级理解的变迁,则既反映了研究者对经济活动主体认识的转变,也反映了中国经济逐渐从计划走向市场,从封闭走向开放,逐渐融入全球体系的实际。产业价值链升级基于20世纪80年代美国学者迈克尔·波特(Michael E. Porter)提出的公司价值链理论。波特认为:"企业创造价值的过程可以分解为设计、生产、营销、交货及对产品起辅助作用的一系列互不相同但又互相关联的经济活动,其总和构成了产业的价值链。"② 开普林斯基(Kaplinsky)从产品品质、生产技术和生产效率三个方面来定义"升级"活动。③ 汉弗莱和施密茨(Humphrey & Schmitz)在此基础上进一步总结了基于全球价值链的四种产业升级模式:工艺流程升级(Process Upgrading)、产品升级(Product Upgrading)、功能升级(Function Upgrading)和链条升级(Chain Upgrading)。④ 恩斯特(Ernst)率先在全球价值链的意义上将产业升级方

---

① Ernst D. Catching-up, crisis and industrial upgrading, evolutionary aspects of technological learning in Korea's electronics industry[J]. Asia Pacific Journal of Management, 1998,15(2):247-283.
② 迈克尔·波特. 国家竞争优势[M]. 李明轩, 邱如美, 译. 北京: 华夏出版社, 2002:40.
③ Kaplinsky R. Spreading the gains from globalization: What can be learned from value-chain analysis?[R]. Institute of Development Studies IDS Working Paper, 2000.
④ Humphrey J, Schmitz H. How does insertion in global value chains affect upgrading in industrial clusters?[J]. Regional Studies, 2002,36(9):1017-1027.

式划分为产业之间、要素之间、需求、功能、链条上升级这五种类型。①

总体上,国外学者大多从微观视角对产业升级进行界定,将产业升级的本质与目的归结为企业的生产能力和竞争力的提升。我国学者对产业升级问题的研究始于改革开放之后。早期的产业升级都是指产业结构升级,也就是产业结构的高级化,后来逐渐转变为从全球价值链视角研究的产业升级。有学者认为,产业转型升级就是从低附加值向高附加值升级,从高能耗高污染向低能耗低污染升级,从粗放型向集约型升级,它实际上是一个产业结构优化、产业层次提升和发展模式转变问题。② 还有学者认为,产业结构升级研究寻求对产业结构比例的统计学意义上的优化,产业地域分工思路则考察产业分布演进的空间格局及其升级含义,企业升级思路则细化到产业内部,并强调通过企业创新获得更高附加值是产业升级的根本。③ 更有学者对这一概念给出了更为细致的界定,指出所谓产业转型升级中的"转型",其核心是转变经济增长的"类型",即把高投入、高消耗、高污染、低产出、低质量、低效益转为低投入、低消耗、低污染、高产出、高质量、高效益,把粗放型转为集约型,而不是单纯的转行业。产业转型升级中的"升级"既包括产业之间的升级,如在整个产业结构中由第一产业占优势比重逐级向第二、第三产业占优势比重演进,也包括产业内的升级,即某一产业内部的加工和再加工程度逐步向纵深化发展,实现技术集约化并不断提高生产效率。④

产业结构升级就是产业结构的变化,又称产业结构的高度化或高级化,主要指一个国家或地区不同类型产业之间比例的变化,即产业结构按照经济发展的逻辑和历史顺序向一定方向转换。一般而言,结构转换主要指部门或产业之间比例变动,而产业升级是指这种变动朝一定的方向转换。从三次产业视角看,基于三次产业分类法的产业结构升级就是从第一产业向第二产业、第三产业演进,即三次产业在国民经济中所占比重和地位的变化;从生产要素密集度视角看,产业结构升级就是从劳动密集型产业向资本密集型、技术密集型产业演进;从价值构成视角看,产业结构升级就是从低附加值产业向高附加值产业演进;从劳动生产率视角看,产业结构升级就是从低劳动生产率产业向高劳动生产率产业演进。⑤ 从

---

① Ernst D. Catching-up and post-crisis industrial upgrading, searching or new sources of growth in Korea's electronics industry [A]. Economic governance and the challenge of flexibility in East Asia. Lanham: Rowman and Littlefield Publisher, 2002:137-164.
② 杨颖.新产业区理论与湖北产业转型升级研究[J].湖北社会科学,2010(12):56-58.
③ 林涛,谭文柱.区域产业升级理论评价和升级目标层次论建构[J].地域研究与开发,2007,26(5):16-23.
④ 范正伟.从速度中国向幸福中国转型[N].中国高新技术产业导报,2011-03-28(A3).
⑤ 杨先明,伏润民.国际直接投资与我国产业升级问题的思考[J].云南大学学报(哲学社会科学版),2002,1(1):58-64.

现有研究趋向看,基于要素禀赋作用的"结构升级"研究已经成为今天产业结构升级的主流。

刘志彪将产业升级定义为"产业结构由低技术水平、低附加值状态向高新技术、高附加值状态的演变趋势"。[①] 这个概念流传广泛而且影响很大,反映了我国学者对产业升级的认识逐渐从"产业结构高级化"向"产业沿价值链升级"转变。有学者认为,产业升级就是产业结构的升级换代,是劳动密集型产业迅速淘汰,技术与知识密集型行业逐渐兴起的过程。[②] 张耀辉提出产业升级的真正含义应是高附加值产业代替低附加值产业的过程,实质上是产业创新与产业替代的过程,[③]具体包括如下内容:高科技产业和新兴产业对传统产业的替代;产业升级必须基于创新;产业升级的前提是生产要素升级。此后,很多研究者都对产业升级的内涵和实质提出了富有见地的观点。

制造业是产业的一个子系统,是一类重要的产业。基于制造业的重要性,制造业升级是产业升级的一个主要内容。在我国的产业升级研究中,除了涉及三次产业结构优化升级的内容外,产业结构升级的研究内容基本以工业产业为研究对象,实质是以制造业为研究对象的;而价值链升级研究的对象都是制造业。完全可以说,制造业升级是产业升级研究的主体。所有产业升级的理论都适用于制造业升级。或者说,制造业升级就是立足现有的产业基础和产业环境,通过创新提高制造业企业运营效率,增加产品的附加值,提高产品的竞争力,通过传统制造业的高技术化和高技术的产业化来优化制造业产业结构,将现有制造业发展成为现代制造业或先进制造业。

1.2.2 产业升级的动力和影响因素

姜泽华和白艳认为社会需求、科技进步、制度安排和资源禀赋都会对产业结构升级产生影响。[④] 李宇和林菁菁的研究表明,创新型企业持续创新及成长的根本要素在于企业家精神、组织学习、网络能力的驱动,三种驱动要素在相互作用中各自演化出新特征实现相应产业升级瓶颈的突破。[⑤] 冯梅认为,比较优势动态演化视角下产业升级的影响因素包括要素禀赋条件的变化、技术进步和要素贡献率

---

① 刘志彪.产业升级的发展效应及其动因分析[J].南京师大学报(社会科学版),2000(2):3-10.
② 丘海雄,于永慧.中国制造的腾飞:珠三角产业转型升级的实证研究[M].北京:人民出版社,2018.
③ 张耀辉.产业创新:新经济下的产业升级模式[J].数量经济技术经济研究,2002,19(1):14-17.
④ 姜泽华,白艳.产业结构升级的内涵与影响因素分析[J].当代经济研究,2006(10):53-56.
⑤ 李宇,林菁菁.产业升级的内生驱动及其企业持续创新本质挖掘[J].改革,2013(6):118-127.

的变化、人均收入水平、市场化程度和制度环境等四个方面。① 诸多研究都认为科技进步是产业升级的核心动力,但是也有观点认为产业升级的现实动力是产品市场需求。

刘志彪提出,应该在经济主体追求分工和降低交易成本的基础上,从知识资本和人力资本被大量引进商品生产过程的角度来分析产业升级动因。② 向吉英运用系统论思维,探讨了产业成长的动力机制。市场需求(产业成长的导向和拉力)、技术创新(产业成长的支持手段)、投资(产业成长的直接动力)和政策(产业成长的宏观环境)组成了产业成长的外源动力机制,而企业之间的竞争与协作则构成了产业成长的内源动力机制,这两种动力机制相互关联、互动和转化,为产业成长提供了协同作用的综合驱动力。③ 产业成长的过程就是产业升级的过程,所以产业成长的动力也就是产业升级的动力。冯梅分析了比较优势演化视角下产业升级的动力:宏观层面是国家竞争战略,微观方面是产业收益与成本的对比,产业升级是国家战略与企业利润的均衡发展。④ 潘为华等认为影响中国制造业转型升级的主要因素依次是创新能力、质量效益、绿色发展和信息技术,这说明制造业在转型升级的过程中,当前最主要的还是依赖制造业的创新能力。⑤ 任碧云和贾贺敬对制造业产业升级的内涵进行分解重构,以产业内在能力提升为核心标尺,从四个维度(规模、结构、效率、能环),测度了中国制造业产业升级指数(CMUI)和中国制造业分行业升级指数(CMUI - SUB),发现制造业产业升级的内生动力并不充分。⑥

无论从宏观还是微观角度,技术是最早被认可的产业升级的约束条件,要素禀赋条件实际与技术水平直接相关;随着经济和社会的发展,社会制度对产业升级和经济发展的约束日益被认识和研究,制度经济学的兴起和发展就是理论明证。创新理论发端自熊彼特,后来逐渐演化出技术创新经济学和制度创新经济学。随着研究的深入,技术和制度创新对经济增长的作用已经逐渐从外生因素演变成为内生变量。技术创新是产业升级核心动力的看法得到了广泛认可。道格拉斯·诺思(Douglass C. North)开创的制度变迁经济学为将制度创新与产业升

---

① 冯梅. 比较优势动态演化视角下的产业升级研究:内涵、动力和路径[J]. 经济问题探索,2014(5):50 - 56.
② 刘志彪. 产业升级的发展效应及其动因分析[J]. 南京师大学报(社会科学版),2000(2):3 - 10.
③ 向吉英. 产业成长的动力机制与产业成长模式[J]. 学术论坛,2005,28(7):49 - 53.
④ 冯梅. 比较优势动态演化视角下的产业升级研究:内涵、动力和路径[J]. 经济问题探索,2014(5):50 - 56.
⑤ 潘为华,潘红玉,陈亮,等. 中国制造业转型升级发展的评价指标体系及综合指数[J]. 科学决策,2019(9):28 - 48.
⑥ 任碧云,贾贺敬. 基于内涵重构的中国制造业产业升级测度及因子分析[J]. 经济问题探索,2019(4):141 - 148.

级直接联系提供了理论基础。体制机制等制度问题逐渐从影响技术创新的环境因素上升为影响经济发展的关键因素,从而展开了制度创新推进产业升级问题的研究。魏龙和王磊认为高级生产要素对制造业升级的促进作用强于传统生产要素。[①] 周茂等研究表明,开发区设立通过促进内部产业结构优化有效推动了地区制造业升级。[②] 苏杭等认为产业结构升级依赖于要素结构升级。[③] 相对于资本投入和研发投入,劳动力投入是考察期内我国制造业产业内升级的主要影响因素。

1.2.3 产业升级的路径和模式

国内外学者从不同视角分析了制造业产业升级的路径。吴义爽和徐梦周认为个体制造企业通过获取源于服务产业的新利润增长点和竞争优势,能够为自身"产业间"升级奠定坚实基础。[④] 李金华和李仓舒认为,我国制造业的发展面临来自世界制造业强国的高技术优势与国际产业转移、国际贸易新动向的巨大压力。我国制造业升级,就是要优化制造业结构,提高制造业生产效率和技术水平,提高制造产品的附加值,增强制造产品在国际竞争中的地位,构筑起现代制造业体系。其路径是:瞄准世界先进制造技术的先进水平,通过关键领域的创新和重点工程建设,稳定优势行业,强力发展战略性行业,重点突破,循序渐进。[⑤] 张少军和刘志彪提出,通过产业转移构建和发展国内价值链是帮助中国实现产业升级与区域协调发展双重目标的可行路径。[⑥] 张舒对部分发达国家和地区纺织业升级历史进行了系统考察,发现产品升级、设备更新、地理转移和组织管理改进是各国普遍采用的典型产业升级路径。其中,产品升级是产业长期持续升级的核心路径,设备升级和地理转移只具有短期辅助效应。[⑦] 冯梅以中国为例分析了比较优势动态演化下产业升级的路径:拓展和完善要素禀赋结构、提高要素禀赋配置和使用

---

① 魏龙,王磊.全球价值链体系下中国制造业转型升级分析[J].数量经济技术经济研究,2017,34(6):71-86.
② 周茂,陆毅,杜艳,等.开发区设立与地区制造业升级[J].中国工业经济,2018(3):62-79.
③ 苏杭,郑磊,牟逸飞.要素禀赋与中国制造业产业升级:基于WIOD和中国工业企业数据库的分析[J].管理世界,2017(4):70-79.
④ 吴义爽,徐梦周.制造企业"服务平台"战略、跨层面协同与产业间互动发展[J].中国工业经济,2011(11):48-58.
⑤ 李金华,李苍舒.我国制造业升级的路径与行动框架[J].经济经纬,2010,27(3):32-36.
⑥ 张少军,刘志彪.产业升级与区域协调发展:从全球价值链走向国内价值链[J].经济管理,2013,35(8):30-40.
⑦ 张舒.工业先行国产业升级路径的比较分析:以纺织业为例[J].工业技术经济,2014,33(4):3-10.

效率、国家战略与企业利益有效结合、根据人均收入有效地区分工。① 夏友富和何宁认为,我国装备制造企业应强化自主创新能力,结合行业特点和自身实际,合理选择"自主式""集群式""包围式""渐进式"的产业升级路径,发挥比较优势迈向全球价值链中高端。②

诸多学者从不同角度提出了产业升级模式,例如张耀辉提出了以分工创新为主的产业升级模式③;向吉英从政府与市场影响力方面,将产业成长(升级)模式区分为自组织型、强制型和政府诱导型④;张其仔认为,产业升级的路径可以是线性连续的,也可以是分岔断档的⑤;胡昱提出了"循序渐进"模式和"跳跃发展"模式⑥;姜泽华认为新中国建立以来,依次经历了倾斜拉动式、平衡驱动式和协调跨越式产业结构升级模式⑦;陈清泰则将产业升级的形式总结为产品技术的换代升级,在产业链上向高技术含量高附加值的领域延伸和创建新兴产业三种。⑧ 国家发委经济研究所课题组等提出,根据所有制属性和产业结构特征,过去30多年我国区域发展模式基本可以归结为"外部投资密集推动的外生性发展模式""民营中小企业带动的内生性发展模式"和兼具前二者特点的"改革推动的老工业基地改造更新模式"三种基本模式。⑨ 朱卫平和陈林从宏观、中观和微观三个角度凝练了产业升级模式,分别为"产业结构高度化""价值链高度化"和"加工程度高度化"。⑩ 王国平则认为,产业升级有"存量升级"和"增量升级"两种基本方式。⑪ 陈志祥和迟家昱根据信息技术对产业转型升级的作用机制,认为信息技术对企业升级具有驱动与促进的双重作用,信息技术驱动制造业沿着从制造向服务延伸到向制造与服务融合,直到向服务驱动型制造不断递进的循环上升过程进行转型

---

① 冯梅.比较优势动态演化视角下的产业升级研究:内涵、动力和路径[J].经济问题探索,2014(5):50-56.
② 夏友富,何宁.推动我国装备制造业迈向全球价值链中高端的机制、路径与对策[J].经济纵横,2018(4):56-62.
③ 张耀辉.包含交易费用的市场绩效模型:兼论我国东北经济难以振兴的根源[J].中国工业经济,2004(1):43-48.
④ 向吉英.产业成长的动力机制与产业成长模式[J].学术论坛,2005,28(7):49-53.
⑤ 张其仔.比较优势的演化与中国产业升级路径的选择[J].中国工业经济,2008(9):58-68.
⑥ 胡昱.产业升级路径选择:循序演进与跳跃发展[J].东岳论丛,2011,32(12):91-94.
⑦ 姜泽华.我国产业结构升级模式变迁的效应与前瞻分析[J].理论探讨,2010(1):66-69.
⑧ 陈清泰.新兴产业驱动经济发展方式转变[J].前线,2010(7):49-52.
⑨ 国家发改委经济研究所课题组,刘树杰,黄卫挺,等.分报告二改革开放以来的区域发展模式回顾[J].经济研究参考,2012(43):36-38.
⑩ 朱卫平,陈林.产业升级的内涵与模式研究:以广东产业升级为例[J].经济学家,2011(2):60-66.
⑪ 王国平.产业升级模式比较与理性选择[J].上海行政学院学报,2014,15(1):4-12.

升级。①

1.3 研究方法与内容

1.3.1 研究方法

本书遵循定量与定性相结合的研究方法论原则,采用文献调查法、统计分析法、政策分析法和案例分析法,对江苏制造业转型升级现状进行描述和统计,测度江苏制造业转型升级方向和速度,分析江苏制造业转型升级效果和影响因素,具体运用如下:

文献调查法。分析研究国内外相关学者对制造业转型升级的研究报告、文献资料和图书,获得间接经验。

统计分析法。通过查询国内外数据库及统计年鉴资料,获取研究相关数据并依据科学方法取舍之后进行统计分析,对江苏制造业发展的现实进行统计分析,同时对转型升级方向和影响因素进行定性判断。

政策分析法。分析国内产业政策、贸易政策、投资政策,研究政策层面对制造业转型升级的影响。

案例分析法。从部分国家和地区制造业升级案例中分析原因,研究制造业转型升级的有效路径。

1.3.2 研究内容

本书分9章对江苏制造业转型升级问题进行了研究,其主要研究内容有问题提出、理论基础、现实条件、方向和速度测度、效果评价、影响因素、结论和对策建议。

第1章 绪论。金融危机后,发达国家的"再工业化"战略加剧了我国制造业转型升级的紧迫性,发展中国家制造业追赶势态显现,中国制造业大国的地位进一步巩固。我国经济进入新常态,依靠资源要素投入的粗放型增长模式难以为继,未来我国制造业转型升级要更多地依靠技术创新来推动。随着新发展理念的深入人心和生态文明建设的不断深入,传统的同质化、分散式布局结构难以适应高质量发展的新要求,江苏迫切需要通过全省统筹、省市联动的方式,形成高质量发展的先进制造业竞争新优势。本章阐述了江苏制造业转型升级的背景和意义,

---

① 陈志祥,迟家昱.制造业升级转型模式、路径与管理变革:基于信息技术与运作管理的探讨[J].中山大学学报(社会科学版),2016,56(4):180-191.

从产业升级内涵、产业升级动力和影响因素、产业升级路径和模式等方面对学术研究观点做了回顾,阐明了本书运用的研究方法以及主要研究内容和框架。

第 2 章　概念界定与理论基础。本章对制造业转型升级、技术创新和外资技术溢出效应予以界定,并分析工业化阶段、产业结构演进和可持续发展理论,为后续研究奠定基础。

第 3 章　江苏制造业发展脉络及特点。改革开放 40 多年来,江苏制造业快速崛起,涌现了苏南乡镇模式、苏州工业园区模式等发展模式,总量规模连续 8 年位居全国第一,成为全国制造业发展门类最全、质效最优的省份之一。本章分析了江苏省制造业总体发展态势,按照历史的顺序及其演化轨迹,梳理了 1949 年以来江苏工业发展的 8 个阶段,回顾了江苏制造业发展的历史进程,从江苏主要工业产品在全国的地位和江苏制造业分行业占全国比重两个方面呈现了江苏制造业在全国经济中地位的变化,阐明了江苏制造业发展的主要特点。

第 4 章　江苏制造业产业集聚水平测算及影响因素分析。产业集聚是指某些相似的企业在一个相当大的地区内生产某种产品,以及与这些企业配套的上下游企业和相关的服务业高度地集聚在一起。产业聚集可以带来集聚效应、共生效应、协同效应、区位效应、结构效应等优势,并对产业的布局和发展有着很大影响。本章测算了江苏制造业的区位熵和空间基尼系数,从江苏省省域层面和地级市层面衡量江苏制造业的专业化和产业集聚水平,并利用地理探测器方法探究其影响因素。

第 5 章　江苏制造业转型升级的现实基础。我国经济发展进入新常态,江苏制造业的发展既面临大有作为的重要战略机遇,也面临诸多矛盾叠加、风险隐患增多的严峻挑战,主要表现在:资源环境约束下,制造业转型升级压力增大;要素驱动转为创新驱动,为产业转型升级提供动力;规模总量稳步增长,制造业行业专业化水平较高;制造业集群化发展,国际竞争力增强;制造业企业上市数量较多,引领作用凸显。为深入讨论江苏制造业产业转型升级的态势,本章运用偏离-份额分析法,分析江苏制造业各个细分行业的发展类型及其演变特征,以此来说明江苏制造业细分行业发展优势的强弱以及衰退的原因。

第 6 章　江苏制造业转型升级的方向和速度测度。制造业产业结构转型升级的过程,实质上就是产业结构从低层次、低附加值为主向高层次、高附加值为主转变以及产业整体效益提高的过程[①],其间伴随着制造业发展动能从以传统动能为主向以新动能为主的有序转换,也就是要改变劳动密集型与资本密集型的传统动能占据制造业动能结构主体的现状,而使技术密集型的新动能逐渐成为动能结

[①] 干春晖,郑若谷,余典范.中国产业结构变迁对经济增长和波动的影响[J].经济研究,2011,46(5):4-16+31.

构中的主体。制造业转型升级为劳动密集型向资本或技术密集型转变的过程,在结构演进过程中,方向和速度能更好地反映转型升级的动态性。本章采用结构超前系数测度江苏制造业产业转型升级方向,并根据 Lilien 指数模型和 More 值分别测度江苏制造业产业转型升级速度。

第7章 江苏制造业转型升级评价及影响因素分析。制造业在江苏经济社会发展中的引领和支撑作用持续增强,但依然面临"大而不强",发展不平衡、不充分,产业链、价值链和创新链总体处于中低端,自主创新水平亟待提高等问题,制造业转型升级和跨越发展的任务紧迫而艰巨。本章基于对江苏制造业转型升级的目标分解,从质量效益、创新能力、信息化水平和绿色发展四个方面考察江苏制造业的转型升级状况及动态趋势,并构建制造业转型升级影响指标体系,运用灰色关联分析法,分别测算二级指标与制造业转型升级关联值。

第8章 国内外典型地区和代表性企业制造业转型升级的经验借鉴。制造业是国民经济的支柱产业,是国家创造力、竞争力和综合国力的重要体现。2008年金融危机后,世界各国纷纷出台制造业转型升级战略,制造业发展再次成为全球产业发展的热点。本章选取了德国、英国、东盟和韩国等代表性国家或地区性国家组织,深圳、浙江等国内先进区域以及江苏代表性企业为研究案例,对制造业转型升级的原因、侧重点进行研究,以期为江苏制造业转型升级提供经验借鉴。

第9章 加快江苏制造业转型升级的对策性建议。江苏制造业转型升级发展需以习近平新时代中国特色社会主义思想为指导,认真落实习近平总书记对江苏工作和制造业发展的重要指示要求。基于对江苏制造业转型升级基础的分析,测度评价江苏制造业转型升级方向和速度,结合江苏制造业转型升级评价和影响因素分析结果,围绕"高端化、智能化、数字化、绿色化"四个方面,从促使产业基础高级化和产业链现代化出发,围绕自主可控,加快制造与科技的深度融合,加强产业人才队伍建设,发挥财政政策、税收政策、金融政策实效等方面提出建议,以破解制约制造业转型升级的瓶颈因素。

第 2 章 概念界定与理论基础

本章主要对制造业、产业结构和技术创新概念的内涵和外延进行界定,并梳理工业化阶段理论、产业结构理论、技术创新理论、可持续发展理论和马克思主义关于制造业转型升级的思想。

2.1 概念界定

2.1.1 制造业及其分类

制造业作为一种国民经济行业类型,在三大产业分类中被归在第二产业的范畴内。《现代经济词典》认为,制造业又名加工工业,是对采矿业以及农林牧渔业所生产的原材料进行加工的工业,是"以经过人类劳动生产的产品作为劳动对象的工业"。[①] 孙汉杰认为,制造业是指对采掘的产品和农产品等在内的原材料进行加工或再加工,以及对零部件进行装配的工业部门的统称,是技术的载体和转化的媒介。[②] 中国的《国民经济行业分类标准》于 1984 年首次发布,随后为适应产业结构调整的需求与国际标准接轨,先后于 1994 年、2002 年、2011 年、2017 年经历了四次修订过程。中国现行的制造业分类依据是 2017 年国家统计局第四次修订的《国民经济行业分类标准》(GB/T 4754—2017),根据其规定,不论是动力机械制造或手工制作,也不论产品是批发销售或零售,只要是经物理变化或化学变化后成为新的产品,均视为制造。具体而言,制造业包括国民经济行业分类代码位于 13~43 的 31 个大类,具体行业名称及对应代码如表 2-1 所示。

[①] 刘树成.现代经济辞典[M].南京:凤凰出版社,2005.
[②] 孙汉杰.东北地区制造业升级问题研究[D].长春:东北师范大学,2016.

表2-1 制造业行业名称及对应代码

行业名称及对应代码	行业名称及对应代码	行业名称及对应代码
农副食品加工业(13)	食品制造业(14)	酒、饮料和精制茶制造业(15)
烟草制品业(16)	纺织业(17)	纺织服装、服饰业(18)
皮革、毛皮、羽毛及其制品和制鞋业(19)	木材加工和木、竹、藤、棕、草制品业(20)	家具制造业(21)
造纸和纸制品业(22)	印刷和记录媒介复制业(23)	文教、工美、体育和娱乐用品制造业(24)
石油、煤炭及其他燃料加工业(25)	化学原料和化学制品制造业(26)	医药制造业(27)
化学纤维制造业(28)	橡胶和塑料制品业(29)	非金属矿物制品业(30)
黑色金属冶炼和压延加工业(31)	有色金属冶炼和压延加工业(32)	金属制品业(33)
通用设备制造业(34)	专用设备制造业(35)	汽车制造业(36)
铁路、船舶、航空航天和其他运输设备制造业(37)	电气机械和器材制造业(38)	计算机、通信和其他电子设备制造(39)
仪器仪表制造业(40)	其他制造业(41)	废弃资源综合利用业(42)
金属制品、机械和设备修理业(43)		

除参考各国制定的行业分类标准外,学术界通常还以生产活动中的生产工艺、流程等为标准对制造业进行分类,另外,根据研究需求还会通过产品生产过程中所投入的资本、劳动、技术等要素的水平进行分类。根据鲍曙明、张同斌的归纳,被广泛采用的分类方式包括以下几种[①]:

第一,根据行业的发展阶段进行分类。主要包括:①霍夫曼分类法,即以75%为标准,当某行业有超过75%的产品用于消费时则为消费品行业,当有超过75%的产品用于投资时则为资本品行业,从而将制造业分为消费资料工业、资本资料工业和其他行业三类。②钱纳里-泰勒分类法,即按照不同发展阶段将制造业分为初期行业、中期行业和后期行业三类。

第二,根据产业的关联度进行分类。该分类方式主要是基于产业间投入产出关系而编制的投入产出表,计算出产业关联的各种指标,从而反映出制造业的发

---

① 鲍曙明,张同斌.制造业行业分类体系的演变与新进展[J].东北财经大学学报,2017(5):25-33.

展阶段及其特征,在基础上实现对制造业的分类。在具体操作中,通常根据需求,以两个重要系数——直接消耗系数以及直接分配系数的最大值为标准对产业进行分类,可以分别从产品供给以及产品需求的角度对产业部分进行分类。

第三,根据资源密集度进行分类,该分类方法在当前研究中的运用最为广泛。主要包括:①按照要素密度分类,即以各行业所投入要素中占比最高的要素为标准对行业进行分类,制造业通常可分为劳动力密集型产业、资本密集型产业和技术密集型产业,这三类产业在生产过程中分别对劳动力、资本和技术的依赖程度最高。另外,也有专门按照各行业所投入技术程度进行分类的,如经济合作与发展组织依照产业技术水平将制造业分为低技术、中低技术、中高技术及高技术产业四类,并且该分类方法在学术界运用相当广泛。总体而言,按照要素密集度进行产业分类的方式可以反映出各类制造业产业政策的差别,以及不同国家和区域制造业产业结构升级路径的差异。②按照能源消耗强度分类,即根据行业的能源消耗情况对制造业进行分类,主要目的在于为以保护资源环境为目标的制造业产业结构优化升级提供参考。

第四,其他分类法。主要包括:①生产流程分类法,即根据生产先后顺序划分产业类别,通常将制造业分为上游产业、中游产业和下游产业三类。②发展趋势分类法,即按照制造业的发展趋势将其划分为朝阳产业和夕阳产业两类。其中,前者主要指一些新兴制造业,这类产业的技术创新能力较强并且发展前景较好,代表未来的产业发展趋势。后者主要指一些逐渐衰退的传统制造业,这类产业通常市场需求不断萎缩,产业收益率较低。

2.1.2 产业结构

产业是一些具有某些相同特征的经济活动或经济组织的集合或系统。[1] 17世纪,威廉·配第首次提出国民收入差异和经济发展阶段差异取决于产业结构差异的观点。随后,弗朗索瓦·魁奈从纯产品理论、亚当·斯密从绝对优势理论、大卫·李嘉图从比较优势理论等均对产业结构做了阐述。1935年,费雪依据阶段性经济发展规律在《文明和安全的冲突》一书中首次提出了"第三产业"的概念,以此区别第一产业和第二产业。之后,经过科林克拉克、西蒙库兹涅茨、罗斯托、钱纳里等一批学者的深入研究,极大地推进和发展了产业结构理论。在《现代产业经济学辞典》中,产业结构被定义为各产业部门内部与部门之间相关行业及企业间的构成,及其相互制约的联结关系。李悦和孔令丞分别从发展形态和产业联系的角度对产业结构进行了定义,从产业发展形态角度来看,产业结构是指国

---

[1] 杨公朴,夏大慰.产业经济学教程[M].上海:上海财经大学出版社,1998.

民经济各产业中资源配置效率的变动关系,从产业联系角度来看,产业结构是指产业间技术、经济的数量比例关系。[①] 戴伯勋和霍从刚认为,产业结构是指各产业之间的生产技术经济联系和数量比例关系。[②] 此外大部分学者,如刘志彪和安同良[③]、李士梅和潘宇瑶[④],认为产业结构就是在经济系统运行中各产业之间所呈现出的经济联系及关联结构。

2.1.3 技术创新

国内外学者对技术创新的研究成果较为丰富,其中对技术创新的概念内涵进行了多角度的阐述。1912年熊彼特(J. A. Schumpeter)在其《经济发展理论》中提出创新是将新的生产要素或者生产条件进行组合,并引入到企业的生产体系中,形成新的生产能力,从而获得潜在利润。弗里曼(C. Freeman)认为技术创新是将新产品和新服务的首次商业化行为。傅家骥和施培公提出,技术创新是以获取商业利益为目的,通过将技术转化为商品并在市场中销售,从而实现企业经济效益的行为。[⑤] 张凤和何传启提出,技术创新是围绕某个产品或工艺而开展的研发活动,既可以包含单一技术创新也可包含多个单项技术创新,并通过应用新技术而产生经济效益。[⑥] 因此,这些观点突出了技术创新与商业行为密不可分。经济合作与发展组织(OECD)也对技术创新作出阐述:技术创新实现其价值包括科学、金融和商业等一系列活动。[⑦] 我国政府也对技术创新进行了阐述:企业通过新技术、新知识和新工艺的应用,结合新的管理模式和生产方式,从而实现新产品开发和产品质量的提高,并以此来实现和占据市场价值。[⑧] 综合上述观点,本书认为技术创新不同于发明创造,技术创新的成果被应用到生产实践中并创造出经济价值才算完成技术创新过程,因此技术创新并不仅限于对产品创新,更重要的是对其产业化的行为。同时,通过技术创新所得到的经济价值,能够为下一阶段的持续性创新提供要素资源,促进技术创新水平的不断提高,通过这样一个循环发展的过程来推动产业技术水平的进步,带动产业向高技术、高附加值转变。

---

① 李悦,孔令丞.我国产业结构升级方向研究:正确处理高级化和协调化的关系[J].当代财经,2002(1):46-51.
② 戴伯勋,霍从刚.论企业自组织兼并[J].中国工业经济,1999(12):52-56.
③ 刘志彪,安同良.中国产业结构演变与经济增长[J].南京社会科学,2002(1):1-4.
④ 李士梅,潘宇瑶.自主创新对产业结构高级化的影响:基于VEC模型的实证检验[J].江汉论坛,2016(7):56-61.
⑤ 傅家骥,施培公.技术积累与企业技术创新[J].数量经济技术经济研究,1996,13(11):70-73.
⑥ 张凤,何传启.第二次现代化与中国国家创新体系[J].中国软科学,2000(1):106-108.
⑦ OECD.技术创新统计手册[Z].北京:中国财政经济出版社,1993:18-23.
⑧ http://www.gov.cn/jrzg/2009-10/23/content_1447444.htm.中央政府门户网.

按照创新对象、组织方式和技术变化情况的不同,技术创新可分为以下三类。首先,从创新对象的角度,技术创新分为产品创新和工艺创新。其中产品创新是指将新技术应用于产品或服务中并进行商业化的过程;工艺创新则是指除了产品创新外,在生产过程中对管理、业务方式上的创新,其目的在于提高生产效率和降低能源消耗,规范生产流程,它与产品创新往往交替进行。其次,从创新组织方式的角度,将技术创新分为自主创新、模仿创新和合作创新。自主创新是依靠自身的力量进行的创新活动,目的是为了获得核心技术和自主知识产权,可以进一步分为原始创新、引进消化吸收再创新和集成创新等类型;模仿创新与自主创新不同,是对已有创新成果的改善和发展,能够有效节省科研经费的投入和降低市场投资风险;合作创新是指在创新过程中由多个创新个体共同参与,共同完成创新目标、共担投资风险,如战略联盟、科研外包等形式都属于合作创新。最后,从技术水平的变化的角度,技术创新可分为改进型创新和突破型创新。其中改进型创新的技术变化程度较弱,是对现有技术的进一步研发改良,具有渐进式的特点,因此也称为渐进型创新;突破型创新的技术水平变化强度大,是通过应用全新的技术来生产新产品,但这种突破是动态的、相对的,即对于一个产业或企业在一段时间内是全新的。因此突破型创新和改进型创新也是交替出现的,当企业实现技术突破后,会存在一段时间持续性的技术改良,而后又孕育出新的技术突破。

2.2 基础理论

2.2.1 工业化阶段理论

作为经济学研究的重要问题之一,对工业化的研究从古典经济学派的克拉克、马歇尔等学者,到现代西方经济学家霍夫曼、罗斯托、钱纳里、库兹涅茨等人,都从不同的角度对工业化内涵进行过论述。一是将工业化简单地理解为重工业的发展增量,此种观点在理论上较为片面,理论视野狭窄。二是我国著名的经济学家张培刚教授提出,将工业化的概念与基要生产函数相关联,认为"工业化是一系列基要生产函数发生连续变化的过程,这种变化过程一般通过机械工业、动力工业、交通运输业、钢铁工业等部门的变化来体现",其中的"基要生产函数"是指在整个经济发展体系中能够处于支配地位的生产函数。① 三是西方经济学家库兹涅茨将工业化看作是国民经济结构从农业部门转向非农业部门的过程。② 四是对工业化的概念,《新帕尔格雷夫经济学大辞典》中工业化的定义最为流行,即

---

① 张培刚.农业与工业化(中下合卷)[M].武汉:华中科技大学出版社,2002:4-8.
② 西蒙·库兹涅茨.现代经济增长[M].北京:北京经济学院出版社,1989:1.

当国民经济中制造业比重提高时,制造业和第三产业就业人员比重也提高了,在此过程中,人均收入也增加了。[①] 权威的经济学著作和辞典多采用此种定义。综合上述对工业化概念的四种解释,可以看出学术界对工业化还没有形成一个统一规范的解释。但从这些内涵中能够看出工业化作为一个过程,不仅局限于经济的持续增长,还包含经济制度的变革、经济结构的变化、城乡生活变革和社会生产力的提高等多方面特征,特别是以制造业为代表的部门经济比重的增加和生产效率的提高,也是工业部门持续扩张的重要表现。

2.2.1.1 霍夫曼定理

霍夫曼定理也称为霍夫曼经验定理,是在20世纪30年代初期,德国经济学家霍夫曼根据工业化进程中的早、中两期的经验数据推算得出。研究的核心问题是工业化进程中工业结构的演变规律,进而将工业化中制造业消费资料工业生产与资本资料工业生产进行了比例演算,在《工业化的阶段和类型》一书中得出了"霍夫曼比例",即消费资料工业的净产值除以资本资料工业的净产值得到的数值即为霍夫曼比例。在此基础上,通过霍夫曼比例对不同国家工业化过程中的重工业相对地位进行统计分析,得出无论工业化开始的时间如何,都具有一般性的发展趋势:当工业化不断发展时,消费资料与资本资料的部门净产值之比将逐渐下降,也就是霍夫曼比例呈现出下降趋势,这一结论就是著名的霍夫曼定理。

根据霍夫曼定理对工业化进行的描述,结合霍夫曼比例可以将工业化进程划分为四个阶段[②]:第一阶段是霍夫曼系数在 4~6(5±1) 的阶段,这一时期的消费资料工业发展较快,资本资料工业发展缓慢,二者的净产值之比即霍夫曼系数在 5 左右的水平,消费资料工业在制造业中占领统治地位;第二阶段是霍夫曼系数在 1.5~3.5(2.5±1) 之间的阶段,此阶段消费资料工业持续发展,资本资料工业发展速度开始加快但仍不及消费资料工业的规模,二者净产值之比在 2.5 左右;第三阶段是霍夫曼系数在 1±0.5 的范围内,是消费资料工业与资本资料工业发展净产值之比持平,即二者发展规模大致相当的阶段;第四阶段是霍夫曼系数在 1 以下的阶段,即消费资料工业比重低于资本资料工业在制造业中的比重,也就是资本资料工业发展规模超过消费工业规模的阶段。从工业化进程的这四个阶段划分能够看出,霍夫曼认为工业化就是资本资料工业在工业所占比重不断上升的过程,随着工业化进程的发展,霍夫曼系数会不断下降,在工业结构的演变过程中,消费资料工业的比重主要由轻纺部门贡献,而资本资料工业比重由重工业部门贡献,因此霍夫曼理论实际就是对工业结构中重工业化所占比重的趋势分析。

---

① 约翰·伊特韦尔.新帕尔格雷夫经济学大辞典[M].北京:经济科学出版社,1992:861.
② Hoffman W G. Industrial economics[M]. Manchester University Press,1958.

在实际情况中,霍夫曼通过1880—1929年期间,英、美、法、德等20多个国家的消费工业和资本工业数据分析得出,工业化发展中存在霍夫曼比例不断下降的趋势,到20世纪20年代末期,这些处于工业化中期的国家,霍夫曼比例已趋近与1,消费工业与资本工业比重大致持平,因此霍夫曼定理对工业化过程中阶段性结构的划分在工业化前期是符合现实发展情况的。而后,霍夫曼认为在进入工业化后期阶段时,资本工业比重还将持续上升,成为工业化后期国民经济的主导性产业。在现代经济发展环境中,霍夫曼定理却无法得到进一步印证,其主要原因在于:首先,霍夫曼定理对工业化进程的研究重点在于经济结构的变化,其前提假设是在经济系统中只存在工业和农业两个产业框架下讨论的,因此产生了资本工业在重工业中比重上升等同于在国民经济中的比重上升。而从20世纪40年代"产业三分理论"的角度看,无论是工业化进程发展处于何种阶段的国家,其经济结构中增长最快的产业并不是工业,而是服务业。作为第三产业的服务业无论是在产值结构还是就业结构方面都属于主导地位的产业,特别是生产性服务业,在工业化发达国家的生产成本和交易成本降低方面都起到了重要作用。其次,霍夫曼定理的研究数据来源于工业化早期阶段的20多个发达国家,当时这些国家的工业发展还依赖于机器作业对手工作业的替代,是先行工业化国家的早期工业增长模式。在此阶段资本与劳动的比例具有特殊性,当资本有机构成比例提高时,资本产品的增长就成为一种必然结果。而现代经济学研究发现,经济增长的主要动力并非依赖于资本的投入,生产效率的提高和科技水平的进步是推动经济增长的主要源泉。因此,在现代经济环境下,霍夫曼定理的资本产品优先增长的假设就不再是一种必然。

2.2.1.2 钱纳里工业化阶段理论

著名经济学家霍利斯·钱纳里(Hollis B. Chenery)1918年生于美国弗吉尼亚州,先后担任斯坦福大学教授、美国哈佛大学教授、美国国际开发署副署长、世界银行副行长等职务,长期从事国际经济学和产业经济学研究。在20世纪50年代,钱纳里通过影子价格理论来分析项目投资,拓展了微观计划理论;60年代在其团队的共同努力下,提出了"两缺口模型",该模型将引进外资与进出口和投资、储蓄相关联,成为当时分析国际国内经济关系的重要模型;到了80年代,钱纳里等人又提出了"发展形势理论",他认为对于发展问题的研究,重点在于经济结构的变动和各种制约因素的分析,如收入水平、人口规模、国际资本、先进技术等,并将研究领域拓展到了低收入的发展中国家,将储蓄和投资看作经济发展的必要条件而非充分条件,揭示了经济发展的标准型及特点。钱纳里教授在长期研究产业经济学的基础上,从经济发展过程中制造业内部产业结构变动,揭示了制造业产业间存在产业关联效应,这一发现为研究制造业内部结构变动趋势提供了有效参考。钱纳里通过统计1960—1980年间的数据资料,对二战后的九个准工业化国家经济数据建立了市场占有率模型,即根据人均国内生产总值,将工业经济发展的过程分为了六个阶段,并认为每一阶段的转变都是产业结构转化的结果,即工业化阶段理论。[1]

在工业化阶段理论的框架下,第一阶段称为"不发达经济阶段",这一时期的产业结构较为单一,以农业支撑产业结构,生产力水平较低,对经济发展起主要作用的制造业,如食品、纺织等行业极少;第二阶段是工业化初期阶段,这一时期的特点是劳动密集型产业占据主导地位,以生产建材、采掘等初级产品的产业为主,是由农业主导向劳动密集型产业为主的工业化结构变革;第三阶段是工业化中期阶段,在此阶段第三产业得到迅速发展,制造业内部结构开始由轻工业的快速增长转向重工业的快速增长,也可以看作是重工业化阶段,大规模的重工业发展开始成为推动经济增长的关键因素,资本密集型产业占据主体,非农业劳动力成为主导;第四阶段是工业化后期阶段,在前期第一、第二产业不断发展的基础上,这一时期发展最为突出的领域是第三产业,开始由过去的平稳发展转入持续的高速增长阶段,如新兴服务业等,这些产业为代表的第三产业成为推动区域经济增长的主要力量;第五阶段是后工业化社会,即在生活方式更加现代化的同时,高档耐用消费品进一步普及,因此技术密集型产业得到迅速发展,资本密集型产业转向技术密集型产业;第六阶段是现代化社会,在此阶段第三产业出现分化,由于市场中消费欲望的多样性,知识密集型产业从服务业中逐渐分离,并占据主导地位。

2.2.1.3 我国新型工业化道路

在党的十六大报告中,提出以信息化带动新型工业化发展,通过提高科技含量来实现经济效益和资源环境的和谐发展,充分发挥人力资源的优势。[2] 在党十八大报告中提出,中国特色的新型工业化道路就是要促进信息化、工业化、农业现代化和城镇化的协调发展。[3] 在党的十九大报告提出,新型工业化更加强调质量和效益。[4] 因此,与传统的工业化相比,新型工业化增加了以下两个方面特色:首先,充分发挥我国人力资源优势,以技术创新为驱动力的工业化。由于我国国情具有人口多、劳动力资源丰富的特点,因此在工业化过程中,充分发挥我国的人力资源优势,重视扩大就业,提高劳动生产率,要处理好劳动密集型产业和技术密集型产业的关系、实体经济与虚拟经济的关系,实现工业化跨越式发展。其次,注重

---

[1] 霍利斯·钱纳里,谢尔曼·鲁宾逊,摩西·赛尔奎因. 工业化和经济增长的比较研究[M]. 吴奇,王松宝,等译. 上海:三联书店上海分店,1989:71.
[2] http://dangshi.people.com.cn/GB/165617/166499/9981545.html. 人民网.
[3] http://finance.people.com.cn/n1/2017/1020/c1004-29597403.html. 人民网.
[4] http://www.xinhuanet.com/politics/2018-02/22/c_1122435042.htm. 新华网.

可持续发展能力,实现人与环境和谐发展的工业化。过去发达国家的发展经验表明,先发展后治理,对资源和环境的消耗巨大。因此,我国新型工业化特别重视环境保护和生态建设,在经济发展的同时协调好与环境、资源间的关系,通过技术创新减少环境污染和资源消耗,增强我国的可持续发展能力。

综上所述,工业化阶段理论是测度工业化发展阶段的重要依据,对研究现代产业结构演进的新趋势具有重要作用。

2.2.2 产业结构演进理论

通过国内外学者对产业结构演进理论的研究,能够看出各国学者通过对产业结构演进规律的历史分析和实证研究,对三次产业结构演进的一般规律能够有所把握,其中具有代表性的当属配第-克拉克定理和库兹涅茨提出的产业结构演进规律。克拉克通过统计20个国家的部门劳动投入与总支出,对其时间序列的数据通过计算发现,随着人均国民收入的提高,劳动力从第一产业转向第二产业,收入水平进一步提高时,则劳动力会转移至第三产业。① 因此,配第-克拉克定理的主要研究内容是通过人均国民收入与经济发展的提高,就业人口在三次产业结构中的变化和分布规律。当人均国民收入增加时,农业劳动力所占的份额较小,那么这个国家的第二产业和第三产业的劳动力占比将会增大;反之,如果人均国民收入出现下降时,农业劳动力所占的份额将会增加,同时出现第二产业和第三产业劳动力占比减少的现象。并且,配第-克拉克定理不仅对一个国家经济发展的时间序列有效,对于发展水平相差甚远的不同国家,如果选取相同时间点上的横断面比例此定理依然有效,但配第-克拉克定理成立也需要一定的前提假设,首先配第-克拉克定理将三次产业的分类方法作为定理使用的主要方法;其次,配第-克拉克定理形成的依据是基于多个国家的时间序列数据变化;最后,配第-克拉克定理在分析产业结构的演进规律时,以劳动力的变化作为其研究的衡量指标。

美国经济学家库兹涅茨研究了三次产业结构所影响的国民收入变化及比例关系,有"GNP之父"的美誉。库兹涅茨专长于统计国民收入,对于国民经济问题的研究具有独到的见解,通过20多个国家的数据,以产业间的劳动力和国民收入变化为出发点,通过产业中国民收入的相对比重与劳动力相对比重的比例关系,能够表示相对国民收入(也称为劳动生产率)。② 数学表达式为$1A = X1/X2$,其中A为某产业的相对国民收入,$X1$为该产业的国民收入相对比,$X2$为该产业的

---

① Clark C. The conditions of economic progress[M]. London: Macmillan and co., limited, 1940: 395.

② 西蒙·库兹涅茨.各国的经济增长[M].北京:商务印书馆,1985:21.

劳动力相对比。结合产业结构变化的时间序列分析,可以得出国民收入中的工业部门占比具有增大的趋势,但劳动力的相对比重却只有小幅增长甚至没有变化。因此,库兹涅茨的研究结果能够看出,当工业化发展到一定程度时,工业部门吸纳劳动力的能力微乎其微,而服务部门在这一方面具有显著优势,他认为生产率作为衡量经济增长质量的重要指标,如果没有各部门经济份额的转换就无法实现人均产出的高速增长,因此结构的变化是生产力和经济增长的重要推动因素。

综上,通过上述具有代表性的产业结构演进理论不难看出,随着经济的发展,产业结构会发生转换,而产业结构的变化又在一定程度上能够决定经济增长的方式,可见产业结构的优化升级是促进经济增长的重要推动力。

2.2.3 创新理论

熊彼特在《经济发展理论》一书中提出"创新理论"后,又相继在《经济周期》和《资本主义、社会主义和民主主义》两书中加以补充和完善,形成了独特的创新理论体系。他认为"创新"就是建立一种新的生产函数或供应函数,主要包括5种情况:产品创新、技术创新、市场创新、资源配置创新、组织创新等。他尤其强调生产技术的革新和生产方法的变革,即技术创新在经济发展过程中的重要作用。但之后创新理论并未进入主流经济学家的视野,直至20世纪60年代,以Freeman、Nelson、Lundvall等为代表的新熊彼特学派复兴了创新理论,使其在90年代开始变为研究热点[①],并形成了诸多理论流派。

Schumpeter认为,重要的创新并非随机发生,而是倾向于在确切的时间段和经济部门集中爆发,并以"长波"的形式表现出来。德国学者Mensch在《技术的困境——创新战胜萧条》中详细阐述并深化这一思想,他提出重要的创新会进行分化并产生长期稳定的增长,影响社会和政策对主导产业的支持及其行为方式。随着主导产业潜在的增长日渐式微,最终会引起萧条的发生。但创新集聚会克服萧条,进而引发新一轮的增长,因而创新活动可以用来解释西方经济周期现象。1974年Freeman的《工业经济的创新》是对创新研究的集大成之作,对产业革命以来的重大创新进行了历史的探讨,分析了微观经济、宏观经济和创新政策,总结了欧美学界十几年来的相关研究成果,形成了创新经济学。该学科将创新视为专业化模式、贸易和经济长期差异背后的首要因素,致力于为政策制定者提供决策支持,并衍生出"创新系统"理论。Nelson和Winter在《经济变迁和演化理论》中,区分了企业的技术活动及其产出,并支持了熊彼特关于经济非连续演化的观

---

① 代明,殷仪金,戴谢尔.创新理论:1912—2012:纪念熊彼特《经济发展理论》首版100周年[J].经济学动态,2012(4):143-150.

点。后续研究者不断深化关于特定行业的演化历史、产业动态以及创新系统的行业研究,基于异质性、选择和创新进程之间的相互作用来研究经济的演化。随着创新实践的深入和复杂,20世纪80年代末创新研究突破线性框架而上升到国家层面,国家创新系统(National Innovation System, NIS)这一概念被提出。Freeman以日本为案例进行研究,认为国家创新系统是二战后日本经济繁荣背后最重要的原因,证实了一国拥有组织良好的创新系统的重要性。[1] Porter通过对比10个工业化国家不同的经济表现,以公司的创新活动为分析点,运用大量经济因素来解释创新活动及其在不同国家的产出。[2] 但以Braczyk等为代表的区域创新系统则认为国家创新系统概念过于模糊,并用区域予以取代,将分析对象具体化,这为分析一国国内不同地区创新能力的差异提供了分析框架。[3] 此外,Breschi等指出不同的产业和部门之间,其创新的方式和扩散的发生很不一样,并提出"产业创新系统"。[4]

在经济全球化及信息网络充分发展的背景下,对创新的研究深入到微观层面,创新网络的概念应运而生。Imai和Baba最早提出这一概念,认为创新网络是指企业在创新活动中与供应商、顾客、竞争者、高校科研院所等科研机构、政府、市场中介、金融机构等多主体构成的获取信息、技术、资源和促进合作的混合网络。这种网络有利于企业更有效、更迅速实现创新目标,网络构架的主要联结机制是企业间的创新合作关系。Freeman将创新网络关系分为直接投资、合资公司、合作R&D协议、合作研究项目、生产分工网络、供应商网络、技术交流协议、技术许可、研究协会等主要类型。[5] 企业与创新网络的关系是创新网络理论研究的最重要内容,此种关系与企业在创新网络中的地位、作用以及对创新网络功能的利用等密切相关。同时关于企业创新网络形成、发展、演化的动因、功能、作用等方面的研究也逐渐丰富。

开放式创新概念最先由Chesbrough在2003年提出,被认为是同等重视和均衡协调企业内外部创意与市场化资源而开展创新的创新范式。Chesbrough等将开放式创新分为内向型和外向型两种,前者指企业从外部获取创新资源,后者则

---

[1] Freeman C. Technology policy and economic performance: lessons from Japan[M]. London: Frances Pinter, 1987.

[2] Porter M E. The competitive advantage of nations[M]. New York: Free Press, 1990.

[3] Braczyk H J, Cooke P, Heidenreich M. Regional innovation systems[M]. London: UCL Press, 1998.

[4] Breschi S, Malerba F. Sectoral innovation systems: technological regimes, Schumpeterian dynamics, and spatial boundaries[M]. Cambridge: Cambridge University Press, 1997:88 – 102.

[5] Freeman C. Networks of innovators: A synthesis of research issues[J]. Research Policy, 1991, 20(5):499 – 514.

是企业将创新资源如技术等出售以获取创新收益。[①] 企业获取外部创新资源的主要方式有技术信息、技术交流、技术许可、合作研发、外包、合资企业、并购等。但成功实施和运用这一理论有较严格的前提条件,既涉及知识产权制度、行业因素、市场因素,也涉及企业相关能力、技术实力及发展阶段等因素,是宏观与微观、企业外部与内部、技术因素与非技术因素相互作用的长期复杂过程。在企业创新理论研究和实践中,它和创新网络紧密联系、相互协同,以推动创新发展。创新理论在不断发展的同时,创新内涵也在不断扩展,如今已被用于表达几乎所有的创造性行为。不仅有企业(家)创新、技术创新,还有制度创新、政策创新、管理创新、组织创新等。同时创新研究的领域在不断扩大,如 Haner 将研究引向"创新质量"[②],即把创新从新颖、创造和非常规引向标准化、低方差和系统化。近年来学者们从创新的必要性、有效性、获利性、创新的实施/扩散等方面不断丰富创新的概念。

综上所述,熊彼特的创新理论产生了广泛的影响,在其之后形成两大流派:技术创新理论与制度创新理论。技术创新理论把技术创新看成是经济增长和长期波动的主要动因;制度创新理论认为经济的组织形式或经营管理方式的革新是历史上制度变革和现代经济增长的原因。此后,创新理论又扩展到对社会制度创新(变迁)、政策创新(变迁)等宏观领域的研究。

2.2.4 可持续发展理论

2.2.4.1 可持续发展理论的形成背景

1972 年罗马俱乐部的研究报告《增长的极限》一文中明确提出了"合理持久均衡发展"和"持续增长"的概念,指出减少地球资源耗费和限制工业生产能够维持地球的生态环境平衡;1987 年在《我们共同的未来》中正式提出"可持续发展"的概念后,理论界的研究重点转向人类社会经济发展与生态环境承载能力平衡的研究,这标志着可持续发展理论的产生,并逐步形成理论系统和研究途径。20 世纪 90 年代以来,可持续发展理论的研究开始集中于区域经济和环境关系的宏观研究,由于资源的浪费性开采和低效率加工,往往存在资源丰富地区的经济增长速度落后于资源匮乏地区。因此,可持续发展理论要求从转变经济发展方式的角度,从源头上解决环境问题污染和生态平衡问题。对可持续发展理论的研究,其

---

① Chesbrough H, Crowther A K. Beyond high tech: early adopters of open innovation in other industries[J]. R&D Management, 2006, 36(3): 229-236.

② Haner U E. Innovation quality: a conceptual framework[J]. International Journal of Production Economics, 2002, 80(1): 31-37.

中的重点产业之一就是制造业,在制造业转变发展模式的指导思想下,要以产业演进理论为基础,借鉴现代经济学中罗斯托的经济成长阶段理论和可持续发展研究成果,其中罗斯托认为随着生产力水平的提高和科技水平的不断进步,过去主导产业的带动作用一旦完成必将出现主导产业的更替,这种旧主导产业的衰退和新主导产业的诞生过程就意味着产业结构的演进和动态发展。

2.2.4.2 可持续发展的内涵

全球经济进程不断加快,人类社会与自然环境间的矛盾日益突出,全球范围内都面临生态破坏和环境污染的严重问题。人们开始意识到仅靠科技手段来进行环境修补是无法根本解决环境污染问题的,需要在人类行为和社会活动中改变过去粗放型的经济发展观念。特别是进入20世纪90年代后,1992年召开的世界环境与发展会议和1995年召开的哥本哈根世界首脑会议,都将可持续发展列入正式的国际会议议程。

可持续发展的内涵就是谋求自然环境与人类经济发展的协调和平衡,通过建立人与自然的新平衡关系来遏制环境污染和其导致的自然灾害;在追求经济增长的同时,以科技进步为依托,控制环境破坏,改善经济发展质量,维护人类赖以生存的生态环境,努力建成"低消耗、高收益、低污染、高效益"的良性发展循环。可持续发展的内涵体现了以下几个原则:首先是持续性原则,人类任何经济活动形式,都需要考虑自然资源和环境的承载能力,需要通过经济发展方式的调节来实现生态资源的永续利用;其次是公平性原则,这项原则是指在经济发展的过程中,不仅要考虑这一代人的经济收益,还要兼顾子孙后代的利益,不可过度消耗资源;最后是共同性原则,可持续发展已不再是一人、一国的发展目标,而是全球经济发展的总体目标,需要全球各国的共同努力,维护经济高效、多维、公平、协调的发展,以平衡生态环境为主要准则。

2.2.4.3 可持续发展理论的内容及特点

可持续发展理论强调通过协调经济增长和环境保护来实现可持续发展。可持续发展理论的主要内容包含以下几个方面:

第一,可持续发展理论的核心就是从科技入手,建立一个可持续发展的社会、环境平衡关系。建立可持续发展目标下的"资源—环境—经济"的系统管理体制,对资源、环境和经济发展之间关系形成独立的"账户"体系,间接地将资源、环境因素纳入国民经济核算,从而克服传统国民经济核算体系的缺陷。

第二,可持续发展与环境。在20世纪70年代后期,由环境学家提出的"外部经济内在化"观点,通过价格、信贷和税收等经济杠杆,将社会损失纳入生产成本,也就是将外部因素纳入生产过程,从而保护生态资源能够。里昂惕夫结合投入产出法对"外部性"与国民经济的投入产出关系进行了探索。到 80 年代后,随着环境资源价值理论的进一步完善,除了将环境资源纳入国民经济核算中外,在中观层面优化生产力布局,调整产业结构调整;在微观层面分析了可持续发展效益,环境经济学发展日益成熟。

第三,可持续发展与经济。可持续发展与经济的关系主要分为两个层面:一是农业协调生产优化问题,主要包括通过生态位共享的原理进行生产、种植制度与耕作方式要适应环境、利用共生补偿原理减低污染、对物质和能力在生态农业系统中进程多层转化;二是经济活动的环境成本问题,社会成本作为经济活动的外部效果,可持续发展理论将社会成本的考量转为生产单位对外部效果承担经济责任,从而实现有效的价格机制和环境监测机制。

第四,可持续发展与社会。在人口资源方面,人口数量与粮食问题、城市化导致的农业人口过剩、人口素质和社会结构完善、人口老化的养老保障、社会分工和妇女问题、家庭结构和人口信息开发等问题都与可持续发展密切相关。此外,在环境发展和自然灾害防治方面,相关问题也都与可持续发展息息相关。

第五,区域可持续发展。在经济增长中起到特殊作用的产业或部门,也是地区经济中起到特殊作用的支持性产业。此类产业具有以下特点:一是产业规模较大,能够直接和间接地影响区域经济;二是产业规模增长迅速;三是增长效应能够在相关产业部门间传递分散,即同其他产业部门具有高强度的投入产出关系;四是应具备创新能力强的产业或具备核心创新能力的企业。

综合上述五个方面可以看出,可持续发展理论具有以下特点:首先,可持续发展是在提高科技水平的基础上,对社会整体经济结构的发展;其次,建立可持续发展体系的关键是高技术经济的创新和技术支撑体系的建立,因此应当着力发展资源节约型技术和环境监测手段;再次,区域环境、资源和社会的协调问题是国家可持续发展战略的首要问题,也是全球可持续发展体系建立的基本单元;最后,企业作为经济体系的基本构成单元,在内部结构和运行机制方面逐步向可持续发展方向,特别是科技创新在可持续发展战略中地位日益重要。

2.2.5 马克思关于制造业转型升级的思想[①]

马克思经济学说中关于制造业发展的有关思想极为丰富和深邃,本书仅从分工、科技进步、资本以及社会再生产等角度进行分析和思考。

---

① 廖安勇,史桂芬,黎涵.马克思制造业转型升级思想及当代价值[J].当代经济研究,2019(6):55-63.

2.2.5.1 从社会分工角度分析了社会分工对产业发展的影响[①]

在《资本论》中,马克思阐述道:"生产这些产品的种种不同的劳动,如耕、牧、纺、织、缝等等,在其自然形式上就是社会职能,因为这是这样一个家庭的职能,这个家庭就像商品生产一样,有它本身的自然形成的分工。""商品从一个要完成许多种操作的独立手工业者的个人产品,转化为不断地只完成同一种局部操作的各个手工业者的联合体的社会产品"。马克思认为,以分工为基础的协作,在工场手工业上取得了自己的典型形态。工场手工业分工有两种不同的方式:一是不同种的独立手工业的工人在同一资本家的指挥下联合在一个工场里,产品必须经过这些工人之手才能最后制成;二是各种操作不再由同一个手工业者按照时间的先后顺序完成,而是分离开来,孤立起来,在空间上并列在一起,每一种操作分配给一个手工业者,全部操作由协作者同时进行。这两种不同的方式的变化反映了随着外部情况的变化,大量商品需求促使工厂的生产由偶然的分工逐渐固定为系统的分工。当然,这时期的工场手工业的分工,在马克思看来还是"一个以人为器官的生产机构"。

以分工为基础的工场手工业,主要源于劳动工具的革命,社会分工对产业发展产生重要影响。马克思描述"这种分工通过手工业活动的分解,劳动工具的专门化,局部工人的形成以及局部工人在一个总机构中的分组和结合,造成了社会生产过程的质的划分和量的比例,从而创立了社会劳动的一定组织,这样就同时发展了新的、社会的劳动生产力"。因此,产品和生产者由于分工而得到改善。一个工业部门生产方式的变革,会引起其他与之紧密联系部门生产方式的变革以及生产过程中所涉及一般条件的改革,如交通运输手段的革命。这些革命催生不同行业的发展,正如马克思所描述的那样,"一旦工场手工业的生产被引进某种商品的一个特殊的生产阶段,其他的阶段就立即构成同数的不同行业"。简言之,随着劳动工具的分化,生产这些工具的行业也日益分化。进一步地推论得出,如果把特殊生产部门固定在一个国家的特殊地区,便形成了地域分工;如果拓展到国际市场,国际分工也相应产生,"它使地球的一部分转变为主要从事农业的生产地区,以服务于另一部分主要从事工业的生产地区"。综上所述,社会分工使得不同的行业和不同发展水平的区域出现了分化,而且还在不断发挥着独特的经济功能,产生着空间经济效应。马克思的劳动协作观也成为产业地域分工的重要理论渊源之一。

---

① 马克思.资本论:第 1 卷[M].北京:人民出版社,2004.

2.2.5.2 从技术进步角度分析了制造业转型升级

在《资本论》中,马克思将科学技术作为重要变量,提出了"生产力也包括科学技术"的著名论断。马克思认为,机器是工业革命的起点,但并不意味着有机器就会引起生产方式的革命(工业革命),工业发展需要特有的生产资料,如机器本身,但如果还需要依靠个人的力量和技巧才能存在时,工业也不会得到充分发展。在《资本论》中,马克思写道:"作为工业革命起点的机器,是用这样一个机构代替只使用一个工具的工人,这个机构用许多同样的或同种的工具一起作业,由一个单一的动力来推动,而不管这个动力具有什么形式。"因此,工场手工业生产和机器生产的本质区别在于工场手工业中单个的工人须用自己的手工工具来完成每一个特殊的局部过程。在机器生产中是由机器体系代替了单个独立的机器,使"产品不断地处于自己形成过程的各个阶段,不断地从一个生产阶段转到另一个生产阶段"。这便是工业革命时期的技术基础和技术进步,机器的发展由单一机器(手工工具)向机器体系发展,而且这种进步需要推翻的是与之不相适应的物质基础。

在马克思看来,随着发明的增多和对新发明机器的需求的增加,机器制造业日益分为多种多样的独立部门,进而促进了制造业的细分。而且,大工业必须掌握它特有的生产资料,用机器生产机器,这样才能建立起与之相适应的技术基础,才能自立发展。马克思认为,一旦生产的技术基础发生革命,必然会使社会内部的分工发生革命,不断地把大量资本和大批工人从一个生产部门投到另一个生产部门,导致了劳动的变换、职能的更换和工人的全面流动性。同时,与大工业相适应的一般生产条件形成起来,生产方式就会获得一种弹性,一种跳跃式的扩展能力,必然"造成热病似的生产,并随之造成市场商品充斥,而当市场收缩时,就出现瘫痪状态,工业的生命按照活跃、繁荣、生产过剩、危机、停滞这几个时期的顺序而不断地转换",这不仅造成了产业的生命周期,也造成了工人在就业上的没有保障和不稳定现象。正如恩格斯在《在马克思墓前的讲话》中所指出的那样,"任何一门理论科学中的每一个新发现,即使它的实际应用甚至还无法预见,都使马克思感到由衷喜悦,但是当有了立即会对工业、对一般历史发展产生革命影响的时候,他的喜悦完全不同了"。①

2.2.5.3 从资本流通角度分析制造业转型升级

有学者认为,马克思的《资本论》贯穿着资本逻辑,所谓资本逻辑就是资本不断追求最大限度利润的内在本性,而且具有双重性,即是从社会关系中产生的追

---

① 马克思恩格斯全集:第3卷[M].北京:人民出版社,1972:574-575.

求价值增值的逻辑和借助物的力量而产生的创造现代文明的逻辑。①马克思分析了资本流通是如何影响实体经济发展的。在《资本论》第二卷中关于资本的分析主要是基于实体经济进行的,他将产业资本的循环流通过程看作是货币资本、生产资本和商品资本三种形式的循环统一过程,是流通过程和生产过程的统一。马克思通过资本循环和资本周转详细分析了资本的各种形态、变化及类型对剩余价值的影响,并特别指出产业资本循环需要花费一定的时间和费用,而这影响着资本的生产效率。马克思认为:"生产时间和劳动时间越吻合,在一定期间内一定生产资本的生产效率就越高,它的价值增值就越大。""流通越等于零或近于零,资本的职能就越大,资本的生产效率就越高"。这表明,实体经济要提高效率必须要加快资本周转的速度,缩短资本的生产时间和流通时间。另外,马克思还指出,由商品形式转化而产生的流通费用是一种生产上的非生产费用,相较于其他流通费用而言,运输费用起着很重要的作用。这是因为由于交通运输工具的发展,不仅使单个商品运输费用减少,而且还使得运输业成为一个独立的生产部门,也成为生产资本一个独特的投资领域。②

在马克思看来,虚拟资本也会对实体经济的产生影响。随着商业和资本主义生产方式的发展,信用制度也不断扩大并普遍化。在信用制度下,货币只是充当支付手段,商品不是为取得货币而卖,而是取得定期支付凭证(票据)而卖。因此,信用制度的发展导致了虚拟资本应运而生。马克思认为,正是"由于信用,流通或商品形态变化的各个阶段,进而资本形态变化的各个阶段加快了,整个生产过程因而也加快了"。同时,促进了股份公司的成立,一些新的产业经营形式发展起来了,使得在大工业的一切领域内生产规模惊人地扩大了。马克思还清楚地看到,这会造成一定部门的垄断,还会生产出"一种新的金融贵族,一种新的寄生虫……并在创立公司、发行股票和进行股票交易方面产生出一套投机和欺诈活动"。随着金融业的繁荣,商品和服务领域的真实资本的积累越来越隶属于金融,也就是资本积累的金融化。③总之,正是虚拟资本的发展或资本积累的金融化深刻改变着资本积累的本质,因为金融资本可以实现不用投入生产过程而获得巨额利润,使得资本越来越容易脱离实体经济而越发膨胀。④

2.2.5.4 制造业转型升级与社会再生产

马克思对产业结构的划分就是他对社会生产两大部类的划分。马克思认为

---

① 程恩富,李建平.中国经济规律研究报告(2013年)[M].北京:经济科学出版社,2014:277-281.
② 马克思.资本论:第2卷[M].北京:人民出版社,2004.
③ 宋宪萍,孙茂竹.资本逻辑视阈中的全球性空间生产研究[J].马克思主义研究,2012(6):59-66.
④ 马克思.资本论:第3卷[M].北京:人民出版社,2004.

资本主义生产过程的实质是追求剩余价值,因此,马克思综合考虑农业、工业等物质生产部门的分工,把社会生产抽象为两大部类。马克思根据社会总产品的最终用途,把社会生产划分为两大部类,即第Ⅰ部类生产资料生产部类,第Ⅱ部类消费资料生产部类。在这两个部类中,每一类拥有不同的生产部门。社会总产品在实物上分为生产资料和消费资料,在价值形式上由不变资本、可变资本和剩余价值组成。要使社会总产品得以顺利实现,两大部类之间及每一部类内部各生产部门之间都必须保持一定的比例关系。应当说,两大部类是对物质生产领域的划分,这种划分是马克思主义经济学说的重大理论创新,有助于揭示社会总产品、社会总资本运动规律。

马克思认为,任何社会中社会再生产要求各个产业部门及内部之间都需要相互协调,他对社会资本的简单再生产和扩大再生产两种情形进行了细致分析。在简单再生产情形中,基本均衡条件是 $Ⅰ(v+m)=Ⅱ(c)$(v 表示可变资本,m 表示剩余价值,c 表示不变资本),这表明要使社会资本简单再生产得以正常进行,第一部类生产资料的生产和第二部类对生产资料的消费之间,第二部类消费资料的生产和第一部类对消费资料的消费之间都必须保持一定比例关系,否则,无论出现哪种情况都无法使简单再生产正常进行。在扩大再生产情形中,基本均衡条件是 $Ⅰ(v+\Delta v+m/x)=Ⅱ(c+\Delta c)$($m/x$ 表示用于资本家消费的剩余价值部分),这表明两大部类中的任何一个部类的扩大再生产都离不开另一部类,都要以另一部类提供追加的物质资料为条件,否则,扩大再生产也无法顺利进行。马克思进一步指出,在资本积累过程中,总是要伴随着科技进步和资本有机构成的提高。在这种情况下,第一部类生产的增长速度要比第二部类的快,因为资本有机构成的提高会使得积累的资本有更多的部分追加到不变资本中去,进而对生产资料的需求快于对消费资料的需求。因而,"增长最快的是制造生产资料的生产,其次是制造消费资料的生产,最慢的是消费资料的生产。"[①]但生产资料的优先增长并不意味着生产资料的生产可以完全脱离消费资料的生产发展,因为第一部类生产的发展也必须满足第二部类对生产资料的需要。扩大再生产必须要在简单再生产基础上,两大部类同时进行积累,并进行扩大再生产,促进生产资料与消费资料在总供给与总需求上保持平衡。总之,两大部类必须保持协调的比例关系,这是社会化大生产的客观要求。这种客观要求在资本主义社会由于生产的无政府状态,经常遭到破坏,不可避免的爆发经济危机。在危机中,比例关系强制地达到暂时平衡,尔后比例关系再失衡,使经济危机周期爆发。

马克思认为,工业革命和工业化的实质是社会生产方式的变革,这种变革体

---

① 列宁全集:第 1 卷[M].北京:人民出版社,1955.

现在生产力和生产关系两个方面。在《经济学手稿(1861—1863)》中,马克思谈到,"这里所说的不是工具与机器之间在工艺上的确切区分,而是在所使用的劳动资料上发生的一种改变生产方式、因而也改变生产关系的革命"[①]。

综上所述,马克思在生产力与生产关系矛盾运动的框架下,以资本主义生产方式的发展演变为主线,深刻分析了资本主义积累体制及其矛盾,并揭示出不同资本在追求超额利润的内在动力和在资本主义竞争的外在压力的双重作用下,不断推动产业转型升级的原因及内在机理。[②][③]

2.3 本章小结

本章对主要概念进行了界定,通过详细梳理工业化阶段理论、技术创新理论、产业结构理论、可持续发展理论、马克思主义关于制造业转型升级的思想等相关理论,为研究奠定了坚实的理论基础。

[①] 马克思恩格斯全集:第47卷[M].北京:人民出版社,1972.
[②] 魏旭,谭晶.资本积累、空间修复与产业转移[J].经济学家,2016(8):5-10.
[③] 丁堡骏,魏旭.马克思价值转形视阈下的产业转移思想[J].当代经济研究,2015(9):21-26.

第3章 江苏制造业发展脉络及特点

改革开放40多年来,江苏经济同全国一样,较好地实现了从计划经济向市场经济的深刻转变,市场机制激发了巨大的活力和创造力,江苏制造业快速崛起,涌现了苏南乡镇模式、苏州工业园区模式等发展模式,总量规模连续8年位居全国第一,成为全国制造业发展门类最全、质效最优的省份之一。

3.1 江苏制造业总体发展态势

制造业是立国之本、强国之基。"十三五"以来,江苏经济发展已进入创新引领加速、质量全面提升的新阶段,江苏紧扣"强富美高"总目标,深化"两聚一高"实践,深入践行"争当表率、争做示范、走在前列"新使命新要求,坚持制造强省建设不动摇,持续保持和强化制造业在全省经济社会发展中的支柱地位和引领作用,努力构建自主可控安全高效的现代产业体系,依托雄厚的产业基础和相对完善的市场机制,加快建设具有全球影响力的产业科技创新中心、具有国际竞争力的先进制造业基地、具有世界聚合力的双向开放枢纽。

3.1.1 深化供给侧改革,拓展总量增长

第四次全国经济普查结果显示,2018年江苏制造业法人单位资产总计137 166.5亿元,吸纳就业1 439.1万人,实现营业收入146 744.3亿元,占江苏工业法人单位比重分别为90.5%、98.2%、95.3%,占全国制造业的比重分别为12.9%、13.8%、13.9%。从营业收入规模来看,江苏位列全国第二,占比仅低于广东0.2个百分点。列入统计的31个制造业行业大类中,计算机通信和其他电子设备制造业、电气机械和器材制造业、化学原料和化学制品制造业、通用设备制造业的营业收入规模超过万亿元,分别达到18 222.1亿元、15 363.8亿元、12 213.2亿元、11 093.4亿元,占全国的比重分别为15.8%、21.3%、16.3%、22.1%。"十三五"期间,江苏制造业增加值达3.5万亿元、规模约占全国1/8,贡献了全省34.5%的地区生产总值、39.1%的税收,南京新型电力(智能电网)装备集群、软件和信息服务集群,无锡物联网集群,徐州工程机械集群,苏州纳米新材料集群、苏州(无锡、南通)高端纺织集群,常州新型碳材料先进制造集群,通泰

扬海工装备和高技术船舶集群、泰连锡生物医药和新型医疗器械先进制造业集群9个集群入围国家先进制造业集群竞赛初赛,数量全国居首。

3.1.2 产业结构持续优化,新型产业集群发展迅速

产业集群是区域经济发展的重要产业组织形式和载体,在强化专业化分工、发挥协作配套效应、降低创新成本、优化生产要素配置等方面作用显著。作为全国制造业大省,江苏制造业集聚、集群化发展具备一定基础,涌现了一批在国内甚至国际具有竞争力、影响力的制造业集群。2018年,江苏省就在全国率先出台相关意见,提出重点培育13个先进制造业集群,打造"拆不散、搬不走、压不垮"的产业"航母"。从制造业体系看,江苏制造体系完备,产业配套能力强,在制造业31个大类、179个中类、609个小类中,除"烟叶复烤"外,其他各行业江苏均有涉猎。从企业规模分布看,江苏大中型企业核心引领、辐射带动,小微型企业协作配套、联动发展,两者相辅相成、相得益彰。从区域产业特色看,具有南京新型电力装备、苏州纳米材料、无锡物联网、泰州生物医药、徐州工程机械、盐城汽车制造等重点产业和企业集群。"十三五"期间,江苏战略性新兴产业、高新技术产业产值占比分别达到37.8%和46.5%,较"十二五"末分别提高8.0、6.4个百分点,七大高耗能行业营收占比由31.6%下降到28.6%,超额完成了国家下达的节能减排和去产能任务。

3.1.3 研发投入逐年增长,制造业创新能力强

创新是引领发展的第一动力。近年来,江苏制造业在总量规模扩张的同时,加快创新驱动发展,推进新旧动能转换,在制造业竞争力提升的道路上书写新的篇章。"十三五"期间,江苏规模以上工业企业研发经费投入强度达2%左右,较"十二五"末翻一番;创建国家级制造业创新中心2个,占全国1/8,高新技术企业超过3.2万家;承担国家工业强基项目74个,数量全国第一;高铁齿轮传动系统核心零部件、航空级钛合金材料、高标准轴承钢等基础材料、零部件和工艺取得突破。

科技创新能力增强。江苏区域创新能力连续多年位居全国前列,2019年全社会研究与试验发展(以下简称R&D)经费占地区生产总值比重达2.7%,基本达到发达国家水平;科技进步贡献率64%,万人发明专利拥有量30.2件,55个项目获得国家科技奖,均位居全国省际第一。

企业创新主体地位凸显。2019年,企业研发经费投入占主营业务收入比重提高至1.6%,企业专利申请量、专利授权量、发明专利拥有量占总量的比重分别

达 79.3%、79.4% 和 72.4%；建有国家级企业技术中心 117 个，位居全国前列。

新旧动能转换有序推进。2019 年，江苏战略性新兴产业、高新技术产业产值占规模以上工业产值比重达 32.8% 和 44.4%，全国 15.1% 全球领跑技术分布在江苏；高新技术产品出口接近万亿元，达到 9 946.6 亿元，占出口总额比重的 36.6%，全国约 20% 的高新技术产品出口来自"江苏制造"。

制造模式数字化转型。江苏加快推进大规模数字化改造，工业互联网网络基础、平台中枢、安全保障作用进一步显现，累计建成智能制造示范工厂 42 家、智能车间 1 307 家，培育重点工业互联网平台 86 家、标杆工厂 95 家，5G 基站基本实现全省各市、县主城区和重点中心镇全覆盖，企业两化融合指数达 63.2，连续六年位居全国第一。骨干企业支撑有力，年营业收入超百亿元工业企业 148 家，其中超千亿元企业 12 家，国家制造业单项冠军和专精特新"小巨人"企业分别达 104 家、113 家，省级专精特新"小巨人"企业 1 374 家。

3.1.4 领军企业带动和辐射作用增强，整体竞争力提升

为培育一批达到全球创新链、产业链和价值链中高端的大企业集团和"专精特新"中小企业，充分发挥其带动和辐射作用，江苏组织实施制造业单项冠军企业培育提升专项行动，2016 年江苏省工信厅转发工信部关于印发《制造业单项冠军企业培育提升专项行动实施方案》的通知（苏中小科技〔2016〕272 号），2018 年江苏省经信委发布《关于做好 2018 年制造业单项冠军企业培育提升工作的通知》（苏中小科技〔2018〕85 号），2019 年江苏省工信厅发布《关于组织推荐第四批制造业单项冠军和复核第一批制造业单项冠军的通知》（苏工信中小〔2019〕259 号），"百企引航""千企升级"三年行动计划，引导和支持企业专注于细分产品领域的创新、产品质量提升和品牌培育，以期提升江苏制造业整体竞争力。截至 2019 年底，江苏规模以上工业中，产值超亿元的制造企业 15 050 家，其中超 10 亿元企业 1 570 家，超百亿元企业 100 家；56 家企业入选 2019 年中国制造业 500 强企业名单，39 家企业先后入选工信部认定的制造业单项冠军示范企业名单，37 家企业先后入选工信部认定的国家技术创新示范企业名单，7 家企业先后斩获中国工业大奖，各项指标均位居全国前列。这些领军企业大多处于产业链高端，是行业排头兵，拥有明显的资金、技术和规模优势，具有很强的资源整合和集成创新能力，是江苏制造业发展的重要支柱。如常州天合光能，20 次打破光伏电池效率和组件功率的世界纪录，树立了行业内质量和效率标杆；江阴长电科技，国内第一、全球第三大的集成电路封测企业，高端封装技术已与国际先进同行并行发展，客户覆盖 80% 的全球前 20 大半导体公司；南京天加环境科技，拳头产品空气处理机组市场占有率连续 8 年排名第一，入围 2018 年度江苏省隐形冠军企业名单。

3.1.5 上市公司比较优势明显,融资能力增强

1993年,江苏第一家公开发行的股票——太极实业在上交所挂牌上市,截至2019年末,全省制造业上市公司累计达到315家(2019年度新增24家),累计IPO(首次公开券股)融资规模达1 761.76亿元。[①] 苏州、无锡、南京、常州、南通是我省制造业上市公司较为集中的地区,5市的制造业上市公司总数达259家,占全省的82.2%。其中,苏州以88家稳居第一,全省占比27.9%,无锡居次(64家,20.3%),南京第三(44家,14.0%),常州第四(34家,10.8%),南通第五(29家,9.2%)。扬州、徐州、镇江、泰州、连云港、宿迁、盐城、淮安各市制造业上市公司共有56家,其中连云港的恒瑞医药和宿迁的洋河股份是我省仅有的2家市值超千亿元的制造业上市公司。

上市公司数量众多。截至2019年末,全国A股上市公司共计3 757家,其中制造业上市公司共有2 358家。江苏、广东、浙江、山东四省制造业上市公司数量占到全国的半壁江山。其中江苏315家,占全国13.6%,低于广东(404家,17.1%)和浙江(334家,14.2%),高于山东(158家,6.7%)。

上市公司市值上占比大。截至2019年末,全国制造业上市公司市值合计28.08万亿元。其中,江苏为2.55万亿元,占全国9.1%,低于广东(5.88万亿元,20.9%)和浙江(2.91万亿元,10.4%),高于山东(1.74万亿元,6.2%);从平均市值看,全国制造业上市公司平均市值为119.07亿元,江苏为80.93亿元,低于全国平均水平(119.07亿元)以及广东(145.48亿元)、浙江(87.17亿元)和山东(110.01亿元)。

上市公司板块分布均衡。全国主板制造业上市公司共计1 073家,江苏138家,占全国12.9%,高于广东(87家,8.1%)和山东(68家,6.3%),低于浙江(155家,14.4%);全国中小企业板制造业上市公司共计694家,江苏80家,占全国11.5%,高于山东(58家,8.4%),低于广东(180家,25.9%)和浙江(111家,16.0%);全国创业板制造业上市公司共计539家,江苏87家,占全国16.1%,高于浙江(63家,11.7%)和山东(29家,5.4%),低于广东(128家,23.7%)。全国科创板制造业上市公司共计52家,江苏10家,占全国19.2%,在四省中占比最高,高于广东(9家,17.3%)、浙江(5家,9.6%)和山东(4家,7.7%)。

上市公司企业性质多样。全国制造业上市公司中,国有企共543家,占比23.0%,民营企业共1 636家,占比69.4%,外资企业129家,占比5.5%,其他企业共50家,占比2.1%。江苏制造业上市公司中8成为民营企业,在四省中排名

[①] 数据来源于同花顺数据库。下同。

第二,仅次于浙江(85.9%);国有企业占比11.4%,在四省中排名第三,低于山东(24.7%)和广东(13.1%);外资企业占比5.4%,在四省中排名第二,仅次于广东(7.4%)。

上市公司市值分布靠前。在全国制造业上市公司市值排名前500的企业中,江苏入围企业共有51家,占全国10.2%,低于浙江(53家,10.6%),高于广东(20家,4%)和山东(31家,6.2%);江苏制造业上市公司市值在100亿元～500亿元的企业数占比在四省中最高,为94.1%,高于山东(90.3%)、浙江(84.9%)和广东(90.0%)。在市值500亿元～1 000亿元区间,江苏制造业上市公司的企业数占比为2.0%,低于浙江(13.2%)和广东(10.0%),但高于山东(0)。江苏制造业上市公司市值1 000亿元以上的企业数占比为3.9%,高于浙江(1.9%)和广东(0),但低于山东(9.7%)。

3.2 江苏制造业发展的历史进程

中华人民共和国成立70多年来,特别是1978年改革开放以来,江苏经济呈现出总量规模持续扩大、经济发展增速较快、综合实力显著增强的特点,江苏用占全国1.06%的土地,养活了占全国6%的人口,创造了占全国GDP总量10.4%的国民财富,书写了中华人民共和国70多年来工业发展的奇迹。目前,江苏工业经济形成了以电子、电气机械及器材制造、化工、通用设备制造、钢铁、汽车、纺织、专用设备制造、金属制品、非金属矿物制品业十大行业为主要支撑的发展格局。2018年,江苏十大支柱行业增加值占全省规模以上比重近七成,对全省规模以上工业增加值增长的贡献率达71.2%。

从根本上来讲,任何一个国家或地区的经济发展和结构变迁,除了其区位条件的改善之外,其中最为本质、最为核心的内容就是制度创新和制度变迁。刘志彪等认为制度创新和变迁是全面解读江苏工业发展绩效的总纲和逻辑主线,江苏工业发展历程可以从国有经济、乡镇经济、外向型经济等发展路径上来把握。[①]综合前人研究成果[②],按照历史的顺序及其演化轨迹,江苏工业发展大体分为以下几个阶段:

第一阶段:1949年至1957年

这一时期江苏的工业成就,主要表现为选择了以国有经济为主导的方针,在计划经济体制下优先发展重工业。这种制度安排和战略选择,在国民经济恢复初

---

① 刘志彪,吴福象. 新中国60年江苏工业发展的基本轨迹和基本经验[J]. 南京社会科学,2009(12):1-8.

② http://www.jiangsu.gov.cn/art/2019/9/11/art_75680_8709660.html.

期,充分地发挥了政府集中力量办大事的优越性,通过快速地实现资本集中,在较短的时期内为后来的工业发展和空间布局奠定了发展基础。中华人民共和国成立初期,江苏工业基础比较薄弱,经过三年国民经济的恢复,虽有所增长,但规模依然偏小。1952年,全省仅实现工业产值25.5亿元;1953年,第一个五年计划开始执行,1954—1956年,江苏基本完成了对私营工业的全行业公私合营和对城乡手工业进行合作化的社会主义改造。"一五"时期,国家在江苏基本没有安排重点工业建设投资项目,同时江苏肩负着援建国家156项重点工程项目的任务,"发展生产、繁荣经济"主要靠充分利用和发挥原有工业的潜在力量。1953—1957年,全省全部工业增加值年均增长10.7%。

第二阶段:1958年至1978年

在此阶段,江苏的工业发展具有二元性。一方面是国有重化工业的成长和调整,另一方面是在政治风云变化中从夹缝中新生的社队工业企业的崛起。苏南的许多城市和乡镇,尤其是一些靠近上海大都市周边的苏州和无锡等城市和乡镇,都在千方百计地悄悄避开政治风暴,广泛利用上海大城市的星期天工程师,使得苏南许多乡镇民用工业的生产技术水平有了飞速的发展。"二五"时期,由于"左"倾思潮在国民经济建设中占据主导地位,片面夸大调整生产关系对生产力的促进作用,在全国范围内掀起了以大炼钢铁为中心的"大跃进"热潮,扰乱了原有的工业生产正常秩序,导致国民经济比例关系失调。1958—1960年全省工业产值年均增长高达59.2%,1961年开始,生产急剧下降,当年全省工业产值比上年下降37.7%,1962年又比上年下降17.1%,纱、布、纸、水泥等产品1962年的产量下跌到1957年以前的水平。1963—1965年,持续三年的国民经济大调整开始进行,江苏工业逐步走上正轨,生产开始稳步回升。1963年,全省工业产值比上年增长3.3%,1964年增长26.4%,1965年又增长32%;1965年主要工业产品产量比调整前的1962年均成倍增长。1958—1965年,全省全部工业增加值年均增长10.6%。1966年,第三个五年计划在一片混乱声中开场,"文革"初期,在一系列极左口号的冲击下,城市工业首当其冲,多数工厂停工停产。1967年、1968年全省工业产值均比1966年下降18%左右。"三五""四五"两个五年计划,一直处于"文革"之中,工业生产形势十分严峻。1976—1978年,"文革"结束后的"五五"前三年,全省工业总产值年均增长14.5%,在"大干快上""全面跃进"口号下,再度出现追求高指标、高积累现象,江苏工业的发展面临诸多矛盾,处于"文革"结束到改革开放的过渡时期。1966—1978年,全省全部工业增加值年均增长14.3%。

第三阶段:1979年至1988年

江苏工业经历了从社队企业到乡镇企业,再到民营经济和外资经济并重的历程,并通过上市公司资本平台等重大机遇,使得江苏工业生产总值在国民经济体系中的比重不断上升,综合实力不断增强。1978年底,党的十一届三中全会,拉开了中国改革开放的帷幕。从1979年起,围绕"调整、改革、整顿、提高"八字方针,全省全面进入三年调整时期,以企业改革为先导的经济体制改革逐步推开。1979—1980年,全省各地国营工业企业开展扩大经营自主权的试点,1981—1982年,扩权让利发展成为以责权利相结合为特点的经济责任制,1983年又开始了利改税的改革试点工作。1984年开始,经济体制改革从农村转向城市,全省围绕增强企业活力特别是增强全民大中型企业活力这个中心环节深化改革,国营工业企业的厂长负责制、各种形式的经营承包制,一系列以完善企业经营机制为核心的改革形式陆续全面推开。1979—1988年,全省全部工业增加值年均增长14.5%。

第四阶段:1989年至1993年

1988年9月,党的十三届三中全会决定开始治理经济环境、整顿经济秩序。1989年,治理整顿的措施陆续到位并发挥效应,但工业生产下跌过猛,9月份开始出现了连续的负增长。1990年,中央在改进总量控制的同时,把工作重点放在调整结构和提高效益上,连续5个月的工业负增长得到扭转。1991年上半年,工业生产和效益出现回升,但夏季又遭受百年未遇的洪涝灾害,四季度工业生产虽迅速恢复,但经济效益始终处于低谷。1992年,根据邓小平同志视察南方的讲话精神,省委、省政府提出了"加快发展,加快改革"的战略方针,全省改革开放和经济建设的步伐明显加快,工业生产保持快速增长之势。1989—1993年,全省全部工业增加值年均增长13.7%,其中,1992年、1993年全省全部工业增加值增速分别高达30.9%、23.2%。

第五阶段:1992年至2002年

由于1992年、1993年经济"过热",从1993年下半年起开始强调"软着陆""点刹车"。在宏观调控"双紧"的大背景下,全省工业经济增长速度趋缓。1995年,党的十四届五中全会提出"两个根本性转变",全省工业经济增长方式从粗放型向集约型转变的步伐加快。1997年,全省把调整结构作为振兴江苏经济的第三次机遇,组织实施"97工业结构调整促进年"活动,有效提高了全省工业经济的素质,非公有制经济比重明显上升,规模经济优势得到加强。1998年,国有大中型亏损企业扭亏脱困与深化国有企业改革成为地方各级政府这一时期经济工作的重要任务,同时也是全省工业战线的攻坚任务。2001年,中国正式加入世贸组织,面对跨国公司和境外产品的快速进入,企业经营在竞争压力增加的同时,又迎来一轮新的发展机遇。2002年,围绕加快发展、应对入世主题,国企改革向纵深推进,由点爆式攻坚转向整体式推进,全省超过80%的国有工业企业成功实现改制,国有经济经过改制重组后,机制优势初步显现。1994—2002年,全省全部工业增加值年均增长13.3%。

第六阶段：2003年至2007年

2002年，根据党的十六大报告精神，江苏省委、省政府提出"优先发展信息产业，以信息化带动工业化"的发展战略，以电子行业为代表的高技术行业飞速发展。2004—2007年，省委、省政府牢固树立科学发展观，在调整中求发展，一方面淘汰落后高耗能行业产能，另一方面大力发展高附加值的高技术行业，全省工业产业结构调整升级与生产效益增长形成良性互动。2003—2007年，全省全部工业增加值年均增长17.1%，这一时期也是江苏工业经济发展的黄金期。

第七阶段：2008年至2015年

2008年，面对全球性的金融危机，江苏工业积极应对，工业生产虽有所放缓但仍保持较快增长，全省全部工业增加值同比增长13.8%。2009—2010年，江苏工业继续保持稳定增长，逐步走出金融危机的阴影。2011年，江苏工业认真贯彻落实国家及地方"稳增长、调结构、促转型"的各项政策措施，强化创新驱动发展，注重新旧动能转换。"十二五"期间，全省航空航天装备、轨道交通装备、智能制造装备、高端专用装备等高端装备制造业实现快速发展，年均增长17.8%，占装备制造业比重达16.7%。1600吨热模锻冲压线、高速重载工业机器人、高压油缸等一批重大智能装备和关键零部件市场竞争优势明显增强，高档全地面起重机、新型轨道交通装备、新型电力装备市场占有率进一步提高，涌现出徐工机械、鹏飞集团、浦镇车辆等一批工程总集成总承包企业，装备制造业服务化水平不断提升。2015年11月10日，中央财经领导小组第十一次会议提出供给侧结构性改革。江苏省委、省政府对落实供给侧结构性改革五大任务作了部署，江苏省去产能的重点行业，在中央明确的钢铁、煤炭、水泥、平板玻璃的基础上增加了船舶行业，同时确定在轻工、纺织、印染、电镀、机械等其他传统行业退出一批低端低效产能。同年，江苏省委、省政府正式发布《中国制造2025江苏行动纲要》，重点推进集成电路及专用设备、网络通信设备、操作系统及工业软件、云计算大数据和物联网、智能制造装备、先进轨道交通装备、海洋工程装备和高端船舶、新型电力装备、航空航天装备、工程和农业机械、节能环保装备、节能型和新能源汽车、新能源、新材料、生物医药和医疗器械等产业，力争到2025年建成国内领先、有国际影响力的制造强省。

第八阶段 2016年至今

2016年以来，江苏工业全面推进供给侧结构性改革，在化解过剩产能、处置"僵尸企业"、实现资源优化配置和市场出清的同时，加快培育更多产业新增长点和结构性力量，推动全省产业结构向中高端迈进。"十三五"期间，江苏着力打造新能源、集成电路、生物医药、高端装备等13个先进制造业集群，聚焦轨道交通、车联网等30条优势产业链，补链固链强链，江苏制造业的总量占全国1/7左右，位居全国首位;世界500强企业中,有389家生产线建在江苏,全国有超过20%的高新技术产品均来自"江苏制造"。2020年,江苏9个集群入围国家先进制造业集群决赛,占全国五分之一;战略性新兴产业、高技术产业产值占规上工业比重分别达到37.5%和146.8%,比2019年底分别提高4.2%和2.4%。

3.3 江苏制造业在全国经济中地位的变化

江苏省GDP的排名基本稳居全国第二位,占全国总量的10%左右,但江苏制造业在全国占据较为突出的优势地位,江苏制造业规模连续8年保持全国第一,年增速始终高于全国平均水平,高于广东、浙江等省份。以规模以上工业企业的主营收入和利润总额为例,江苏制造业占全国的比重长期维持在14%,较江苏GDP占全国的比重高出40%的水平。2019年,全国工业百强县(市)名单中,江苏有25个县市入围,江阴、昆山、张家港、常熟包揽了前四名。排名第一的江阴共有11家中国企业500强、19家中国制造业企业500强;29家A股上市公司,数量在全国县级市中最多。

3.3.1 江苏主要工业产品在全国的地位

江苏省是制造业大省,从江苏省主要工业产品占全国的比重来看(表3-1所示),江苏省的家用电器、集成电器、化学农药原药、化学纤维、电子通信类等工业产品数量在国内占据相对的领先地位。2019年,在家用电器产品方面,江苏家用冰箱、房间空气调节器、家用洗衣机、彩色电视机等产品产量分别达到1 068.1万台、500万台、2 239.4万台和1 383.5万台;在芯片制造和纳米技术产品的生产方面,江苏的生产总量在中国稳居第一,微型计算机设备达到6 128.5万台;在2019中国化工园区30强名单中,江苏有9家化工园区榜上有名,数量位居全国第一,同时成规模化的公司就有将近5 000家。如表3-1所示,江苏产量占全国比重10%~20%的产品有布(11.91%)、机制纸及纸板(11.76%)、钢材(11.79%)、粗钢(12.07%)、金属切削机床(15.68%)、家用冰箱(13.51%)、纯碱(17.17%)、微型计算机设备(17.94%)、初级形态塑料(11.60%);江苏产量占全国比重20%以上的产品有原盐(20.09%)、化学农药原药(35.69%)、家用洗衣机(30.13%)、集成电器(25.58%)、化学纤维(25.92%)等。

表 3-1 2019 年江苏主要工业产品占全国产品比例

产品	江苏	全国	占全国比例
原煤	1 102.7 万吨	38.46 亿吨	0.29%
原盐	1 344.9 万吨	6 701.44 万吨	20.09%
卷烟	1 044.7 亿支	23 642.49 亿支	4.41%
布	66.1 亿米	555.19 亿米	11.91%
机制纸及纸板	1 471.6 万吨	12 515.30 万吨	11.76%
焦炭	1 611.0 万吨	47 126.16 万吨	3.42%
硫酸	318.2 万吨	9 119.24 万吨	3.49%
烧碱	275.1 万吨	3 457.89 万吨	7.96%
纯碱	512.8 万吨	2 986.46 万吨	17.17%
乙烯	189.1 万吨	2 052.29 万吨	9.21%
农用氮磷钾化肥	199.1 万吨	5 731.18 万吨	3.47%
化学农药原药	75.6 万吨	211.81 万吨	35.69%
初级形态塑料	1 130.2 万吨	9 743.65 万吨	11.60%
化学纤维	1 525.2 万吨	5 883.37 万吨	25.92%
水泥	15 743.3 万吨	234 430.62 万吨	6.72%
平板玻璃	1 829.2 万吨	94 461.22 万吨	1.94%
生铁	7 347.6 万吨	80 849.38 万吨	9.09%
粗钢	12 017.1 万吨	99 541.89 万吨	12.07%
钢材	14 211.4 万吨	120 456.94 万吨	11.79%
金属切削机床	6.6 万台	42.10 万台	15.68%
汽车	76.7 万辆	2 567.67 万辆	2.99%
轿车	39.6 万辆	1 028.49 万辆	3.85%
发电机组	584.1 万千瓦	9 073.69 万千瓦	6.44%
家用冰箱	1 068.1 万台	7 904.25 万台	13.51%
房间空气调节器	500 万台	21 866.16 万台	2.29%
家用洗衣机	2 239.4 万台	7 432.99 万台	30.13%
移动通信手持机	5 003.8 万台	169 603.36 万台	2.95%
微型计算机设备	6 128.5 万台	34 163.22 万台	17.94%
集成电器	516.3 亿块	20 182 151.04 万块	25.58%
彩色电视机	1 383.5 万台	18 999.06 万台	7.28%

数据来源：根据 2020 年《江苏统计年鉴》和 2020 年《中国统计年鉴》中数据计算所得。

3.3.2 江苏制造业分行业占全国比重

2019年江苏制造业占全国的比重为12.99%,连续多年位列全国第一。从表3-2可以发现,江苏制造业行业中占全国比重超过10%的行业有纺织业(18.26%),纺织服装、服饰业(12.3%),造纸和纸制品业(10.04%),化学原料和化学制品制造业(14.18%),医药制造业(13.56%),化学纤维制造业(29.24%),橡胶和塑料制品业(12.16%),黑色金属冶炼和压延加工业(13.25%),金属制品业(14.66%),通用设备制造业(18.88%),专用设备制造业(17.21%),铁路、船舶、航空航天和其他运输设备制造业(16.72%),电气机械和器材制造业(18.59%),计算机、通信和其他电子设备制造业(14.69%),仪器仪表制造业(20.90%),其中化学纤维制造业、仪器仪表制造业和通用设备制造业位居前三。

表3-2 2019年江苏省各制造业行业占全国比重

行业	占比(%)	行业	占比(%)	行业	占比(%)
制造业	12.99	造纸和纸制品业	10.04	有色金属冶炼和压延加工业	7.80
农副食品加工业	5.65	印刷和记录媒介复制业	9.72	金属制品业	14.66
食品制造业	3.996	文教、工美、体育和娱乐用品制造业	9.72	通用设备制造业	18.88
酒、饮料和精制茶制造业	4.28	石油加工、炼焦和核燃料加工业	3.90	专用设备制造业	17.21
烟草制品业	7.58	化学原料和化学制品制造业	14.18	汽车制造业	8.51
纺织业	18.26	医药制造业	13.56	铁路、船舶、航空航天和其他运输设备制造业	16.72
纺织服装、服饰业	12.3	化学纤维制造业	29.24	电气机械和器材制造业	18.59
皮革、毛皮、羽毛及其制品和制鞋业	2.54	橡胶和塑料制品业	12.16	计算机、通信和其他电子设备制造业	14.69
木材加工和木、竹、藤、棕、草制品业	7.84	非金属矿物制品业	7.25	仪器仪表制造业	20.90
家具制造业	4.76	黑色金属冶炼和压延加工业	13.25	其他制造业	5.72

数据来源:根据2020年《江苏统计年鉴》和2020年《中国统计年鉴》中数据计算所得。

纺织产业是江苏国民经济传统支柱产业、重要民生产业和创造国际竞争新优势的产业,江苏有着门类齐全、产业链完整的各类纺织集群,35年来纺织产业总量全国第一。江苏省持续实施纺织产业基础再造工程,加快壮大新材料等高新技术产业,培育一批居于行业领先水平的国家级战略性新兴纺织产业集群,打造一批具有全球影响力的纺织行业知名品牌。盛泽是中国纺织面料名镇、常熟是中国休闲服名城、南通是中国家纺名城、江阴新桥是中国毛纺小镇。江阴市东南的新桥镇是闻名遐迩的"中国毛纺之乡",全镇90%的产业集中在仅仅7平方公里的园区里,2019年全镇纺织服装行业开票销售突破1 200亿元。南通是全国最大的家用纺织品集散地,拥有以成品为主的海门叠石桥和以面辅料为主的通州志浩两大市场,拥有3 800多家纺织企业,35万家纺人口,日均包裹量超220万件。

化学工业产业是江苏传统优势行业,江苏不断调整化学产业布局,压缩苏南石化产业规模,优化苏中石化产业结构,加快苏北临海石化产业规模化、基地化发展,完成石化大省向石化强省转型。例如,建成连云港-徐圩石化产业基地,完成南京化学工业园区改造提升和转型升级,形成"两带两极"产业空间格局。其中,连云港石化产业基地规划面积约71平方公里,以大型炼化一体化项目为龙头和核心,以多元化原料加工路线为补充,规划原油加工5 000万吨级、生产乙烯300万吨级、芳烃500万吨级,最终形成以清洁油品、三大合成材料、化工新材料、高端有机化工原料为主要产品,内部资源高效利用、公用工程配置高度集约的国际一流石化产业基地。

装备制造业包括金属制品业、通用设备制造业、专用设备制造业、铁路、船舶、航空航天和其他运输设备制造业、电气机械和器材制造业、计算机、通信和其他电子设备制造业、仪器仪表制造业等行业。装备制造业是制造业的核心组成部分,在推进产业科技创新、支撑产业转型升级过程中处于关键核心位置。"十三五"期间,江苏聚焦《中国制造2025江苏行动纲要》,围绕促进制造业转型升级需求,进一步壮大新兴装备制造业,提升传统装备制造业,推动整机成套装备与零部件产业、基础制造产业协同发展,加快构建门类齐全、功能完整的装备制造产业新体系。从行业增加值增速看,2019年江苏交通运输设备、电气机械和专用设备等先进制造业增加值分别增长17.3%、16.9%、8.2%;从行业投资结构看,计算机通信和其他电子设备制造业、电气机械和器材制造业等行业分别投资同比分别增长18.3%、14.4%,分别超过全省制造业增速13.7个百分点和9.8个百分点。

3.4 江苏制造业发展的主要特点

3.4.1 工业发展迅速发展，工业经济总量位居全国前列

中华人民共和国成立以来，江苏工业经济发展迅猛，实现了跨越式发展，总量迭创新高，在全省经济社会的发展中发挥了重要的作用。中华人民共和国成立初期，江苏工业基础十分薄弱，1952年，全部工业增加值仅7.6亿元(按当年价格计算，下同);2006年，江苏全部工业增加值迈上1万亿元台阶，达1.1万亿;2011年全部工业增加值突破2万亿元;2016年全部工业增加值突破3万亿元;2017年全部工业增加值超过3.5万亿元，增长7.5%，占全国比重12.5%，对全省经济增长的贡献率在50%左右;2018年江苏全部工业增加值突破3.6万亿，占GDP比重39%，对GDP增长的贡献率达39.1%;2019年江苏工业增加值比上年增长6.2%，其中高技术产业增加值比上年增长6.8%，增速高于规模以上工业0.6个百分点，对规上工业增加值增长的贡献率达23.8%。

3.4.2 工业企业数量扩张，经济利润实现倍增

中华人民共和国成立以来，江苏工业企业队伍逐步壮大，经济规模不断扩张。1949年，江苏省工业企业有9 049个，工业总产值只有15.9亿元;1978年，江苏省工业总产值增至337.7亿元，较1949年增长20.2倍。1978—1997年，江苏省乡及乡以上工业企业由27 257家增至40 817家，企业单位数增长近五成;1998—2006年，江苏省规模以上工业企业数快速增长，由17 957家增至36 319家，企业单位数成倍增长;2007—2019年，江苏省规模以上工业企业数平稳增长，由41 841家增至46 090家，企业单位数增长10.2%。

随着江苏工业企业数量增加，全省各项主要工业经济指标总量均实现扩张。1997年，江苏省乡及乡以上全部独立核算工业企业固定资产原值4 566.4亿元，较1978年增长30.1倍;工业总产值8 033.3亿元，较1978年增长25.3倍。2018年，江苏省规模以上工业企业拥有资产12万亿元，实现主营业务收入12.8万亿元、利润8 491.9亿元，分别较1998年规模以上工业企业增长12.1倍、16.4倍、55倍。2019年，江苏省规模以上工业企业实现营业收入比上年增长3.5%，规模以上工业企业营业收入利润率、成本费用利润率分别为5.7%、6.0%，总资产贡献率为9.3%，全年规模以上工业企业产销率达98.5%。2010—2019年，江苏规模以上工业企业资产总额由66 134.06亿元上升到120 451.8亿元，规模以上工业企业流动资产总额由36 028.86亿元上升到66 896.9亿元，规模以上工业企业利

润总额由 5 970.56 亿元上升到 6 855.03 亿元。

表 3-3 2010—2019 年江苏规模以上工业企业资产利润统计表

时间	规模以上工业企业资产总计(亿元)	规模以上工业企业负债合计(亿元)	规模以上工业企业流动资产合计(亿元)	规模以上工业企业利润总额(亿元)
2010	66 134.06	37 878.51	36 028.85	5 970.56
2011	76 258.16	44 372.68	42 801.75	7 074.44
2012	84 550.41	48 417.22	46 483.24	7 250.2
2013	92 081.69	52 286.71	50 358.02	7 834.06
2014	101 259.5	55 612.13	53 669.5	9 057.17
2015	107 061.7	56 888.77	55 376.44	9 686.84
2016	114 536.3	59 466.56	59 354.58	10 574.4
2017	116 706.6	61 086.66	62 998	10 052.54
2018	119 590.9	62 924.3	66 896.9	8 491.9
2019	120 451.8	63 841.02	69 406.05	6 855.03

数据来源：根据历年江苏统计年鉴数据整理得出。

3.4.3 主要产品产量猛增，工业出口快速增长

中华人民共和国成立初期，江苏主要生产纱、布、面粉、牙刷、肥皂等日用生活消费品，经过 70 多年特别是改革开放以来的快速发展，全省主要工业产品产量猛增，产品种类逐步丰富。粗钢产量由 1949 年的 0.1 万吨增至 2019 年的 12 017.1 万吨，钢材由 0.03 万吨增至 14 211.4 万吨，化肥由 0.38 万吨增至 199.1 万吨，水泥由 3.1 万吨增至 16 048.2 万吨；汽车由 1958 年的 259 辆增至 2019 年的 82.8 万辆；化学纤维由 1965 年的 0.54 万吨增至 2019 年的 1 531.5 万吨。家用电冰箱、房间空调器、微型电子计算机、智能手机、集成电路等电子产品以及新能源汽车、太阳能电池等新兴产品产量也实现了从无到有、由少到多的飞跃，2019 年产量分别达到 1 068.1 万台、495 万台、6 032.4 万台、5 003.8 万台、516.3 亿块、5 万辆、4 831 万千瓦。此外，江苏部分主要产品产量在全国的地位也举足轻重，2018 年，化学农药原药、化学纤维、民用钢质船舶、集成电路、电子元件等主要产品产量占全国比重分别高达 38.5%、27.3%、44.1%、32.4%、30.2%。

主要工业产品产量的迅猛增长，也有力地带动了全省工业出口的发展。全省工业制成品出口值由 1998 年的 1 467.3 亿元增加至 2019 年的 25 454.8 亿元，增长 16.3 倍，年均增长 15.3%；其中，机电产品出口额达 17 955.6 亿元，高新技术

产品出口额达 9 946.6 亿元,计算机、通信和其他电子设备制造业(简称电子行业)对全省工业出口的发展作出了巨大的贡献。

3.4.4 经济效益持续提升,提质增效成果明显

中华人民共和国成立初期至改革开放前夕,江苏工业发展曲折,工业经济效益水平起伏不定;改革开放以后,江苏工业经济效益持续提升,总体保持较高水平增长,运行质量不断改善,提质增效成果明显。

3.4.4.1 经济规模持续提升

2018 年,全省规模以上工业实现主营业务收入、利润同比分别增长 7.3%、9.4%,呈现出利润增长快于主营业务收入增长的良好发展态势。分阶段来看,全省乡及乡以上全部独立核算工业企业产品销售收入由 1979 年的 312.6 亿元增至 1997 年的 7 258 亿元,增长 22.2 倍,年均增长 19.1%;1998—2006 年,全省规模以上工业企业主营业务收入、利润分别由 7 375.5 亿元、151.5 亿元增至 4.1 万亿、1 906.9 亿元,分别增长 4.6 倍、11.6 倍;2007—2018 年,全省规模以上工业企业主营业务收入、利润分别由 5.3 万亿、2 765.8 亿元增至 12.8 万亿、8 491.9 亿元,分别增长 1.4 倍、2.1 倍。

横向比较,2015—2019 年江苏制造业总量规模始终稳居长三角地区第一,2019 年江苏制造业实现主营业务收入 11.2 万亿元,较浙江、上海、安徽分别高 4.3 万亿元、7.46 万亿元、7.21 万亿元。从工业增加值看,2015—2019 年江苏工业增加值在全国占比保持在 12% 左右,始终稳居长三角地区第一。2019 年江苏工业增加值约 3.78 万亿元,较浙江、上海、安徽分别多 1.6 万亿元、2.81 亿元、2.54 亿元,在长三角地区占比 45.22%,在全国占比为 11.93%。

3.4.4.2 提质增效成果明显

2018 年,全省规模以上工业企业总资产贡献率、成本费用利润率、主营业务收入利润率分别为 12.1%、6.9%、6.6%,分别较 1998 年提高 3.7 个、4.5 个、4.5 个百分点;从企业经营状况来看,2018 年全省规模以上工业企业亏损面为 14.5%,与 1998 年相比,下降 9.8 个百分点,企业的经营状况明显改善;从人均主营业务收入、人均利润等指标来看,1998—2018 年,人均主营业务收入、人均利润分别由 12.7 万元、0.3 万元增至 138.3 万元、9.2 万元,单位劳动的产出稳步提升,工业企业提质增效成果显著。从龙头企业看,江苏 4 家企业登上 2020 年《财富》世界 500 强榜单,低于浙江(5 家)、上海(9 家),高于安徽(2 家);江苏 45 家企业入选"2020 年中国企业 500 强",高于浙江(43 家)、上海(30 家)、安徽(9 家)。从独角兽企业看,根据 2020 胡润全球独角兽排行榜,全国 227 家独角兽企业中,

江苏有12家,全国占比5.29%;江苏12家独角兽企业平均估值133.3亿元,低于上海(195.1亿元)、浙江(598.3亿元)。从瞪羚企业看,《2019年中国瞪羚企业数据报告》显示,2019年江苏瞪羚企业有3 180家,全国占比12.69%,优于浙江、上海。从2020长三角百强企业来看,江苏有26家,低于上海(30家)、浙江(35家),高于安徽(9家)。

3.4.5 结构调整有序推进,优化升级成效显现

中华人民共和国成立以来,江苏工业结构调整不断推进,工业经济在所有制结构、产业结构、区域经济结构等领域都发生了深刻的变化。

3.4.5.1 多元化市场主体格局逐步形成

中华人民共和国成立后的三年国民经济恢复时期,江苏工业所有制结构以非公有制经济为主体;通过1954—1956年三年的社会主义改造,非公有制经济直线下降,公有制经济迅速上升;1978年,江苏工业经济处于国有工业和集体工业二分天下的阶段,国有工业占工业总产值比重为61.5%,集体工业占工业总产值比重为31.2%。党的十一届三中全会以后,中央提出了以公有制为主体、多种所有制经济平等竞争和共同发展的方针,江苏工业经济成分日趋多元化,所有制结构调整稳步推进,多元化市场主体格局逐步形成,外商和港澳台商投资工业、民营、私营工业快速发展,成为推动江苏工业经济发展的重要力量。

外商和港澳台商投资工业以及民营工业发展迅速。从企业个数来看,2018年,江苏共有规模以上工业企业45 675家;其中,外商和港澳台商投资工业企业9 578家,占全省比重21%;私营工业企业28 747家,占全省比重高达62.9%;国有控股和集体工业企业1 215家,仅占全省比重2.7%。从分经济类型增加值以及从业人员占比来看,2018年,国有控股工业增加值占全省规模以上工业比重为17.3%(国有工业占3%),从业人员占全省规模以上工业比重为6.5%(国有工业占0.7%);集体工业增加值占比为0.2%,从业人员占比为0.2%;外商和港澳台商投资工业增加值占比为37%,从业人员占比为37.6%;私营工业增加值占比为32.1%,从业人员占比为40.9%。2018年,外商和港澳台商投资工业对全省工业增长的贡献率达35.5%,民营工业对全省工业增长的贡献率达45.6%(私营企业为28.6%)。外商和港澳台商投资工业以及民营工业不仅有力地推动了江苏工业经济的发展,在稳定就业方面也发挥了关键性作用。

国有控股工业做优做强。国有控股工业在全省工业中的各项占比均有所下降,但是在重要战略性领域仍然占据主导地位。2018年,在全省规模以上工业中,电力、热力生产和供应行业国有控股工业企业数占比达40.7%,资产占比达

80.7%,主营业务收入占比达 87.9%;水的生产和供应行业国有控股工业企业数占比达 47.2%,资产占比达 75.7%,主营业务收入占比达 66.2%。

3.4.5.2 产业结构优化升级

从发展阶段看,中华人民共和国成立初期,江苏工业以纺织、食品等轻工业为主;20 世纪 70 年代末,纺织、机械、化工、食品成为江苏四大重点行业;20 世纪 80 年代后期,机械、纺织、化工、食品、建材、冶金成为六大支柱行业;进入 20 世纪 90 年代,随着生产的发展、技术的进步和消费结构的变化,新兴行业大量涌现,资金密集型和技术密集型行业产值占比不断上升。2000 年以来,以电子行业为代表的高技术行业迅速崛起,2003 年,电子行业一跃成为江苏第一大支柱行业,发展势头强劲;而其他高技术行业如医药制造业、航空航天器制造业、医疗仪器设备及仪器仪表制造业也呈现较快的增长势头,江苏高技术产业体系初步形成。在高技术行业支撑作用日益显著的同时,化工、钢铁等传统行业也在转型升级。在供给侧结构性改革、"263"专项行动、环保督查等一系列政策的影响下,钢铁、化工行业落后产能逐步消减,"地条钢"企业全部取缔出清,"僵尸企业"有序清退,行业获利能力、生产效率稳步向上。

从新的支柱产业看,以电子、电气机械及器材制造、化工、通用设备制造、钢铁、汽车、纺织、专用设备制造、金属制品、非金属矿物制品业等十大行业为主要支撑的发展格局已经形成。2018 年,江苏十大支柱行业增加值占全省规模以上比重近七成,对全省规模以上工业增加值增长的贡献率达 71.2%。

从新旧动能转化看,2011—2018 年,江苏高技术行业产值年均增长 11.8%,2018 年江苏高技术行业产值占全省规模以上工业比重 21.3%;2019 年高新技术产业产值比上年增长 6.0%,占规上工业总产值比重达 44.4%,比 2018 年提高 0.7 个百分点;战略性新兴产业产值比上年增长 7.6%,占规上工业总产值比重达 32.8%,比上年提高 0.8 个百分点。《中国"智能+"社会发展指数报告 2019》显示,江苏智能制造发展指数排名全国第一,高于浙江、上海、安徽;江苏数字经济整体水平处于全国第一方阵,2019 年江苏数字经济发展指数为 56.1,居全国第三,高于上海(52.7)、浙江(50.8)、安徽(33.1)[①],江苏数字经济占 GDP 比重超过 40%,数字经济增速都显著高于同期 GDP 的增速,人工智能发展指数、区块链产业发展水平均位居北京、上海、广东和浙江之后,处于全国第二梯队。

3.4.5.3 创新能力保持领先

从创新投入看,2015—2019 年江苏工业企业研发投入呈现持续增长的态势,

---

① 数据来源于《2019 年中国数字经济发展指数》报告。

2019年为2 206.16亿元,是浙江的1.73倍、上海的3.74倍、安徽的3.83倍,年均增速达10%。从创新成效看,江苏规上工业企业在专利申请量、专利拥有量和新产品销售收入等创新成果方面实现了大幅度的增长,2015—2019年江苏规上工业企业专利申请量保持年均10.83%的增长率,2019年达17.59万件,占全国比重为16.6%,高于浙江(11.43万件,10.78%)、上海(3.53万件,3.33%)和安徽(5.55万件,5.23%)。从新产品销售看,2015—2019年江苏工业企业新产品销售收入实现稳健增长,2019年达3.01万亿元,全国占比为14.19%;高于浙江(2.6万亿元,12.31%)、上海(1.01万亿元,4.78%)和安徽(0.97万亿元,4.57%)。

3.4.5.4 苏南苏中苏北协调发展

中华人民共和国成立初期,江苏规模较大的工业企业主要集中在苏南地区,中华人民共和国成立后,苏北地区工业开始逐步发力。改革开放后,苏南地区工业经济率先发展,成为全省改革开放的排头兵,引领全省工业发展;苏中、苏北地区也迎头赶上,发展步伐明显加快,南中北协调共同发展的新格局正在形成。从增加值增速来看,1999—2018年,苏南、苏中、苏北地区规模以上工业增加值年均分别增长13.4%、14.7%、14.9%,年均增速苏北快于苏中,苏中快于苏南。分阶段来看,1999—2004年,苏南规模以上工业增加值增速总体快于苏中、苏北;2005—2007年,苏中率先发力,增速跃居三地之首,苏北增速也开始反超苏南;2008—2016年,苏北赶超势头强劲,引领全省规模以上工业增加值增长,成为地区工业经济增长的后起之秀;2017—2018年,苏北受环保整治等多重因素影响,增速虽出现短期回落,但是从整体来看,苏北快于苏中、苏中快于苏南的区域协调共同发展格局已经日渐成形。2020年,苏南苏中苏北规模以上工业企业单位数分别为29 225个、11 265个、9 699个人;资产总计分别为88 516.18亿元、21 531.41亿元、20 752.1亿元;营业收入分别为84 166.1亿元、19 842.61亿元、18 317.87亿元;利润总额分别为70 950.06亿元、1 274.14亿元、1 168.39亿元。

进入新时代,江苏制造业处于转型升级阵痛之中,面临着从高速增长向高质量发展的转变。江苏制造业发展要切实贯彻新发展理念,以供给侧结构性改革为主线,紧扣高质量发展要求,把质量和效益放在首位,技术进步和资源重新配置成为制造业发展的重要动能,以制造业增加值率稳步提升,数字化转型和智能化制造发展水平领先全国,全要素生产率明显提高为发展目标,力争用十年左右的时间建设成为具有国际影响力的制造业强省,实现江苏制造业高质量发展的历史变革。

第4章 江苏制造业产业集聚水平测算及影响因素分析

产业集聚是指某些相似的企业在一个相当大的地区内生产某种产品,以及与这些企业配套的上下游企业和相关的服务业高度地集聚在一起。① 新经济地理学理论认为产业集聚能够促进区域经济的发展。产业集聚能提供专业技能的劳动市场,促进更多的就业,进而降低劳动力出现短缺的可能性,同时由于集聚的溢出效应,集群中的企业具有获得技术、信息等方面的优势。② 产业集群是国家产生比较优势的原因,产业集聚能够提升一国或一区域的经济实力。③④⑤ 此外,产业聚集可以带来集聚效应、共生效应、协同效应、区位效应、结构效应等优势,并对产业的布局和发展有着很大影响。⑥ 本章测算了江苏制造业区位熵和空间基尼系数,从江苏省省域层面和地级市层面衡量江苏制造业的专业化和产业集聚水平,并利用地理探测器方法探究其影响因素。

4.1 江苏制造业产业集聚水平测算

4.1.1 集聚水平测算指标

由于产业集聚的成功实践和对经济发展的重要意义,目前它已成为学术界研究的热点问题。国内对于产业空间集聚的研究主要集中在以下几个方面:一是集

---

① 宋胜洲,郑春梅,高鹤文.产业经济学原理[M].北京:清华大学出版社,2012.
② Marshall A. Principles of economics[M]. London: Macmillan, 1920.
③ Krugman P. Increasing returns and economic geography[J]. Journal of Political Economy, 1991, 99(3):483-499.
④ Porter M E. On competition[M]. Boston: Harvard Business School, 1998.
⑤ Hill E W, Brennan J F. A Methodology for identifying the drivers of industrial clusters: The foundation of regional competitive advantage[J]. Economic Development Quarterly, 2000, 14(1):65-96.
⑥ 王子龙,谭清美,许箫迪.产业集聚水平测度的实证研究[J].中国软科学,2006(3):109-116.

聚的性质、形成条件以及效应等方面。①②③ 二是产业集聚水平的测度方面。吴学花、杨蕙馨选取基尼系数、行业集中度、赫芬达尔指数等方法测度了中国20个二位数制造业行业的集聚水平,得出了中国制造业已呈现出较强集聚性的结论。④ 李扬选取了区位熵、行业集中度指数与空间基尼系数这3个指标对西部地区的产业聚集程度进行了测算,研究发现产业集聚水平在西部地区持续提高并有进一步的提升空间。⑤ 刘艳选取了制造业中的11个战略性新兴产业,并使用EG指数测定了这些行业2003—2010年的集聚程度,研究发现我国的这战略性新兴产业的集聚水平还比较低,并呈现出下降的趋势。⑥ 叶莉、范高乐运用产业集中度、区位熵、赫芬达尔指数、地理集中指数四种方法,对天津区域金融产业集聚水平进行有效的测算与分析。⑦ 杜军等采用区位熵法对广东海洋产业集群进行测度分析,通过数据整理及计算发现,广东海洋产业整体集聚水平及海洋分次产业集聚水平均大于1,海洋产业空间集聚发展趋势明显,海洋产业集群发展势头较好。⑧

通过对国内大量产业集聚水平测度的文献回顾,发现2013年之前的研究较多采用基尼系数,之后,研究方法逐渐丰富,区位熵、赫芬达尔指数、空间基尼系数、Ellison-Glaeser指数(EG指数)、Moran's I 指数等应用广泛⑨⑩⑪,研究范围逐渐深入至省级范围和制造业细分行业,但是这些方法自身也存在一定的瑕疵与不足,如区位熵、空间基尼系数等没有考虑到企业的规模差异,赫希曼—赫芬达尔指数要求精确到企业级数据,所以采用这些方法来研究产业的集聚程度时常常难以获得精确的数据或研究结果常常带有不实的成分。⑫ 本书依据研究目的和数据

---

① 何雄浪,李国平,杨继瑞.我国产业集聚原因的探讨:基于区域效应、集聚效应、空间成本的新视角[J].南开经济研究,2007(6):43-60.
② 陈建军,胡晨光.产业集聚的集聚效应:以长江三角洲次区域为例的理论和实证分析[J].管理世界,2008(6):68-83.
③ 胡晨光,程惠芳,陈春根.产业集聚的集聚动力:一个文献综述[J].经济学家,2011(6):93-101.
④ 吴学花,杨蕙馨.中国制造业产业集聚的实证研究[J].中国工业经济,2004(10):36-43.
⑤ 李扬.西部地区产业集聚水平测度的实证研究[J].南开经济研究,2009(4):144-151.
⑥ 刘艳.中国战略性新兴产业集聚度变动的实证研究[J].上海经济研究,2013,25(2):40-51.
⑦ 叶莉,范高乐.区域金融产业集聚水平的测度与效率评价[J].统计与决策,2019,35(10):161-164.
⑧ 杜军,鄢波,王许兵.广东海洋产业集群集聚水平测度及比较研究[J].科技进步与对策,2016,33(7):57-62.
⑨ 谭清美,陆菲菲.Ellison-Glaeser指数的修正方法及其应用:对中国制造业行业集聚的再测度[J].技术经济,2016,35(11):62-67.
⑩ 付书科,廖莉莉,刘念.长江经济带物流产业集聚水平测度分析[J].商业经济研究,2018(5):117-119.
⑪ 韩增林,杨文毅,郭建科,等.环渤海地区临港石化产业集聚水平测度[J].地理科学,2017,37(8):1135-1144.
⑫ 关爱萍,陈锐.产业集聚水平测度方法的研究综述[J].工业技术经济,2014,33(12):150-155.

的可获得性,采用区位熵和空间基尼系数对江苏制造业的集聚水平进行测算。

4.1.1.1 区位熵

区位熵(LQ)又称地方专门化率,能够对地域要素的空间分布状况进行衡量,用来判别产业是否存在集聚的可能性方法之一。常用的测定指标有工业总产值、工业增加值,就业人数、销售收入等。其计算公式如下:

$$LQ = \frac{\dfrac{X_{ij}}{\sum X_j}}{\dfrac{\sum_{j=1} x_{ij}}{\sum_i \sum_j X_{ij}}} \tag{4.1}$$

其中,X_{ij} 表示产业 i 在 j 地区的产出指标,$\sum_{j=1} x_{ij}$ 表示 j 地区所有产业的产出指标,$\sum_i \sum_j X_{ij}$ 表示全国所有地区所有行业的产出指标。通常认为 LQ 的值越大,该地区该产业的集聚水平越高,$LQ > 1$,表明该产业在该地区比较优势明显,产业的地区集中程度较高;$LQ = 1$,说明此地区这种产业集聚水平不高;$LQ < 1$,表明该产业在该地区产业集聚相对较弱,相对于全国水平来说处于比较劣势。本书研究对象是江苏省域和地级市制造业集聚水平,考察江苏省各地级市之间细分行业的专业化发展优势。

4.1.1.2 空间基尼系数

区位熵计算方法简单易行,并能较好地反映某一地区各产业的产业集聚水平,但仍存在一定缺陷,LQ 较大并不能完全说明存在产业集聚现象,且无法反映产业在空间上的整体分布状况。空间基尼系数考虑了不同地区地理单元面积大小的差异对产业集中度的影响,且考虑了全部行业的地理分布,这使得不同行业的空间基尼系数的计算结果具有可比性。同时,基尼系数也可以转化为非常直观的图形——洛伦兹曲线。因此,本书选择空间基尼系数来衡量江苏省域及各地级市制造业细分行业在空间层面的分布状况。克鲁格曼在 1991 年使用洛伦兹研究曲线和基尼系数方法来测算美国制造业行业的集聚程度,提出了衡量产业空间集聚的指标——空间基尼系数。其计算公式如下:

$$G = \sum_{i=1}^{n} (S_i - X_i)^2 \tag{4.2}$$

S_i 表示 i 地区某一行业的规模占全国该产业总规模的比重,X_i 表示 i 地区全部所有行业的规模占全国所有行业规模的比重,常用的规模指标一般为就业人数、工业产值或者增加值。G 代表基尼系数,并在 $[0,1]$ 之间取值,基尼系数值越趋近于 1,表明该产业在地理上愈加集中,产业集聚现象愈加明显。

4.1.2 变量选择及数据来源

4.1.2.1 变量选择

计算区位熵和基尼系数时,采用的规模指标一般为行业就业人数、行业总产值或增加值。按照成力为等的研究成果,制造业行业门类可分为劳动密集型行业、资本密集型行业和技术密集型行业,采用就业人数规模指标有可能会放大劳动密集型行业的集聚优势。[①] 因此,本书选取制造业两位数门类的规模以上工业企业总产值作为计算区位熵和空间基尼系数的指标。另外,本书采用江苏省统计局对江苏区域的划分,如表4-1所示:

表4-1 江苏区域划分

区域划分	包含城市
苏南	南京、无锡、常州、苏州、镇江
苏中	南通、扬州、泰州
苏北	徐州、连云港、淮安、盐城、宿迁

4.1.2.2 数据来源

本章测算江苏制造业集聚水平的数据来源于江苏十三个地级市统计年鉴(2008—2018)、江苏统计年鉴(2008—2018)、中国统计年鉴(2008—2018)。本章根据《国民经济行业分类标准》(GB/T 4754—2017)将制造业不同分行业门类进行合并或拆分,分为27个行业门类,它们是:农副食品加工业;食品制造业;酒、饮料和精制茶制造业;烟草制品业;纺织业;纺织服装、服饰业;皮革、毛皮、羽毛及其制品和制鞋业;木材加工和木、竹、藤、棕、草制品业;家具制造业;造纸和纸制品业;印刷和记录媒介复制业;文教、工美、体育和娱乐用品制造业;石油加工、炼焦和核燃料加工业;化学原料和化学制品制造业;医药制造业;化学纤维制造业;橡胶和塑料制品业;非金属矿物制品业;黑色金属冶炼和压延加工业;有色金属冶炼和压延加工业;金属制品业;通用设备制造业、仪器仪表制造业;专用设备制造业;交通运输设备制造业;电气机械和器材制造业;计算机、通信和其他电子设备制造业;废弃资源综合利用制造业。

[①] 成力为,孙玮,涂纯.我国制造业内外资本配置效率差别的研究[J].山西财经大学学报,2009,31(5):52-59.

4.1.3 江苏制造业产业集聚水平分析

4.1.3.1 区位熵测算结果

一般认为,区位熵数值大于1,则可以认为某地区的该行业具有相对集中优势;若区位熵数值大于1.2,则某地区的该行业集聚水平具有优势,是地区经济发展的支柱行业。

根据公式4.1计算出2007年、2012年、2017年江苏13个地级市优势行业区位熵测算结果如表4-2所示。

表4-2 2007—2017年江苏13个地级市制造业优势行业区位熵测算结果

行业	2007	2012	2017
农副食品加工业	连云港(8.98)、宿迁(3.73)、淮安(2.75)、盐城(2.44)、南通(2.32)、徐州(1.93)、泰州(1.31)	徐州(1.42)、连云港(1.88)、淮安(2.23)、盐城(1.31)、泰州(1.56)、宿迁(1.89)	徐州(1.84)、南通(1.47)、连云港(4.42)、淮安(3.02)、盐城(1.78)、泰州(1.6)、宿迁(2.89)
食品制造业	徐州(4.18)、宿迁(3.16)、连云港(3.09)、淮安(2.76)、盐城(1.7)、南京(1.48)、镇江(1.12)	徐州(1.4)、连云港(2.06)、泰州(1.66)、宿迁(2.21)	南京(1.76)、徐州(2.49)、连云港(2.02)、盐城(1.09)、宿迁(3.23)
酒、饮料和精制茶制造业	宿迁(16.89)、徐州(13.5)、连云港(6.1)、淮安(2.6)、盐城(1.17)	徐州(6.09)、连云港(2.09)、淮安(1.64)、宿迁(19.23)	徐州(7.49)、连云港(13.14)、淮安(1.9)、盐城(1.05)、宿迁(16.04)
烟草制品业	徐州(20.01)、淮安(14.69)、南京(4.8)	南京(6.25)、徐州(8.56)、淮安(10.55)	南京(5.13)、徐州(10.39)、淮安(10.7)
纺织业	盐城(2.55)、南通(2.54)、宿迁(1.23)、常州(1.14)、苏州(1.13)、无锡(1.06)	无锡(1.28)、常州(1.21)、苏州(1.2)、南通(3.12)、淮安(1.06)、盐城(1.45)、宿迁(1.54)	无锡(1.12)、常州(1.17)、苏州(1.09)、南通(2.57)、盐城(2.53)、宿迁(1.56)
纺织服装、服饰业	南通(2.62)、扬州(1.64)、常州(1.35)、淮安(1.3)、盐城(1.27)、宿迁(1.22)、南通(1.09)	南京(1.21)、无锡(1.39)、常州(1.12)、苏州(1.02)、南通(2.19)、淮安(2.08)、扬州(1.67)、宿迁(2.18)	南京(1.01)、无锡(1.8)、常州(1.09)、南通(1.96)、淮安(1.64)、盐城(1.27)、扬州(1.63)、宿迁(1.71)

续表 4-2

行业	2007	2012	2017
皮革、毛皮、羽毛及其制品和制鞋业	盐城(6.88)、扬州(5.54)、南通(1.91)、镇江(1.64)、淮安(1.43)、连云港(1.23)、苏州(1.02)	南京(1.21)、无锡(1.39)、徐州(1.31)、常州(1.14)、南通(1.91)、连云港(1.21)、淮安(5.34)、盐城(1.29)、扬州(5.58)、镇江(1.76)、宿迁(1.58)	南京(1.07)、徐州(1.02)、南通(1.66)、淮安(3.26)、盐城(3.4)、扬州(4.66)、镇江(1.69)、宿迁(1.24)
木材加工和木、竹、藤、棕、草制品业	常州(1.31)、镇江(5.49)、扬州(1.2)、徐州(11.84)、连云港(3.25)、淮安(2.54)、宿迁(24.47)	徐州(10.46)、连云港(1.45)、淮安(1.95)、镇江(2.49)、宿迁(16.37)	徐州(9.73)、连云港(1.94)、淮安(2.03)、镇江(3.4)、宿迁(17.28)
家具制造业	常州(1.32)、苏州(2.58)、南通(1.48)	徐州(2.45)、苏州(1.78)、泰州(1.1)、宿迁(3.2)	徐州(1.77)、苏州(1.72)、南通(1.08)、泰州(1.07)、宿迁(2.26)
造纸和纸制品业	苏州(1.77)、镇江(6.16)、徐州(2.01)、淮安(1.65)	徐州(1.41)、苏州(2.11)、淮安(2.93)、扬州(1.04)、镇江(4.97)	徐州(1.38)、苏州(1.82)、淮安(2.19)、镇江(4.65)
印刷和记录媒介复制业	南京(1.23)、无锡(1.64)、常州(1.41)、苏州(1.27)、镇江(1.24)、徐州(1.53)、淮安(2.42)、宿迁(1.62)	无锡(2.39)、苏州(2.23)、淮安(2.51)、镇江(1.08)、宿迁(5.35)	南京(1.06)、无锡(1.82)、苏州(1.48)、宿迁(4.32)
文教、工美、体育和娱乐用品制造业	镇江(2.5)、南通(2.29)、扬州(5.2)、泰州、连云港(1.15)、淮安(1.79)、盐城(1.23)、宿迁(1.38)	常州(1.31)、南通(2.64)、淮安(2.1)、扬州(4.21)、镇江(1.38)、宿迁(4.89)	南通(2.5)、淮安(1.84)、盐城(1.04)、扬州(4.06)、镇江(1.7)、宿迁(2.58)
石油加工、炼焦和核燃料加工业	南京(3.17)、泰州(1.9)、淮安(1.47)	南京(3.63)、连云港(2.14)、泰州(1.52)	南京(3.59)、连云港(1.77)、淮安(1.21)、泰州(1.68)

续表 4-2

行业	2007	2012	2017
化学原料和化学制品制造业	南京(1.92)、常州(1.24)、镇江(1.62)、泰州(1.11)、连云港(1.58)、盐城(1.2)	南京(1.46)、徐州(1.5)、常州(1.43)、南通(1.33)、连云港(1.69)、扬州(1.19)、镇江(1.77)	徐州(1.08)、常州(1.26)、南通(1.13)、连云港(1.58)、盐城(1.11)、扬州(1.05)、镇江(1.67)、泰州(1.03)
医药制造业	泰州(2.48)、连云港(3.14)	徐州(1.04)连云港(2.34)、泰州(1.91)	连云港(2.98)、泰州(2.35)
化学纤维制造业	无锡(2.58)、苏州(1.65)、南通(1.28)、扬州(4.19)	无锡(2.77)、苏州(2.96)、南通(1.79)、宿迁(4.16)	南京(1.56)、无锡(2.4)、苏州(2.26)、南通(1.5)、扬州(1.31)、宿迁(1.91)
橡胶和塑料制品业	南京(1.15)、无锡(1.67)、常州(1.82)、镇江(1.31)、南通(1.81)、扬州(2.04)、徐州(1.18)、连云港(1.16)、淮安(3.51)、宿迁(2.13)	徐州(1.16)、苏州(1.34)、连云港(5.7)、淮安(1.79)、扬州(1.12)、宿迁(1.21)	无锡(1.33)、徐州(1.42)、常州(1.11)、南通(1.33)、连云港(1.32)、扬州(1.47)、宿迁(2.12)
非金属矿物制品业	南京(1.04)、常州(1.22)、镇江(2.04)、南通(1.46)、扬州(1.12)、徐州(1.97)、连云港(3.57)、淮安(1.3)、盐城(2.68)、宿迁(2.19)	南京(1.05)、徐州(1.74)、常州(1.35)、南通(1.21)、连云港(5.31)、淮安(1.81)、盐城(1.07)、镇江(2.09)、宿迁(1.83)	徐州(1.86)、常州(1.27)、南通(1.12)、连云港(3.69)、淮安(1.5)、盐城(2.05)、镇江(1.88)、宿迁(1.84)
黑色金属冶炼和压延加工业	南京(1.06)、无锡(1.99)、常州(1.57)、苏州(1.1)、淮安(1.4)	南京(1.05)、无锡(2.02)、常州(2.38)、苏州(1.31)	无锡(1.91)、常州(2)、苏州(1.25)、连云港(1.22)、淮安(1.1)
有色金属冶炼和压延加工业	南京(1.15)、无锡(1.58)、常州(1.55)、徐州(1.01)、连云港(1.36)、淮安(2.4)、宿迁(3.86)	南京(1.44)、无锡(3.86)、徐州(1.04)、常州(1.25)、苏州(1.06)、连云港(1.38)、淮安(1.3)、镇江(1.08)、宿迁(1.28)	南京(1.15)、无锡(2.59)、常州(1.49)、连云港(1.44)、淮安(1.7)、宿迁(2.13)

续表 4-2

行业	2007	2012	2017
金属制品业	镇江(1.94)、南通(1.16)、泰州(1.59)	南通(1.12)、泰州(1.62)	无锡(1.03)、南通(1.16)、泰州(1.76)
通用设备制造业、仪器仪表制造业	南通(1.2)、扬州(1.2)、泰州(1.23)、徐州(2.1)、盐城(1.56)	徐州(1.79)、南通(1.52)、扬州(1.29)、镇江(1.3)	徐州(1.63)、南通(1.35)、盐城(1.46)、扬州(1.13)、泰州(1.12)
专用设备制造业	常州(1.79)、扬州(1.7)、泰州(1.1)、盐城(1.63)	无锡(1.04)、常州(1.58)、南通(1.06)、淮安(1.19)、扬州(1.3)、泰州(1.19)	无锡(1.04)、常州(1.69)、盐城(1.39)、扬州(1.43)、泰州(1.16)
交通运输设备制造业	镇江(1.01)、扬州(1.55)、泰州(1.62)、盐城(1.5)	南京(1.07)、盐城(4.58)、扬州(1.12)、泰州(1.15)	南京(1.41)、盐城(1.88)、扬州(1.57)、泰州(1.56)
电气机械和器材制造业	无锡(1.04)、常州(1.12)、镇江(1.25)、扬州(1.68)、泰州(1.31)	无锡(1.22)、常州(1.55)、南通(1.12)、扬州(1.68)、镇江(1.57)、泰州(1.2)	无锡(1.18)、常州(1.37)、南通(1.1)、扬州(1.67)、镇江(1.42)、泰州(1.2)
计算机、通信和其他电子设备制造业	南京(1.85)、无锡(1.21)、苏州(2.65)	南京(1.76)、无锡(1.2)、苏州(3.5)、淮安(1.15)	南京(1.59)、无锡(1.08)、苏州(2.93)
废弃资源综合利用制造业	苏州(2.32)、镇江(1.68)、连云港(1.36)、盐城(1.06)、宿迁(7.69)	南京(1.23)、苏州(2.1)、连云港(2.1)、淮安(2.56)、镇江(1.01)、泰州(1.05)	南京(1.4)、徐州(1.66)、苏州(1.71)、连云港(1.87)、淮安(1.46)、宿迁(2.45)

(1)地区优势产业分析

根据表 4-2 可以看出,2017 年各个产业在 13 个地级市的集聚水平是有差异的,具体如下:

农副食品加工业:徐州(1.84)、南通(1.47)、连云港(4.42)、淮安(3.02)、盐城(1.78)、泰州(1.6)、宿迁(2.89)七市在该产业上具有集聚优势。

食品制造业:南京(1.76)、徐州(2.49)、连云港(2.02)、盐城(1.09)、宿迁(3.23)五市在该产业上具有集聚优势。

酒、饮料和精制茶制造业:徐州(7.49)、连云港(13.14)、淮安(1.9)、盐城(1.05)、宿迁(16.04)五市在该产业上具有集聚优势。

烟草制品业:南京(5.13)、徐州(10.39)、淮安(10.7)三市在该产业上具有集聚优势。

纺织业:无锡(1.12)、常州(1.17)、苏州(1.09)、南通(2.57)、盐城(2.53)、宿迁(1.56)六市在该产业上具有集聚优势。

纺织服装、服饰业:南京(1.01)、无锡(1.8)、常州(1.09)、南通(1.96)、淮安(1.64)、盐城(1.27)、扬州(1.63)、宿迁(1.71)八市在该产业上具有集聚优势。

皮革、毛皮、羽毛及其制品和制鞋业:南京(1.07)、徐州(1.02)、南通(1.66)、淮安(3.26)、盐城(3.4)、扬州(4.66)、镇江(1.69)、宿迁(1.24)八市在该产业上具有集聚优势。

木材加工和木、竹、藤、棕、草制品业:徐州(9.73)、连云港(1.94)、淮安(2.03)、镇江(3.4)、宿迁(17.28)五市在该产业上具有集聚优势。

家具制造业:徐州(1.77)、苏州(1.72)、南通(1.08)、泰州(1.07)、宿迁(2.26)五市在该产业上具有集聚优势。

造纸和纸制品业:徐州(1.38)、苏州(1.82)、淮安(2.19)、镇江(4.65)四市在该产业上具有集聚优势。

印刷和记录媒介复制业:南京(1.06)、无锡(1.82)、苏州(1.48)、宿迁(4.32)四市在该产业上具有集聚优势。

文教、工美、体育和娱乐用品制造业:南通(2.5)、淮安(1.84)、盐城(1.04)、扬州(4.06)、镇江(1.7)、宿迁(2.58)六市在该产业上具有集聚优势。

石油加工、炼焦和核燃料加工业:南京(3.59)、连云港(1.77)、淮安(1.21)、泰州(1.68)四市在该产业上具有集聚优势。

化学原料和化学制品制造业:徐州(1.08)、常州(1.26)、南通(1.13)、连云港(1.58)、盐城(1.11)、扬州(1.05)、镇江(1.67)、泰州(1.03)八市在该产业上具有集聚优势。

医药制造业:连云港(2.98)、泰州(2.35)两市在该产业上具有集聚优势。

化学纤维制造业:南京(1.56)、无锡(2.4)、苏州(2.26)、南通(1.5)、扬州(1.31)、宿迁(1.91)六市在该产业上具有集聚优势。

橡胶和塑料制品业:无锡(1.33)、徐州(1.42)、常州(1.11)、南通(1.33)、连云港(1.32)、扬州(1.47)、宿迁(2.12)七市在该产业上具有集聚优势。

非金属矿物制品业:徐州(1.86)、常州(1.27)、南通(1.12)、连云港(3.69)、淮安(1.5)、盐城(2.05)、镇江(1.88)、宿迁(1.84)八市在该产业上具有集聚优势。

黑色金属冶炼和压延加工业：无锡(1.91)、常州(2)、苏州(1.25)、连云港(1.22)、淮安(1.1)五市在该产业上具有集聚优势。

有色金属冶炼和压延加工：南京(1.15)、无锡(2.59)、常州(1.49)、连云港(1.44)、淮安(1.7)、宿迁(2.13)六市在该产业上具有集聚优势。

金属制品业：无锡(1.03)、南通(1.16)、泰州(1.76)三市在该产业上具有集聚优势。

通用设备制造业、仪器仪表制造业：徐州(1.63)、南通(1.35)、盐城(1.46)、扬州(1.13)、泰州(1.12)五市在该产业上具有集聚优势。

专用设备制造业：无锡(1.04)、常州(1.69)、盐城(1.39)、扬州(1.43)、泰州(1.16)五市在该产业上具有集聚优势。

交通运输设备制造业：南京(1.41)、盐城(1.88)、扬州(1.57)、泰州(1.56)四市在该产业上具有集聚优势。

电气机械和器材制造业：无锡(1.18)、常州(1.37)、南通(1.1)、扬州(1.67)、镇江(1.42)、泰州(1.2)六市在该产业上具有集聚优势。

计算机、通信和其他电子设备制造业：南京(1.59)、无锡(1.08)、苏州(2.93)三市在该产业上具有集聚优势。

废弃资源综合利用制造业：南京(1.4)、徐州(1.66)、苏州(1.71)、连云港(1.87)、淮安(1.46)、宿迁(2.45)六市在该产业上具有集聚优势。

(2) 产业集聚变化分析

从表4-2可以看出，2007—2017年江苏十三个地级市优势产业集聚变化呈现以下特征：

第一，部分产业集聚优势变化比较稳定。比如，农副食品加工业主要集聚在徐州、南通、连云港、淮安、盐城、泰州、宿迁；计算机、通信和其他电子设备制造业主要集聚在南京、苏州、无锡；电气机械和器材制造业主要集聚在无锡、常州、南通、扬州、镇江、泰州；交通运输设备制造业主要集聚在南京、盐城、扬州、泰州；金属制品业主要集聚在南通、泰州；医药制造业主要集聚在连云港、泰州；烟草制品业主要集聚在南京、徐州、淮安；酒、饮料和精制茶制造业主要集聚在徐州、连云港、淮安、盐城、宿迁。

第二，部分地区制造业产业集聚度随着地区产业结构调整而变化。随着经济增长，部分地区制造业产业结构升级，制造业产业集聚度发生变化。比如南京的化学原料和化学制品制造业、橡胶和塑料制品业、黑色金属冶炼和压延加工业均逐渐丧失集聚优势；而交通运输设备制造业、废弃资源综合利用制造业集聚优势增强。

第三,随着产业结构优化,部分产业的区位熵数值逐步下降。比如徐州的烟草业,南京的计算机、通信和其他电子设备制造业,苏州的家具制造业等等。

4.1.3.2 空间基尼系数测算

本书从劳动密集型制造业、资本密集型制造业、技术密集型制造业三个类别具体分析江苏制造业集聚水平及其变化趋势。其中,劳动密集型制造业包括农副食品加工业,食品制造业,酒、饮料和精制茶制造业,造纸和纸制品业,烟草制品业,纺织业,纺织服装、服饰制造业,皮革、毛皮、羽绒及其制品和制鞋业,木材加工及竹、藤、棕、草制品业,家具制造业,印刷业和记录媒介复制业,文教、工美、体育和娱乐用品制造业,其他制造业;资本密集型制造业包括石油加工、炼焦和核燃料加工业,化学原料和化学制品制造业,化学纤维制造业,橡胶和塑料制品业,非金属矿物制品业,黑色金属冶炼和延压加工业,有色金属冶炼和延压加工业,金属制品业;技术密集型制造业包括医药制造业,通用设备制造业,仪器仪表制造业,专用设备制造业,交通运输设备制造业,电气机械和器材制造业,计算机、通信和其他电子设备制造业。根据公式4.2计算江苏制造业行业的空间基尼系数结果如表4-3所示。

表4-3 江苏制造业行业的空间基尼系数

行业		空间基尼系数		
		2007	2017	变化值
劳动密集型(12个)	农副食品加工业	0.356	0.398	0.042
	食品制造业	0.421	0.392	−0.029
	酒、饮料和精制茶制造业	0.547	0.569	0.022
	造纸和纸制品业	0.623	0.516	−0.107
	烟草制品业	0.793	0.786	−0.007
	纺织业	0.593	0.536	−0.057
	纺织服装、服饰制造业	0.566	0.235	−0.331
	皮革、毛皮、羽绒及其制品和制鞋业	0.542	0.473	−0.069
	木材加工及竹、藤、棕、草制品业	0.549	0.598	0.049
	家具制造业	0.767	0.497	−0.27
	印刷业和记录媒介复制业	0.435	0.489	0.054
	文教、工美、体育和娱乐用品制造业	0.503	0.348	−0.155

续表 4-3

行 业		空间基尼系数		
		2007	2017	变化值
资本密集型（8个）	石油加工、炼焦和核燃料加工业	0.698	0.613	-0.085
	化学原料和化学制品制造业	0.472	0.223	-0.249
	化学纤维制造业	0.568	0.592	0.024
	橡胶和塑料制品业	0.601	0.533	-0.068
	非金属矿物制品业	0.415	0.212	-0.203
	黑色金属冶炼和延压加工业	0.713	0.589	-0.125
	有色金属冶炼和延压加工业	0.614	0.471	-0.143
	金属制品业	0.548	0.443	-0.105
技术密集型（7个）	医药制造业	0.514	0.246	-0.168
	通用设备制造业	0.483	0.32	-0.163
	仪器仪表制造业	0.461	0.442	-0.119
	专用设备制造业	0.472	0.422	-0.05
	交通运输设备制造业	0.416	0.332	-0.084
	电气机械和器材制造业	0.455	0.442	-0.013
	计算机、通信和其他电子设备制造业	0.791	0.631	-0.16

一般认为，当空间基尼系数小于 0.4，说明该产业在区域内分布较为合理；当空间基尼系数在 0.4~0.5 之间，说明该产业在区域内表现出一定的集聚特征；当空间基尼系数大于 0.5 时，说明该产业在区域内具有较为明显的集聚优势。

从表 4-3 可以看出：

（1）2007—2017 年，江苏制造业行业空间基尼系数总体呈下降趋势。27 个制造业行业中除农副食品加工业，化学纤维制造业，酒、饮料和精制茶制造业，木材加工及竹、藤、棕、草制品业，印刷业和记录媒介复制业外，有 23 个行业的空间基尼系数变化值为负值，说明江苏大部分制造业行业在此期间的集聚程度呈现下降趋势。

（2）大部分江苏制造业行业表现为集聚特征。2017 年江苏制造业 27 个行业中酒、饮料和精制茶制造业，造纸和纸制品业，烟草制品业，纺织业，木材加工及竹、藤、棕、草制品业，石油加工、炼焦和核燃料加工业，化学纤维制造业，橡胶和塑料制品业，黑色金属冶炼和延压加工业和计算机、通信和其他电子设备制造业 10 个行业空间基尼系数大于 0.5，表现出较强的集聚特性，其中计算机、通信和其他电子设备制造业,烟草制品业,石油加工、炼焦和核燃料加工业,化学纤维制造业集聚程度更高。皮革、毛皮、羽绒及其制品和制鞋业,家具制造业,印刷业和记录媒介复制业,有色金属冶炼和延压加工业,金属制品业,仪器仪表制造业,专用设备制造业,电气机械和器材制造业 8 个行业的空间基尼系数值小于 0.5 但大于 0.4,说明江苏制造业行业空间集聚现象特征明显。

(3) 分析 2017 年江苏集聚程度较高的制造业行业,发现其中既有计算机、通信和其他电子设备制造业、仪器仪表制造业、电气机械和器材制造业等高技术密集行业,也有化学纤维制造业、黑色金属冶炼和延压加工业等资本密集行业和纺织业、烟草制品业、木材加工及竹、藤、棕、草制品业等传统劳动密集行业。这表明江苏制造业在向高技术发展的同时,传统的制造业仍有保持一定的集聚优势。

4.2 江苏制造业集聚影响因素的实证分析

4.2.1 理论分析

传统经济地理学认为自然资源禀赋对制造业产业集聚影响很大。古典经济学家认为产业之所以在空间上集聚得益于外部经济,外部经济理论包括熟练的劳动力市场、中间投入品以及基于人力资本的知识溢出等三个方面的内容。[①] 新经济地理学认为报酬递增是导致产业集聚的本质力量。Duranton,Puga 将集聚经济的微观机制归结为共享、匹配和学习效应。[②] Krugman 在报酬递增假定下,引入运输的冰山成本提出了中心—外围模型,强调规模经济在国际贸易模式中的决定性作用,先后将运输成本、产业结构、产业关联、外部性、匹配、共享和学习机制、以及制度等因素纳入新经济地理学分析框架,讨论要素流动引起的企业区位变化以及产业集聚的影响因素和动力机制。[③]

基于自然资源禀赋、外部性和新经济地理研究框架,学者们关于产业集聚问题的重要研究对多种重要因素进行了归纳和检验,更多关注资源要素禀赋[④]、城

---

① Marshall A. Principles of economics[M]. London:Macmillan,1920.
② Duranton G, Puga D. Micro-foundations of urban agglomeration economies[J]. Handbook of Regional and Urban Economics,2004(4):2063-2117.
③ Krugman P. Increasing returns and economic geography[J]. Journal of Political Economy,1991,99(3):483-499.
④ 李扬.西部地区产业集聚水平测度的实证研究[J].南开经济研究,2009(4):144-151.

市规模①、交通运输成本②③、技术外部性④、人力资本⑤、市场规模与需求⑥⑦、制度变化⑧等因素对制造业集聚的影响,制造业的集聚受多种因素共同影响。综观已有研究,结合江苏制造业集聚现状与政策导向,提出可能影响江苏制造业集聚水平的六个因素:对外开放度、城镇化水平、交通运输设施、生产成本、政策环境、人力资本,并分别阐述其对制造业集聚的影响机理。

对外开放度。一方面,外商直接投资为制造业集聚提供了强大动力,大规模的外商直接投资为中国制造业发展带来资金和技术支持,对中国制造业集聚具有显著的促进作用。⑨ 另一方面,随着国际市场的不断扩张,将有可能会促使制造业企业为获得更为可观的经济效益而不断向开放水平更高的区域集聚,形成具有发展优势的规模经济效应。⑩ 因此,对外开放度是影响制造业集聚的关键因素之一。江苏是 FDI 大省,吸引了大量的境外投资,境外投资对江苏制造业的发展产生了重要影响。因此,以采用外商直接投资额(FDI)占 GDP 的比重(X_1)作为影响因素之一。

城镇化水平。城市经济学理论认为城镇化水平的提升可以为经济发展带来正外部性,并能够汲取来源于周边邻近地区的生产要素,为企业生产经营提供保障,从而有效促进产业集聚。⑪ 城镇化水平的提升可以吸引更多同类型或互补性企业在城市空间范围内集聚,延伸上下游产业链,发挥集聚优势,从而形成规模经济效益。⑫ 城市汇聚了大量的信息、资金、技术,为制造业结构转型升级注入内生

---

① 尹希果,刘培森.中国制造业集聚影响因素研究:兼论城镇规模、交通运输与制造业集聚的非线性关系[J].经济地理,2013,33(12):97-103.
② 文东伟,冼国明.中国制造业的空间集聚与出口:基于企业层面的研究[J].管理世界,2014(10):57-74.
③ 李新,苏兆国,史本山.基于区位选择的中国工业生产企业空间集聚研究[J].科学学研究,2010,28(4):549-557.
④ 吴安波,孙林岩,李刚,等.中国制造业聚集度决定因素的理论构建与实证研究[J].经济问题探索,2012(2):6-13.
⑤ 胡霞.产业特性与中国城市服务业集聚程度实证分析[J].财贸研究,2009,20(2):58-64.
⑥ 殷德生,唐海燕.中国制造业集聚的决定因素与变动趋势:基于三大经济圈的实证分析[J].世界经济研究,2007(12):3-9.
⑦ 黄玖立,黄俊立.市场规模与中国省区的产业增长[J].经济学(季刊),2008,7(4):1317-1334.
⑧ 贺灿飞,朱彦刚,朱晟君.产业特性、区域特征与中国制造业省区集聚[J].地理学报,2010,65(10):1218-1228.
⑨ 杨仁发.产业集聚能否改善中国环境污染[J].中国人口·资源与环境,2015,25(2):23-29.
⑩ 赵儒煜,侯一麟.中国劳动密集型制造业集聚及其影响因素研究[J].南昌大学学报(人文社会科学版),2015,46(5):53-58.
⑪ 李扬,张晓晶."新常态":经济发展的逻辑与前景[J].经济研究,2015,50(5):4-19.
⑫ 丁伟丰,罗小龙,顾宗倪.产业空间演化视角下乡村型半城镇化地区的转型:以汕头市澄海区中部地区为例[J].经济地理,2020,40(12):147-154.

动力,促使制造业向高端化迈进。因此,城镇化水平可能是促进江苏制造业集聚的关键变量。因此,以城市人口占总人口的比重作为城市城镇化水平($X2$)表征。

交通运输设施。制造业产品一般为有形产品,且制造业产品的生产、运输、消费在时间和空间上一般表现为分离状态。因此,交通运输成本是制造业企业区位决策的重要依据,也是影响制造业集聚水平的关键变量之一。[①] 交通基础设施是企业区位决策的关键因素之一,对于交通基础设施建设比较落后的地区,制造业企业会受制于较低的交通可达性和高昂的运输成本而呈现出较为分散的分布状态。[②] 随着交通运输体系的日益完善,商品运输成本逐步降低,上下游制造业企业联系将会更加紧密,从而促进制造业集聚水平得到提升。因此,采用城市道路面积、公路货运量两个指标的加权值衡量城市交通基础设施水平($X3$)表征。

生产成本。从业人员平均工资是用来衡量劳动力成本的一个重要指标,劳动力成本会对产业的空间布局产生重要影响。随着企业劳动生产效率不断提高,企业对于高技术人才的需求也相应增加,同时减少低技能劳动者需求,加快劳动者在集聚区内自由流动,从而形成本地劳动市场效应,进而提升制造业集聚水平。[③] 人力资本水平较高的地区意味着劳动者工资水平也相对较高,可以更好地吸引劳动力不断向该地区集聚,从而促进制造业集聚。因此,以城镇从业人员平均工资($X4$)表征。

政策环境。政府主要通过财税政策、产业政策等方式对制造业集聚产生影响。[④] 由于行政分权体制,地方政府会因地制宜出台制造业发展政策,为制造业企业营造更加便捷高效的营商环境,通过基础设施建设、财政补贴、税收奖励及重点领域投资为企业提供实际支持。[⑤] 各地实施的开发区政策可以切实促进地区制造业集聚,国家级开发区、省级开发区及各类产业园区的设立为企业提供生产成本更低和更加有利于发展的空间,促使制造业企业集中,在空间上形成制造业集聚现象。[⑥] 地方财政支出反映政府的政策动向,政府的分权化也是制造业空间

---

① 马光荣,程小萌,杨恩艳.交通基础设施如何促进资本流动:基于高铁开通和上市公司异地投资的研究[J].中国工业经济,2020(6):5-23.
② 张学良.中国交通基础设施促进了区域经济增长吗:兼论交通基础设施的空间溢出效应[J].中国社会科学,2012(3):60-77+206.
③ 杨汝岱.中国制造业企业全要素生产率研究[J].经济研究,2015,50(2):61-74.
④ 赵儒煜,石美生.我国制造业集聚转移及影响因素的分析与对策[J].经济与管理,2013,27(12):73-76.
⑤ 曹春方,马连福,沈小秀.财政压力、晋升压力、官员任期与地方国企过度投资[J].经济学(季刊),2014,13(4):1415-1436.
⑥ 韩剑,郑秋玲.政府干预如何导致地区资源错配:基于行业内和行业间错配的分解[J].中国工业经济,2014(11):69-81.

布局重要影响因素。因此,以地方财政支出占地区生产总值的比重(X5)表征。

人力资本。根据集聚经济的外部性理论,劳动力的流动与集中所形成的劳动力池效应可以为企业提供人力资本[①],随着地区劳动力流动所引发的企业规模报酬递增和产业前后向关联效应,将会推动产业在一定区域内集中。集聚区内制造业企业分别对应不同的最优生产规模,而专业化的人力资本有助于生产规模扩大和生产效益提高,进而将获取的更多资金用于扩大规模再生产以达到最优生产规模,形成正向循环累积效应。[②] 制造业对劳动力有着较高的需求,因此,以二产从业人员数(X6)表征。

4.2.2 实证分析

地理探测器是探测空间分异性,以及揭示其背后驱动因子的一种新的统计学方法。其基本思想是假设研究区分为若干子区域,如果子区域的方差之和小于区域总方差,则存在空间分异性;如果两变量的空间分布趋于一致,则两者存在统计关联性。[③] 本书采用地理探测器对江苏省制造业集聚水平的影响因素进行分析,公式如下:

$$q = 1 - \frac{1}{n\sigma^2} \sum_{n=1}^{l} n_h \sigma_n^2$$

式中,q 为制造业集聚水平影响因素探测指标,其值域范围为 $[0,1]$;n 和 n_h 分别为研究区和层 h 的总样本数;σ^2 为整个区域 Y 值的离散方差。q 值越大表示自变量 X 对属性 Y 的解释力越强,反之则越弱。

本书以江苏省各地级市制造业集聚水平为因变量,自变量从对外开放度、城镇化水平、交通运输设施、生产成本、政策环境、人力资本等维度选取。本书地理探测器中影响因子的数据来源于历年《江苏统计年鉴》和各市统计年鉴。本书利用地理探测器方法探测影响江苏制造业集聚变化的因素,时间跨度为 2011—2018 年。具体结果如表 4-4 所示。

---

① 王凌.人力资源服务产业集聚建设的影响因素及其突破[J].江西社会科学,2016,36(7):54-60.
② 彭国华.中国地区收入差距、全要素生产率及其收敛分析[J].经济研究,2005,40(9):19-29.
③ 王劲峰,徐成东.地理探测器:原理与展望[J].地理学报,2017,72(1):116-134.

表 4-4　江苏制造业集聚影响因素测度

指标	2011	2018
$X1$	0.512	0.613
$X2$	0.375	0.112
$X3$	0.324	0.442
$X4$	0323	0.376
$X5$	0.454	0.563
$X6$	0.487	0.522

对外开放度（$X1$）　对江苏制造业集聚的影响力由 0.512 上升到 0.613，表明在外向型经济下，对外开放水平的提高会获得更多外商投资，有助于制造业集聚水平的提升。一般认为，外商直接投资除了能够引入数量可观的生产资金外，而且能够引入各种类型的先进的生产设备与多样化生产技术以及更高的管理水平。改革开放以来，对于资源和市场"两头在外"的江苏而言，引资金、引项目、引技术，成为弥补短板的重要途径，经过多年的发展江苏已经具备较高程度的对外开放水平，吸引了大量来自发达国家的生产技术、人才、资金。特别是 2015 年后，江苏出台了《关于促进外资提质增效的若干意见》（苏政发〔2018〕67 号）、《关于扩大对外开放积极利用外资若干政策的意见》（苏政发〔2017〕33 号）、《关于鼓励跨国公司在我省设立地区总部和功能性机构的意见》（苏政办发〔2018〕86 号）等系列政策，围绕江苏省建设具有全球影响力的产业科技创新中心和具有国际竞争力的先进制造业基地目标，大力实施先进制造业和现代服务业"双轮驱动"引资战略，鼓励更多企业加入全球制造业分工体系，推动了制造业企业高端化发展，促使高技术人才和资金集聚，加快了知识密集型和技术密集型制造业集聚发展。

城镇化水平（$X2$）　对江苏制造业集聚的影响力由 0.375 下降到 0.112，总体影响力较弱。一般认为，随着城镇化水平提升，更多的劳动力、产业和资本向城市集聚，将会促进制造业企业扩大生产规模。同时，城镇化水平提升还会提高城市土地资源利用效率，为制造业集聚提供空间、物质及生产要素等方面的保障，促进制造业企业在空间范围内集聚，有助于江苏制造业集聚水平的提升。江苏城镇化率一直保持较高水平，2013 年至 2018 年，江苏城镇化率由 64.10% 提高到 69.61%，上升 5.51 个百分点，平均每年提高 1.1 个百分点，列居全国第五。

交通运输设施（$X3$）　对江苏制造业集聚的影响力由 0.324 上升到 0.442。《江苏省"十三五"综合交通运输体系发展规划》提出构建公铁水空融合发展的综合交通运输体系，建成江苏铁路"三纵四横"主骨架，徐宿淮盐高铁、连淮高铁开通运营，常泰长江大桥、沪苏湖铁路、连云港港 30 万吨级航道二期、南京禄口机场改扩建等一系列公铁水空大项目建设完工。随着综合立体交通走廊的建设,江苏各城市的公路网、铁路网更加密集,促使苏南苏北苏中地区不同城市之间的内在联系更为紧密,这不仅能够加快生产要素的自由流动,促进各地区之间的商品贸易和人员往来,也有助于构建分工合作、错位互补的制造业发展格局,进而促进制造业集聚水平提升。

生产成本($X4$)　对江苏制造业集聚的影响力由 0.323 上升到 0.376,影响力变化不明显。究其原因,城镇从业人员工资水平逐年增长,但存在行业不均衡。例如,2018 年江苏省城镇非私营单位就业人员年平均工资为 84 688 元,与 2017 年相比增长 8.2%。其中,城镇非私营单位在岗职工年平均工资 86 590 元,比 2017 年增长 8.6%。2018 年,城镇私营单位就业人员年平均工资为 54 161 元,比 2017 年增长 9.8%。从行业工资水平的角度来看,公务员、信息传输软件和信息技术业、金融业、电力热力燃气及水生产供应业等垄断事业单位人员工资高于制造业从业人员平均工资。从企业性质看,国有企业单位人员平均工资高于私营企业单位人员工资。从不同地区来看,苏南地区平均工资水平较高,苏北地区平均工资水平相对较低,苏北地区的工资增长速度快于苏南,地区间工资水平差距正在逐步缩小;江苏苏南、苏中部分地区显现"用工难"的现象,技术对口的熟练工面临紧缺。

政策环境($X5$)　对江苏制造业集聚水平的影响力由 0.454 上升到 0.563,影响较强。2011 至 2018 年,q 值明显上升,可能的原因在于此期间江苏获批建设"苏南国家自主创新示范区",正式开启以创新驱动为内核、以一体化发展为特色的新苏南发展模式,形成了以南京智能电网、软件,无锡物联网、集成电路,常州光伏、智能装备,苏州纳米、生物医药,镇江战略新材料为特色的产业集聚格局。同时,江苏还出台了《中国制造 2025 江苏行动纲要》《加快培育先进制造业集群的指导意见》(苏政发〔2018〕86 号)等系列制造业发展规划政策,下大力气调结构、促转型,大力发展战略性新兴产业,聚力培育先进制造业集群,各地政府对企业给予一定税收奖励、资金补贴、人才落户政策等政策性扶持,以此吸引不同类型制造业企业在江苏区域发展,推进先进制造业和现代服务业深度融合发展,加快建设具有国际竞争力的先进制造业基地。

人力资本($X6$)　对江苏制造业集聚水平的影响力由 0.487 上升到 0.522,影响较强,说明人力资本的提升有助于江苏制造业集聚水平的提升。江苏制造业总体布局以装备制造业、轻纺工业及资源加工业为主。"十三五"期间,苏南地区加快机械工业高端化发展,注重原始创新,致力于打造全球知名的智能制造、航空航天、轨道交通、新兴电力装备等高端装备制造示范基地与全国重要的高端装备制造业引领发展区;苏中地区加快发展海洋工程装备、高新技术船舶、高端数控机床、高端医疗设备、新能源汽车等高附加值产业链,重点建设优势产业集聚区与全国装备制造业带动发展区;苏北地区加快培育航空航天、工程机械、节能环保、石化冶金、新型纺织机械等特色装备制造业,充分利用沿海开发机遇,强化引进消化,注重创新发展,重点建设高端装备制造业特色示范区。[①] 这些制造业既有技术密集和资源密集特征,也有劳动密集特征,需要大规模生产以达到规模经济效应,较高的人力资本水平会为制造业企业生产提供劳动力和技术,从而促进江苏制造业集聚水平的提升。

4.3 结论与对策建议

本书以江苏制造业为研究对象,从地理学视角研究分析其集聚影响因素问题。研究发现:江苏大部分制造业行业在此期间的集聚程度呈现下降趋势;江苏部分地区制造业产业集聚度随着地区产业结构调整而变化;江苏制造业在向高技术发展的同时,传统的制造业仍有保持一定的集聚优势;对外开放水平、政策环境和人力资本是影响江苏制造业集聚的强因素。

据此,提出以下政策建议:

第一,优化人力资本配置。一是不断完善人才发展政策。加强人才链对于江苏产业链的支撑作用,吸引创新型人才、行业领军人才不断向江苏城市汇聚,通过市场化手段引导人力资本向发展潜力更大、效率更高、人力资本需求更旺盛的制造业企业流动,发挥高技术人力资本的外部性功能和虹吸效应。二是围绕产业集聚人才。针对南京软件与新一代信息技术、苏州纳米材料、无锡物联网、常州石墨烯、泰州生物医药等战略性新兴产业布局,实施行业领域人才工程,推动人才发展与产业发展深度融合。三是推动人才共享共育。鼓励各级开发区与高校、科研院所共建研究院(所),共建产业技术创新联盟,共同引才育才,共享科研设备设施。

第二,推动新型城镇化高质量发展。一是优化制造业产业布局。江苏十三个地级市要立足自身要素资源禀赋和比较优势,推动省内各城市群形成合理的分工,因地制宜培育发展特色鲜明的城市产业体系,切实提升城市创新能力创新活力和区域协同水平。二是促进资源要素向优势地区集中。高质量建设"南京都市圈""徐州都市圈"和"苏锡常都市圈",依托南京、徐州和苏州等核心城市形成辐射圈,带动周边城市的发展,促进新型城镇化与新型工业化同步发展并更好发挥二者的内生交互作用,从而促进制造业集聚发展。三是完善综合交通运输体系。要以城际铁路等轨道交通为骨干,提高区域交通基础设施的连接性与贯通性,加快

---

① 资料来源:http://www.cnelc.com/Article/1/160428/AD100397815_1.html

各地区之间的人员往来与商品贸易。

  第三,不断优化营商环境。一是加强顶层设计。按照"区域政策、行业政策、园区政策、企业政策"四个层面,完善各层面"横向部门职责＋纵向产业体系"的立体化政策组合,持续推进"放管服"改革,积极推进制造业项目的承诺制审批落地,最大限度缩减制造业企业项目申报的审批环节,减少不必要的行政手续。二是强化金融保障。提高金融发展水平以优化资金配置效率,为制造业企业提供更为坚实的资金保障,增强区域龙头制造业企业对关键项目、核心项目的吸附能力。三是提高中介服务。强化知识产权保护,加快建立先进制造业专利池,培育扶持知识产权优势企业并支持其牵头组建知识产权联盟。四是强化招商引资。加快引进一批关键核心零部件制造企业,吸引更多先进制造业企业向江苏区域集聚,补齐先进制造业产业链短板,为江苏制造业高质量发展注入外部活力。

  第四,更高水平的对外开放和交流。一是要构建开放新格局。要用"一带一路"交汇点建设总揽新时代江苏的对外开放,放大向东开放优势,优化区域布局、支点城市布局、基础设施布局,着力提升全省各地的开放能级,建成一批对外开放的强支点,提升内外联结水平。二是要培育开放新动能。围绕加快构建以创新为引领的自主可控制造业产业体系,通过高质量的制造业产业基础、高水平科技合作、高质量外资项目、高素质专业人才的培育引进,形成扩大开放新的动力支撑。三是要搭建开放新平台。通过推进自贸区试点经验集成创新、打造境外园区"升级版"、提升境内合作园区能级、建设深化两岸产业合作试验区、加强苏州工业园区和南京江北新区平台建设等一系列举措,打造一批各具特色的制造业全国百强园区。

第5章 江苏制造业转型升级的现实基础

自1978年以来,江苏制造业产值连续保持两位数增长,总量规模自2010年连续多年位居全国第一。2005年江苏制造业产值为2 079.95亿元,2015年增加至24 676.81亿元,产值在十年内扩大了十几倍,制造业占第二产业的比重也由原来的19.76%增加至77.01%;在此期间,江苏省制造业企业增至47 832个,增长率为50.7%。制造业规模连续8年保持全国第一,2015—2017年增速始终高于全国平均水平,高于广东、浙江。2016年,江苏全省规模以上制造业企业主营业务收入15.2万亿,同比增长7.7%,占全国总量的14.7%。2017年江苏规上工业增加值超过3.5万亿元、增长7.5%,占全国比重12.5%,对全省经济增长的贡献率在50%左右;规上工业企业利润总额超过1万亿、居全国第一,占全国比重超过14%。2018年,江苏制造业的规模继续保持全国第一,第二产业增加值41 248.5亿元,占全国比重超过13%,高于广东、浙江。国际比较看,2013年江苏制造业增加值超过韩国(3 604亿美元);2015年江苏制造业增加值为3 905亿美元,已达到德国制造业增加值(7 649亿美元)的51.05%。2018年,江苏列统的40个工业行业大类中有30个行业增加值比上年有所增长,增长面达75%。其中电子、医药、汽车、专用设备等先进制造业增加值分别增长11.3%、10.4%、7.2%、12.5%。2018年高技术行业、装备制造业增加值分别增长11.1%、8%,增速比规模以上工业高6个和2.9个百分点;对规上工业增加值增长的贡献率达43.4%和74.2%,比上年提高13.3个和16.6个百分点。2018年战略性新兴产业、高新技术产业产值增长8.8%和11%,占规模以上工业总产值比重达32%和43.8%。新能源汽车、城市轨道车辆、3D打印设备、智能电视、服务器等新产品产量比上年分别增长139.9%、107.1%、51.4%、36.4%和26.2%。[①]

5.1 "新常态"下江苏制造业转型升级的认识

"新常态"成为我国经济发展的阶段性特征,认识新常态下的新趋势,对于适应新常态、把握经济发展主动权具有重要意义。"新常态"含义丰富,但在经济方

---

① 数据来源:https://www.sohu.com/a/291705706_100014721.

面有三个突出的特点,即经济增速换挡、创新驱动、消费需求逐步成为主体。① 我国经济发展进入新常态,江苏制造业的发展既面临大有作为的重要战略机遇,也面临诸多矛盾叠加、风险隐患增多的严峻挑战。

5.1.1 资源环境约束下,制造业转型升级压力增大

经济发展能极大地促进人们的生活水平的提高,但是带来繁荣的同时,环境问题也会愈加突出。工业尤其是制造业由于它的生产方式,在产品产生的过程中伴随着大量的污染物,江苏制造业快速发展的同时也伴随着环境污染的压力随之加强。2007年5月,江苏爆发太湖蓝藻污染事件,主要原因在于政府片面追求经济产出大量兴建排污严重的化工厂,导致水源地附近蓝藻大量堆积,造成无锡全城自来水污染;2009年,盐城市发生的水污染事件,源于化工厂将危险物质排放于河流内。2011年,江苏工业化学需氧量(COD)、二氧化硫、氮氧化物排放占全省排放总量的比重分别为19.2%、97.3%、77.9%,较全国平均水平分别高出5个、6.4个、6个百分点。②《中国制造业发展研究报告2015》③显示,江苏是中国制造业工业废水排放量最多的省份,为220 559万吨,山东、广东、浙江、河南列在其后;江苏制造业废气排放量位居第二,为49 797.3亿标立方米,仅次于河北(79 121.3亿标立方米),高于山东(47 159.8亿标立方米)。

面对资源环境的压力,江苏在响应国家绿色科技、生态环保等方面反应迅速,江苏省政府发布的《中国制造2025江苏行动纲要》中重点提到绿色发展,《江苏省"十三五"智能制造发展规划》中亦提到要减少对资源能源的消耗、促进可持续发展。在全国率先出台《中国制造2025江苏行动纲要》的基础上,江苏又相继出台"一中心、一基地"建设意见、企业制造装备升级和互联网化提升"两个计划"、创新"40条"、先进制造业"26条"、人才"26条"、金融支持制造业发展若干意见等一系列文件。2015—2018年,江苏制造业推动绿色发展,取得以下成效:一是印发《江苏省绿色制造体系建设实施方案》,实施绿色制造工程,推进锅炉(窑炉)、电机系统、余热余压利用、能量系统优化等节能改造,提升能源利用效率。推进重点行业强制性清洁生产审核,2017年审核1 039家。创建国家级绿色工厂22家、绿色园区3家、绿色设计产品10个。实施项目节能量交易试点,交易节能量28.76万吨。2017年,单位GDP能耗、单位工业增加值能耗分别下降5.54%和7.7%,均

---

① 参见习近平在2014年APEC工商领导人峰会上主旨演讲全文。
② 江苏省统计局课题组,伍祥,马俊,等.江苏工业经济增长质量及动力选择研究[J].统计科学与实践,2013(10):4-6.
③ 李廉水.中国制造业发展研究报告2015[M].北京:北京大学出版社,2016.

超额完成年度任务。二是严格实施"263"专项行动和化工企业"四个一批"专项行动,关闭落后化工企业1421家,整治沿江非法码头118个;推进大气污染防治行动计划,完成1055万千瓦燃煤机组超低排放改造,10万千瓦以上燃煤机组全部达到天然气发电机组排放标准;开展苏中、苏北以及沿海地区29个化工园区环保专项整治,提升园区环保基础设施处理能力和水平,规范园区环境管理。三是出台《关于运用综合标准依法依规推动落后产能退出的指导意见》,依法依规关停退出落后产能、化解过剩产能,坚决打击"地条钢",严防"死灰复燃"。累计压减粗钢产能1214万吨、完成国家"十三五"任务的69.4%,压减煤炭产能836万吨,超额完成"十三五"任务,化解水泥产能510万吨、平板玻璃产能330万重量箱,提前完成省定目标。出台《开展企业资源集约利用综合评价工作的实施意见》,围绕单位用地税收、单位用地产出、单位能耗产出等核心指标,一市一策,开展企业综合评价,倒逼集约高效发展,为先进产能腾挪发展空间。①

2018年,江苏省环境空气质量优良天数比率为68.0%,与2017年相比保持稳定,主要污染物中颗粒物、二氧化硫、二氧化氮和一氧化碳浓度同比有所下降,臭氧浓度同比持平。其中,细颗粒物(PM2.5)年均浓度较2017年下降2.0%,达到国家年度考核目标(49微克/立方米)。②

5.1.2 要素驱动转为创新驱动,为产业转型升级提供动力

近年来,国际上受到美国贸易保护主义和打压他国科技发展等遏制战略的影响,国内面临自然资源短缺、生态环境压力加大、商务成本高企等问题,传统工业经济下要素驱动模式不能适应新的经济发展环境要求,江苏制造业通过科技创新促进制造业结构转型升级,着力发展高端技术制造业,为省内外其他地区制造业发展腾出空间,与国外高端技术制造业展开竞争。

江苏制造业自主创新能力不断增强。2017年,全社会研发投入占比2.7%,科技进步贡献率62.0%,建有研发机构的大中型工业企业和规模以上高新技术企业1.1万家,企业研发机构建有率超过90%,企业在全社会研发投入和研发人员的占比均超过85%。规上工业企业研发投入不断增长,从2015年的1506.51亿元增长至2017年的1746.0亿元,占比约1.12%。创新成果不断涌现,新增发明专利授权1330件、PCT专利申请399件,专利产出数量实现翻番,"神威·太

---

① 关于"中国制造2025"江苏行动纲要实施情况的报告_江苏人大 http://www.jsrd.gov.cn/zyfb/hygb/1303/201807/t20180724_501766.shtml

② 2018年度江苏省生态环境状况公报—北极星环保网 https://huanbao.bjx.com.cn/news/20190514/980268.shtml

湖之光"连续四次荣登全球超级计算机排名榜首,中复神鹰碳纤维项目获得国家科学技术进步一等奖,航科实现国内首家T800级碳纤维产业化,昆山维信诺成功研制出国内首款12英寸AMOLED全彩显示屏,亨通集团生产出全球电压等级最高、单根无接头最长的海底电缆,恒立液压突破挖掘机专用高压柱塞泵等关键部件。江苏省制造业创新正处于从跟踪模仿为主转向跟踪和并跑、领跑并存的关键阶段。

企业成为自主创新的主体。一是建设企业技术中心、工程技术研究中心、工程研究中心(工程实验室)等企业研发机构,已建成省级以上企业研发机构5810家,其中国家级236家、总数居全国前列。重点建设制造业创新中心、产业创新中心、产业技术创新中心、高校协同创新中心等新型研发机构,实施制造业创新中心建设工程,培育12家省级制造业创新中心,其中原创化学药、半导体封装、高端工程机械及核心零部件、高档数控机床和成套装备等领域的4家已投入运营。二是实施江苏省产业前瞻与共性关键技术研发和科技成果转化计划,完成面向制造业前沿的重点研发项目28项,支持3D打印设备、数控机床、海洋工程等领域科技成果转化项目46项、资助经费1.97亿元。实施高端装备创新工程,围绕电子装备、智能成套装备、关键基础零部件等领域,每年组织实施一批高端装备赶超攻关项目,累计认定首台(套)重大装备及关键零部件737个。支持新技术新产品首购首用,开展国产乙类大型医用设备配置应用试点,会同有关部门推进重大技术装备首台套保险补偿、重点新材料首批次应用保险补偿试点。2017年,为670余台首台(套)重大技术装备、52家新材料企业分别提供111.62亿元、4亿元风险保障。实施工业强基工程,加强项目储备,引导企业专注投入"四基"领域,51家企业中标国家工业强基工程项目,数量全国第一。三是编制《江苏军民融合产业"十三五"发展规划》,成立省军民融合发展委员会,实施军民融合创新工程,发布推介《省军民两用技术和产品目录》,培育一批"民参军"项目,建设一批军民融合示范基地,拥有"民参军"企业超800家,省级军民结合产业示范基地10家。与国家国防科工局等开展战略合作,共同推进高端装备产业发展。[①]

5.1.3 规模总量稳步增长,制造业行业专业化水平较高

第四次全国经济普查结果显示,2018年,江苏制造业法人单位资产总137 166.5亿元,吸纳就业1 439.1万人,实现营业收入146 744.3亿元,占江苏工业法人单位比重分别为90.5%、98.2%、95.3%,占全国制造业的比重分别为

---

① 关于"中国制造2025"江苏行动纲要实施情况的报告_江苏人大 http://www.jsrd.gov.cn/zyfb/hygb/1303/201807/t20180724_501766.shtml

12.9%、13.8%、13.9%。江苏制造业营业收入规模位列全国第二,占比仅低于广东0.2个百分点。在列入统计的31个制造业行业大类中,收入规模超过万亿元的制造业行业有计算机通信和其他电子设备制造业、电气机械和器材制造业、化学原料和化学制品制造业、通用设备制造业,营业收入分别达到18 222.1亿元、15 363.8亿元、12 213.2亿元、11 093.4亿元,占全国的比重分别为15.8%、21.3%、16.3%、22.1%。计算31个江苏制造业区位熵发现,有14个行业区位熵大于1,专业化水平较高,具体行业为:铁路船舶航空航天和其他运输设备制造业、金属制品业、纺织服装服饰业、化学原料和化学制品制造业、计算机通信和其他电子设备制造业、文教工美体育和娱乐用品制造业、医药制造业、黑色金属冶炼和压延加工业8个行业区位熵分别介于1~1.5之间;纺织业、专用设备制造业、通用设备制造业、电气机械和器材制造业的区位熵分别为1.726 9、1.601 7、1.590 7、1.533 5;化学纤维制造业、仪器仪表制造业的区位熵分别达到2.408 7、2.050 5。总之,江苏制造业行业专业化水平表现出较高水准。

5.1.4 制造业集群化发展,国际竞争力增强

产业集群是区域经济发展的重要产业组织形式和载体,在强化专业化分工、发挥协作配套效应、降低创新成本、优化生产要素配置等方面作用显著。作为全国制造业大省,江苏制造业行业覆盖面广,制造体系完备,产业配套能力强,除"烟叶复烤"外,制造业31个大类、179个中类、609个小类中其他类别江苏制造业均有涉及。在长期产业发展过程中,江苏制造业集聚、集群化发展具备一定基础,涌现了一批在国内甚至国际具有竞争力、影响力的制造业集群——新型电力装备产业集群、工程机械产业集群、物联网产业集群、高端纺织产业集群、前沿新材料产业集群、生物医药和新型医疗器械产业集群、集成电路产业集群、海工装备和高技术船舶集群、高端装备产业集群、节能环保产业集群、核心信息技术产业集群、汽车及零部件产业集群、新型显示产业集群等快速崛起。2018年,江苏在全国率先出台《关于加快培育先进制造业集群的指导意见》,13个集群瞄准世界先进制造,培育一批国际领先的行业龙头企业、单项冠军企业,形成若干世界级先进制造业集群。例如,2018年江苏纺织产业规模首次突破万亿元,占全国纺织行业的1/5,该集群拥有恒力、盛虹、海澜三家千亿企业,江阴、吴江、常熟三个千亿基地,东方丝绸市场、常熟服装城、叠石桥家纺城三个千亿级交易市场。又如,江苏新型电力(智能电网)装备产业集群,智能电网、光伏产业规模和技术水平国内领先,在大电网安全稳定控制、电网调度自动化、继电保护等领域牢牢占据国内第一,硅片、电池、组件产量占全国一半,多晶硅产量占全国1/4以上,该集群的龙头企业包括南瑞集团、南瑞继保、长园深瑞、南高齿、国电南自、金智科技等。再如,以苏州亨通

集团为代表的江苏核心信息技术产业集群,聚合了高端软件、新一代软件和人工智能、嵌入式、工业软件水平全国领先。南京、苏州还分别被工信部授予"中国软件名城"和"中国特色软件名城"称号。

江苏作为全国开放型经济发展最快的地区之一,工业制成品进出口贸易发展迅速,制造业国际竞争力提升显著。显性比较优势指数(RCA)指一个国家某种商品的出口额占其出口额的份额与世界出口总额中该类商品出口额所占份额的比率。若RCA>2.5,则该国某类产品具有强的竞争力;若1.25<RCA<2.5,则表明具有较强的竞争力;若0.8<RCA<1.25,则表明具有一般的竞争力;若RCA<0.8,则表明具有弱的竞争力。利用2018年数据计算江苏制造业显性比较优势指数(RCA),并与美国、日本和德国比较,结果显示,江苏工业制成品RCA指数为1.455,高于德国(1.292)、日本(1.284)和美国(1.044),产品出口竞争力较强。分主要制造行业来看,江苏纺纱、织物、制成品及有关产品RCA指数为3.791,办公用机械及自动数据处理设备RCA指数为4.483,电信及声音的录制及重放装置设备RCA指数为4.483,服装及衣着附件RCA指数为2.63,集成电路和电子元件RCA指数为2.17,均明显高于美、德、日三国,表现出很强竞争力。江苏运输设备行业RCA指数为0.445,远远低于日本RCA指数(2.28)、美国RCA指数(1.46)、德国RCA指数(2.1),竞争力较弱。江苏钢铁行业RCA指数为1.21,低于日本(1.75)、超过美国(0.38)和德国(0.84),竞争力表现一般。化学成品及有关产品RCA指数为0.68、医药品RCA指数为0.225均不及0.8,且低于德国、日本和美国,竞争力较弱。

5.1.5 制造业企业上市数量较多,引领作用凸显[①]

江苏制造业上市公司是企业的佼佼者,代表了制造业发展的风向标,也是带动区域经济发展的重要力量,对江苏制造业整体发展具有重要的示范引领作用。作为制造大省,江苏一直高度重视制造业上市公司的培育和发展,取得了较为丰硕的成果,以制造业上市公司为主力军的龙头骨干企业队伍对制造业发展的引领带动作用也越来越显著。

江苏制造业上市公司发展历程大体可分为三个阶段:

第一阶段:起步阶段(1993—2003年)。1993年7月28日,江苏第一家上市公司太极实业(600667.SH)在上交所上市,由此启动了江苏在国内资本市场的发展序幕。至2003年末,江苏共有48家企业在主板上市,累计IPO融资156.37亿元。

第二阶段:减速阶段(2004—2008年)。2004年5月,国家证监会正式批复深

---

① 数据来源于同花顺数据库。

交所设立中小企业板；2005年5月至2006年6月，中国资本市场进行了股权分置改革。2004至2008年，江苏共有22家制造业企业上市，其中21家在中小板上市，累计IPO融资68.07亿元，上市企业数量锐减，上市速度与规模减缓。

第三阶段：加速阶段（2009—2019年）。2009年，国家证监会批准深交所设立创业板，进一步完善了我国多层次资本市场体系。在此期间，江苏政府对企业上市的支持力度不断加大，企业上市成本逐渐降低，企业上市的积极不断增强，企业上市速度明显加快。2009至2019年，江苏共有245家制造业企业上市，IPO融资额累计达1538.85亿元。其中，2009至2012年，江苏共有88家制造业企业成功上市，多集中于中小板和创业板；2014至2019年，江苏共有158家制造业企业上市，分别为79家主板企业、57家创业板企业、11家中小板企业以及10家科创板企业。

从上市公司的区域分布来看，苏州、无锡、南京、常州、南通是江苏制造业上市公司较为集中的地区，5市的制造业上市公司总数达259家，占全省82.2%。其中，苏州以88家位居全省第一，占比27.9%；无锡64家，占比20.3%，排名第二；南京44家，占比14.0%，位居第三；常州34家，占比10.8%，位居第四；南通29家，占比9.2%，位居第五。扬州、徐州、镇江、泰州、连云港、宿迁、盐城、淮安8市制造业上市公司共有56家，其中连云港的恒瑞医药和宿迁的洋河股份是江苏仅有的2家市值超千亿元的制造业上市公司。

与国内发达省市相比较，江苏制造业上市公司发展存在以下不足：

第一，规模总量还有差距。江苏省制造业上市公司在数量上和市值规模上均不够高，这与制造业大省不相匹配。在数量上，江苏省制造业上市公司共计315家，占全国13.6%，低于广东（共计404家，占全国17.1%）和浙江（共计334家，占全国14.2%），高于山东（共计158家，占全国6.7%）；在市值规模上，江苏省制造业总市值为2.55万亿元，占全国9.1%，远远低于广东（总值5.88万亿元，占全国20.9%），略低于浙江（总值2.91万亿元，占全国10.4%），高于山东（总值1.74万亿元，占全国6.2%）。中高市值企业数量占比偏低。江苏省市值在千亿元以上的制造业上市公司仅2家，仅为广东数量的1/5；在全国制造业上市公司市值排名前500的企业中，江苏入围企业共有51家，占全国10.2%，低于浙江（入围企业53家，占全国10.6%），高于广东（入围企业20家，占全国4%）和山东（入围企业31家，占全国6.2%），但全苏制造业上市公司市值500强的平均市值为259.78亿元，低于全国平均水平399.14亿元，也低于山东平均市值（450.05亿元）和浙江平均市值（317.87亿元），高于广东平均市值（219.77亿元）。

第二，企业整体盈利能力还不突出。在营收方面，2019年全国制造业上市公司营业总收入共计16.65万亿元，江苏制造业上市公司营业总收入仅1.03万亿元,占全国6.2%,低于广东(营收总额2.95万亿元,占比17.7%)、浙江(营收总额1.41万亿元,占比8.5%)和山东(营收总额1.35万亿元,占比8.1%)。在利润方面,全国制造业上市公司利润总额共计10 238.97亿元,江苏利润总额为591.44亿元,占全国5.8%,远低于广东(利润总额2 213.88亿元,占比21.6%)、浙江(利润总额1 120.05亿元,占比10.9%)和山东(利润总额964.32亿元,占比9.4%)。从研发投入看,全国制造业上市公司研发费用共计4 804.06亿元,江苏研发投入为383.75亿元,占全国8.0%,低于广东(研发投入1 182.06亿元,占比24.6%)和浙江(研发投入522.66亿元,占比10.9%),高于山东(研发投入379.54亿元,占比7.9%)。

第三,板块分布不均匀。江苏主板制造业上市公司138家,占全国12.9%,高于广东(共计87家,占全国8.1%)和山东(共计68家,占全国6.3%),低于浙江(共计155家,占全国14.4%);江苏中小企业板制造业上市公司共计80家,占全国11.5%,高于山东(共计58家,占全国8.4%),低于广东(共计180家,占全国25.9%)和浙江(共计111家,占全国16.0%);江苏创业板制造业上市公司共计87家,占全国16.1%,高于浙江(共计63家,占全国11.7%)和山东(共计29家,占全国5.4%),低于广东(共计128家,占全国23.7%);江苏科创板制造业上市公司共计10家,占全国19.2%,高于广东(共计9家,占全国17.3%)、浙江(共计5家,占全国9.6%)和山东(共计4家,占全国7.7%)。

第四,上市制造业企业中民营企业占多数。全国制造业上市公司中,国有企业共543家,占比23.0%,民营企业共1636家,占比69.4%,外资企业129家,占比5.5%,其他企业2共50家,占比2.1%。江苏制造业上市公司中80%为民营企业,仅次于浙江(占比85.9%);国有企业占比11.4%,低于山东(占比24.7%)和广东(占比13.1%);外资企业占比5.4%,仅次于广东(占比7.4%)。

5.2 江苏制造业发展类型演变特征与态势分析

2017年12月12日,习近平总书记在视察江苏时指出:"必须始终高度重视发展壮大实体经济,抓实体经济一定要抓好制造业""装备制造业是制造业的脊梁,要加大投入、加强研发、加快发展,努力占领世界制高点、掌控技术话语权,使我国成为现代装备制造业大国"。这一重要讲话,深刻指出了制造业之于实体经济、实体经济之于经济发展的重大意义,具有很强的针对性和指导性。改革开放以来,江苏积极抢抓世界制造业资本向我国转移的机遇,以制造业为主体的实体经济得到迅猛发展。作为制造业大省,制造业一直是江苏的优势和长项所在。江苏发展实体经济的重点在制造业,难点也在制造业。江苏制造业层次和水平还处于中低端,核心关键技术突破还不够。当前,数字经济、共享经济、产业协作正在重塑传统实体经济形态,全球兴起了以智能制造为代表的新一轮技术创新与产业变革,数字化、网络化、智能化日益成为未来制造业发展的主要趋势,全球制造业正处于转换发展理念、调整失衡结构、重构竞争优势的关键节点。江苏要在新一轮产业变革中抢占竞争制高点,必须加速制造业转型升级与提质增效。国内外学者在研究产业转移问题,形成了以"雁行理论"[1]"中心—外围理论"[2]"产品生命周期理论"[3]"边际产业扩张理论"[4]"国际生产折衷理论"[5]"二元结构理论"[6]以及"新经济地理理论"[7]等为代表的经典理论。在产业发展态势测度研究方法上主要是采用两类:一是运用区域间投入产出数据和方法,判断区际产业发展规模和转移路径,该类方法的数据5年更新一次,存在非连续性问题[8];二是利用产业竞争力系数、赫芬达尔指数、莫兰指数、区位熵、产业集中度等各类指标的变化值来测度产业发展态势,该类方法能够总体上测度区际产业转移的程度,但无法很好地去把握产业转移的空间演变特征。[9]

因此,本书运用偏离—份额分析法,能够准确把握江苏制造业各个细分行业的发展类型及其演变特征,以此来说明江苏制造业细分行业发展优势的强弱以及衰退的原因,进而深入讨论江苏制造业产业转型升级的态势,更具实际指导意义。

---

[1] Akamatsu K. The synthetic principles of the economic development of our country[J]. The Journal of Economy,1932(6):179-220.

[2] Prebisch R. The economic development of Latin America and its principal problems[J]. Economic Bulletin for Latin America,1962(1):1-35.

[3] Vernon R. International investment and international trade in the product cycle[J]. Quarterly Journal of Economics,1966,80(2):190-207.

[4] Kojima K. Reorganisation of north-south trade: Japan's foreign economic policy for the 1970s[J]. Hitotsubashi Journal of Economics,1973(13):1-28.

[5] Dunning J H. Trade, location of economic activity and the multinational enterprise: A search for an eclectic approach[M]. London and Basingstoke: Macmillan,1977.

[6] 阿瑟·刘易斯.国际经济秩序的演变[M].北京:商务印书馆,1984.

[7] Krugman P. Increasing returns and economic geography[J]. Journal of Political Economy,1991,99(3):483-499.

[8] 李文文,王文平,束慧,等.投入产出视角下中国制造业空间转移效应分析[J].统计与决策,2018,34(10):118-122.

[9] 白永亮,杨扬.长江经济带城市制造业集聚的空间外部性:识别与应用[J].重庆大学学报(社会科学版),2019,25(3):14-28.

5.2.1 研究方法与数据来源

5.2.1.1 研究方法

偏离-份额分析法(SSM)是由 Daniel 和 Creamer[①] 提出的,从结构因素和竞争力因素两方面揭示区域或部门增长差异的有效方法,具有较强的综合性和动态性。相比其他区域经济分析方法与指标,偏离-份额分析法可以从不同产业、不同细分行业角度剖析区域产业发展态势。其基本思想是以一定时期研究区域国民生产总值为基准,计算研究区域按标准区域平均增长率可能形成的假定份额,再将这一假定份额同研究区域实际增长额进行比较,来分析研究区域国民生产总值增长相对于标准区域平均水平的偏离状况。一个地区的经济增长(G)由三个方面因素构成,即地区增长份额(N)、结构偏离份额(P)和竞争力偏离份额(D)。

区域经济增长(G)可以分解为地区增长份额(N)、结构偏离份额(P)和竞争力偏离份额(D)三个部分。影响地区偏离的因素包括结构因素和区位因素,当结构偏离份额(P)为正(负)时,说明区域产业结构较好(较差);当区位偏离分量为正(负),说明区域产业竞争力较好(较差);两者相加可得到研究区域产业增长的总偏离程度。

(1) 地区增长份额(N)。地区增长份额分量表示研究区域某类产业的标准区分量,为假定该区域这一产业在某一时期以标准区域总增长率增长而得到的增长量。

计算公式为:

$$N = \Sigma h_0^i R \tag{5.1}$$

式(5.1)中:N 为假定研究区域某类产业按所在标准区域(全国)产业的增长率增长而取得的增长份额;h_0^i 为研究区域第 i 种产业的基期值;R 为标准区域(全国)在 $(0,t)$ 时间段所有产业的总增长率,$R=(H_t-H_0)/H_0$。

(2) 结构偏离份额(P)。结构偏离份额是指在某一时期,标准区域(全国)第 i 种产业的增长率与标准区域(全国)所有产业的增长率之差同研究区域第 i 种产业基期水平的乘积,主要说明研究区域第 i 种产业随标准区域第 i 种产业变化的情况。

计算公式为:

$$P = \Sigma h_0^i (R_i - R) \tag{5.2}$$

---

① Creamer D. Shifts of manufacturing industries location and national resources[M]. Washington DC: Government Printing Office, 1943.

式(5.2)中：P 为研究区域产业与标准区域（全国）产业的增长额之差，研究区域的增长额指研究区域按照标准区域第 i 种产业增长率计算的增长额，标准区域（全国）的增长额指按照产业增长率所实现的增长额，R_i 为标准区域（全国）在 $(0,t)$ 时间段第 i 种产业的增长率，$R_i=(H_{it}-H_{i0})/H_{i0}$。

（3）竞争力偏离份额（D）。竞争力偏离份额反映了研究区域与标准区域相比，在产业发展方面具有的竞争优势或竞争劣势，反映的是区位条件和区域竞争力对区域产业增长的作用。

计算公式为：

$$D=\Sigma h_0^i(r_i-R_i) \qquad (5.3)$$

式(5.3)为研究区域第 i 种产业按照其实际增长率增加所取得的增长额与按标准区域（全国）同一种类产业增长率增长所取得的增长额之差，r_i 为研究区域在 $(0,t)$ 时间段第 i 种产业的实际增长率，$r_i=(h_t^i-h_0^i)/h_0^i$。

三个部分的关系式如下：

$$G=N+P+D=\Sigma h_0^i R+\Sigma h_0^i(R_i-R)+\Sigma h_0^i(r_i-R_i) \qquad (5.4)$$

通过产业结构分量（P）、竞争力分量（D）和偏离分量（S）的分析结果可以判断区域产业发展类型。根据产业结构分量（P）、竞争力分量（D）和偏离分量（S）三者不同符号进行组合可以得到以下六种典型类型（表5-1），每种类型根据正负号的意义可以阐释不同产业发展类型的具体内涵。根据产业类型的判别标准，将类型Ⅰ、Ⅱ、Ⅲ的产业称为优势产业，将类型Ⅳ、Ⅴ、Ⅵ的产业称为劣势产业。产业发展演变状态可分为六种类别：优→更优、优→优、优→差、差→优、差→差、差→更差。

表5-1 产业发展类型判别标准

类型	结构分量 P	竞争力分量 D	偏离分量 S	类型含义
Ⅰ	+	+	+	区域产业发展趋势好，区位优势明显，区域产业发展情况总体高于全国平均水平
Ⅱ	+	—	+	区位条件处于明显劣势，区域产业发展趋势好，区域产业发展总体情况高于全国平均水平
Ⅲ	—	+	+	区域产业发展趋势减弱，区位优势明显，区域产业发展总体情况高于全国平均水平
Ⅳ	+	—	—	区域产业发展趋势好，区位条件处于劣势，区域产业发展总体情况低于全国平均水平
Ⅴ	—	+	—	区域产业发展趋势减弱，区位条件处于明显优势，区域产业发展总体情况低于全国平均水平
Ⅵ	—	—	—	区域产业发展趋势减弱，区位条件处于劣势，区域产业发展总体情况低于全国平均水平

5.2.1.2 数据来源

本书选取工业总产值作为评价指标,分别以第一期(2008—2013)、第二期(2014—2018年)2个时间段进行比较研究。同时,为了更好地呈现江苏制造业产业发展情况,选择同时期上海、安徽、浙江三地作为比较对象。所有数据来源于2009年、2014年、2015年、2018年《浙江统计年鉴》《上海统计年鉴》《安徽统计年鉴》和《江苏统计年鉴》中规模以上工业企业分行业的工业总产值。

5.2.2 计算结果分析

表5-2 2008—2018年江苏、浙江、上海和安徽3省1市制造业发展类型的演变

制造业行业	江苏	浙江	安徽	上海
农副食品加工业	优→更优	差→差	优→优	差→差
食品制造业	差→优	差→差	优→优	差→差
酒、饮料和精制茶制造业	差→优	差→差	优→优	差→差
烟草制品业	差→优	差→优	差→差	差→优
纺织业	差→差	差→差	差→差	差→差
纺织服装、服饰业	差→优	差→优	优→更优	差→差
皮革、毛皮、羽毛及其制品和制鞋业	差→优	差→差	差→差	差→差
木材加工和木、竹、藤、棕、草制品业	优→优	差→差	差→差	差→差
家具制造业	差→优	差→差	差→差	差→差
造纸和纸制品业	差→优	差→差	差→差	差→差
印刷和记录媒介复制业	差→优	差→差	差→差	差→差
文教、工美、体育和娱乐用品制造业	差→优	差→差	优→更优	差→优
石油加工、炼焦和核燃料加工业	差→优	差→差	差→更差	差→差
化学原料和化学制品制造业	优→差	差→差	优→优	差→差
医药制造业	优→更优	差→优	优→更优	差→优
化学纤维制造业	差→优	差→差	差→差	差→差
橡胶和塑料制品业	差→优	差→差	优→更优	差→差
非金属矿物制品业	优→优	差→差	优→优	差→差
黑色金属冶炼和压延加工业	差→更差	优→差	优→优	差→差
有色金属冶炼和压延加工业	差→更差	差→差	优→优	差→更差

续表 5-2

制造业行业	江苏	浙江	安徽	上海
金属制品业	优→差	差→差	优→优	差→更差
通用设备制造业	优→差	差→差	优→优	差→更差
专业设备制造业	优→差	差→差	优→优	差→更差
交通运输设备制造业	优→差	优→差	优→优	优→差
电气机械和器材制造业	优→更优	差→更差	优→优	差→更差
计算机、通信和其他电子设备制造业	差→优	差→差	优→更优	差→差
仪器仪表制造业及其他制造业	优→优	差→更差	优→优	差→差

从江苏省2008—2013年与2014—2018年的结果对比可以发现,江苏省制造业各细分行业发展状况波动变化较大:酒、饮料和精制茶制造业,皮革、毛皮、羽毛及其制品和制鞋业,造纸和纸制品业等行业从类型Ⅵ转为类型Ⅰ,竞争优势明显;烟草制品业,印刷和记录媒介复制业,文教、工美、体育和娱乐用品制造业,化学纤维制造业,橡胶和塑料制品业,从类型Ⅴ转为类型Ⅰ,产业发展态势良好;金属制品业、通用设备制造业、专用设备制造业、交通运输设备制造业由类型Ⅰ、类型Ⅱ转为类型Ⅴ和类型Ⅵ,产业发展态势减弱;电气机械和器材制造业类型变化不大,仍保持较强的竞争力;计算机、通信和其他电子设备制造业由类型Ⅴ转为类型Ⅰ,产业发展迅速。这表明江苏省制造业发展的差异性明显,一方面,江苏传统的优势行业,如轻纺工业竞争优势依然保持;另一方面,江苏的部分传统装备制造业竞争优势在衰退,但计算机、通讯和其他电子设备等新兴制造业产业发展较快,优势凸显。

与江苏相比较,2008—2013年数据显示,浙江只有交通运输设备制造业、化学原料和化学制品制造业、黑色金属冶炼和压延加工业属于类型Ⅱ和类型Ⅲ,其余制造业细分行业均为类型Ⅳ、类型Ⅴ或类型Ⅵ;2014—2018年数据显示,浙江只有烟草制造业,纺织服装、纺织业,家具制造业,文教、工美、体育和娱乐用品制造业及医药制造业属于类型Ⅰ和类Ⅱ,其余均为类型Ⅳ、类型Ⅴ或类型Ⅵ。这表明浙江省的制造业竞争优势显著减弱,制造业处于全面衰退的状况。上海制造业演化特征大体与浙江相似,制造业衰退更为明显。2008—2013年数据显示,上海市只有交通运输设备制造业属于类型Ⅱ,其余制造业细分行业均为类型Ⅳ、类型Ⅴ或类型Ⅵ;2014—2018年数据显示,上海只有烟草制品业,文教、工美、体育和娱乐用品制造业及医药制造业属于类Ⅱ,其余制造业细分行业均为类型Ⅳ、类型Ⅴ或类型Ⅵ。安徽省制造业的区位优势、结构优势、竞争优势逐渐显现,发展态势良好,其烟草制品业,纺织服装、服饰业,皮革、毛皮、羽毛及其制品和制鞋业,造纸和纸制品业、印刷和记录媒介复制业、文教、工美、体育和娱乐用品制造业、医药制造业、化学纤维制造业、橡胶和塑料制品业、计算机、通信和其他电子设备制造业发展类型多数变化至Ⅰ、Ⅱ、Ⅳ。近10年，安徽发力发展以面板和芯片为代表的新型高端制造业，代表性制造业企业有：电子行业（京东方A、兆易创新、长信科技、三利谱）；计算机行业（科大讯飞）；汽车行业（江淮汽车、国轩高科、蔚来）；家电行业（美的集团、格力电器、海尔智家）。

5.2.3 结论与政策建议

通过运用偏离—份额分析法，计算出江苏省27个制造业细分行业2008—2013年以及2014—2018年的产业结构分量、竞争力分量及偏离分量，对27个制造业细分行业的发展类型进行判别并剖析其演变特征，并进一步对产业类型进行归类，从而把握江苏省制造业产业发展态势。主要得出以下结论：第一，江浙沪制造业产业竞争力出现了不同程度的减弱，尤其是上海与浙江，传统制造业进入产业转移阶段，而安徽制造业产业规模与竞争力提升明显。第二，江苏省制造业总体发展态势良好，但整体创新能力还提升空间。2018年，江苏规模以上制造业研发投入强度1.6%，而美国、德国等发达国家平均研发强度为3%~5%；江苏医药制造业的研发投入强度为3.2%，位居制造业首位，而美国制药和生物技术产业的研发投入强度为20.8%。第三，江苏先进材料、高端装备等技术密集型产业的竞争力不足，存在质量效益不高、创新能力不强、发展动力不足等核心问题。

为有效促进江苏制造业转型升级，整体推进江苏制造业高质量发展，提出以下政策建议。

第一，建设自主可控的制造体系。围绕创新驱动发展战略，不断完善创新机制，优化提升创新能力，加快成果应用转化，着力建设自主可控先进制造业体系。一是聚焦基础研究，加强重大科学目标导向、应用目标导向的基础研究项目部署，解决产业发展和生产实践中的共性基础问题，加快补齐原始创新能力短板。二是组织开展关键核心技术攻关。积极组织企业参加国家、省重点研发计划，聚焦电子信息制造、智能电网、智能装备和新材料领域，开展关键核心技术攻关，加快突破一批"卡脖子"的关键基础材料、装备、工艺和零部件，全力保障产业链供应链的稳定安全。三是加快创新成果转化。充分发挥中试机构在"科技—产业"链转移过程中的"承上启下"作用，加快先进适用技术的产业化流程，加快自主创新技术新产品推广应用。四是加大制造业"智能化、数字化"生态打造力度。聚焦"智能化、数字化"工业技术改造重大项目，分类分层建立项目培育库，采取专项支持、税收优惠政策、创新金融服务等方式，引导并支持制造业数字化转型，让数字化为制造业高质量发展全面赋能。

第二,推进新旧动能的加速转换。加快新旧动能转换,努力培植新的经济增长点,推动产业向高端化、智能化、服务化、数字化转型升级,重塑江苏制造业竞争新优势。一是聚焦集成电路、生物医药、高端装备、新材料等先进制造领域和新兴产业领域,加快培育龙头骨干企业和隐形冠军企业,形成撬动和引领产业竞争优势的中坚力量。二是科学布局新型基础设施建设。从加快建设信息基础设施、全面发展融合基础设施、科学布局创新基础设施三个方面入手,推进5G网络、人工智能、大数据中心等新型基础设施建设步伐,充分发挥互联网在生产要素配置中的优化和集成作用,提高企业全要素生产效率,最终实现整个制造业的增长动能转换。三是聚焦钢铁、石化、汽车等传统产业和重点产业链,以产业园区为组织载体,以产业技术创新应用为着力点,以工业互联网平台、智能制造中心等平台为依托,因地制宜、分类协调、统筹推进,引导具有市场、技术等优势的制造企业向链接核心价值创造者和用户两端的平台型企业转变,带动产业链上下游企业形成完整高效的链条体系。

第三,打造创新型企业集群。围绕全省创新产业体系布局,强化政策引导,促进大中小企业融通发展,打造创新型企业集群。一是实施集群企业梯次培育行动计划。围绕产业链发展需求,建立覆盖初创与成长阶段的政策服务体系,推动科技中小企业加速成长为高新技术企业,遴选培育创新型领军企业。二是破解体制机制障碍。深化"放管服"改革,充分发挥市场在资源配置中的决定性作用,为制造业企业营造宽松自由的发展环境,夯实制造业竞争力基础。三是推动打造创新联合体。重点支持新一代信息技术、智能电网、高端智能制造等先进制造业领军企业,联合高校院所、产业链上下游企业,打造任务型、体系化的创新联合体,提升产业链专业化协作和配套水平,开展制约产业发展的"卡脖子"技术、共性关键技术攻关,促进集群内大中小企业融通创新。四是推进产业创新平台建设。支持企业建设省市级工程研究中心,将产业创新平台建设作为制造业高端化、智能化、服务化、数字化转型升级的重要依托,推动技术产业化。

第四,打造富有活力的人才高地。以新发展理念为指引,着力构建全方位、多层次、宽领域人才强省新格局,充分激发各类制造业人才创新创造创业活力。一是广泛培育延揽制造业高端人才。围绕产业链构建人才链,依托江苏雄厚的人才优势、产业优势、技术优势和市场主体优势,引导优势资源要素向高端制造业人才需求重点领域集聚,加快集聚先进制造业、战略性新兴产业和生产性服务业领域产业领军人才,逐步改变高端制造业人才数量性和结构性短板。二是壮大复合型"制作业工匠"队伍。要大力弘扬"工匠精神",建立全省"制造业工匠"培育库,培育既精通本行业专业技能,又掌握数字技能的"智能工匠"和新型卓越工程师。支持企业对复合型制造业应用人才的内部培养,鼓励开展"订单式"培养模式,加强制造业工程技术和应用技能型人才培育。推进制造业产业工人队伍建设,尤其是重点领域技术型产业工人的培养,不断提升劳动者质量和素质。

第五,提升科技金融支持制造业转型发展水平。整合金融资源,利用数字化手段为制造业企业匹配推送科技金融政策产品,实现一站式、精准型服务,提升科技金融支持企业发展的数字化水平;充分利用科技贷款产品和科创基金储备项目,加强与深交所创新创业平台的数据互通,引导更多社会资本投向江苏科创主体。

5.3 本章小结

我国经济发展进入新常态,江苏制造业的发展既面临大有作为的重要战略机遇,也面临诸多矛盾叠加、风险隐患增多的严峻挑战,主要表现在:资源环境约束下,制造业转型升级压力增大;要素驱动转为创新驱动,为产业转型升级提供动力;规模总量稳步增长,制造业行业专业化水平较高;制造业集群化发展,国际竞争力增强;制造业企业上市数量较多,引领作用凸显。为深入讨论江苏制造业产业转型升级的态势,本书运用偏离—份额分析法,分析江苏制造业各个细分行业的发展类型及其演变特征,以此来说明江苏制造业细分行业发展优势的强弱以及衰退的原因。研究表明:江苏省制造业各细分行业发展状况波动变化较大,一方面,江苏传统的优势行业,如轻纺工业竞争优势依然保持;另一方面,江苏的部分传统装备制造业竞争优势在衰退,但计算机、通讯和其他电子设备等新兴制造业产业发展较快,优势凸显。具体看,酒、饮料和精制茶制造业,皮革、毛皮、羽毛及其制品和制鞋业,造纸和纸制品业等行业竞争优势明显;烟草制品业,印刷和记录媒介复制业,文教、工美、体育和娱乐用品制造业,化学纤维制造业,橡胶和塑料制品业等产业发展态势良好;金属制品业、通用设备制造业、专用设备制造业、交通运输设备制造业等产业发展态势减弱;电气机械和器材制造业等类型变化不大,仍保持较强的竞争力;计算机、通信和其他电子设备制造业等产业发展迅速。为有效促进江苏制造业转型升级,整体推进江苏制造业高质量发展,江苏需建设自主可控的制造体系、推进新旧动能的加速转换、打造创新型企业集群、打造富有活力的人才高地、提升科技金融支持制造业转型发展水平。

第6章 江苏制造业转型升级的方向和速度测度

改革开放以来,江苏借助优越的人文地理条件和历史积累的雄厚物质基础,抓住国际产业转移的机遇,大力推进制造业发展,取得了令人瞩目的成就。2015—2018年江苏工业增加值在全国占比保持在12%左右,始终稳居长三角地区第一;2019年江苏工业增加值约3.78万亿元,较浙江、上海、安徽分别多1.6万亿元、2.81亿元、2.54亿元,在长三角地区占比为45.22%,在全国占比为11.93%。但江苏制造业也存在发展方式粗放、科技创新能力不强以及产品附加值不高等诸多问题。在经济发展新常态背景下,考察江苏制造业转型升级方向与速度并提出相应的路径选择,就显得很有必要。

殷醒民分析了中国制造业"乘数效应"溢出和技术结构升级,提出了制造业升级的概念,即"通过生产要素的调整,对技术能力和管理能力的改进,以提高产品附加值方式来维持制造业的生存和发展"。[1] 吕铁、韩娜从两个方面解释了制造业结构升级,一是由轻型制造业转向重型制造业;二是由原材料制造业转向加工组装型制造业。[2] 制造业转型升级是在技术创新的推动下,产业结构不断向高级阶段发展的过程。[3] 制造业转型升级为劳动密集型向资本或技术密集型转变的过程,在结构演进过程中,方向和速度能反映转型升级的动态性,转型升级方向通常采用产业结构超前系数来描述。[4] Kaldor[5]和Kuznets[6]认为,劳动力向生产效率高的部门转移,并采用劳动力在各个产业间的转移来测度转型升级速度。为更好地反映动态性特征,More值引入到转型升级速度分析中[7],Parteka采用Lilien

---

[1] 殷醒民.制造业:"乘数效应"溢出与技术升级[J].经济学家,1998(5):101-108.

[2] 吕铁,韩娜.智能制造:全球趋势与中国战略[J].人民论坛·学术前沿,2015(11):4-17.

[3] 苏杭,郑磊,牟逸飞.要素禀赋与中国制造业产业升级:基于WIOD和中国工业企业数据库的分析[J].管理世界,2017(4):70-79.

[4] 高燕.产业升级的测定及制约因素分析[J].统计研究,2006,23(4):47-49.

[5] Kaldor N. Capital accumulation and economic growth [M]//The theory of capital. London: Palgrave Macmillan, 1961:177-222.

[6] Kuznets S. Modern economic growth: Findings and reflections[J]. American Economic Review, 1973,63(3):829-846.

[7] 靖学青.上海产业升级测度及评析[J].上海经济研究,2008,20(6):53-59.

指数深化了转型升级速度测度分析。[①] 谭晶荣等[②]、马洪福等[③]借鉴上述分析方法,测算了长三角地区城市的三次产业变动趋势,同时根据劳动力在各产业间转移的 Lilien 指数和 More 指数测算了地区的产业结构转换速度。程艳霞、李娜用类似的分析方法分别对湖北省两地的产业升级程度和方向进行测定,并提出相应的优化对策。[④] 林晶、吴赐联利用超前系数和 More 值测定分析表明,工业化中期的福建省呈现出农业发展相对滞后,工业占主导,服务业发展动力不足的局面;产业结构转换速度一般,产业结构转换速度慢不利于产业结构升级。[⑤] 陈强强等综合应用产业结构超前系数、Lilien 指数、More 值以及结构偏离度等指标,以 2004—2014 年的相关统计数据为基础,对甘肃省产业转型升级方向、速度及产业结构高级化进行测度。[⑥] 江苏省产业结构相关研究历来是学术界关注的热点问题,王茂祥、施佳敏、黄建康采用 More 结构变化值、产业结构年均变化值和超前系数分别测定了江苏省产业结构升级的速率和方向。[⑦] 然而,在《中国制造 2025》国家战略背景下,加快推进江苏制造业新旧动能有序转换、促进江苏制造业转型升级和高质量发展的研究成果不多。制造业产业结构转型升级的过程,实质上就是产业结构从低层次、低附加值为主向高层次、高附加值为主转变,以及产业整体效益提高的过程[⑧],其间伴随着制造业发展动能从以传统动能为主向以新动能为主的有序转换,也就是要改变劳动密集型与资本密集型的传统动能占据制造业动能结构主体的现状,而使技术密集型的新动能逐渐成为动能结构中的主体。[⑨] 本书借助相关度量指标,剖析江苏省制造业产业转型升级的方向何在,速度与效果如何,以期估测制造业产业转型升级的经济效应及未来经济发展的核心驱动力。

[①] Parteka A. Economic growth, structural change and quality upgrading in new member states[J]. EIBURS Project, European Investment Bank Working Paper, 2009.

[②] 谭晶荣,颜敏霞,邓强,等.产业转型升级水平测度及劳动生产效率影响因素估测:以长三角地区 16 个城市为例[J].商业经济与管理,2012(5):72 - 81.

[③] 马洪福,郝寿义.产业转型升级水平测度及其对劳动生产率的影响:以长江中游城市群 26 个城市为例[J].经济地理,2017,37(10):116 - 125.

[④] 程艳霞,李娜.湖北产业结构升级测度与产业结构优化研究[J].武汉理工大学学报(信息与管理工程版),2010,32(1):118 - 121.

[⑤] 林晶,吴赐联.福建产业结构升级测度及产业结构优化研究[J].科技管理研究,2014,34(2):41 - 44.

[⑥] 陈强强,邴芳,窦学诚,等.甘肃省产业转型升级测度及其经济效应[J].干旱区地理,2016,39(6):1365—1372.

[⑦] 王茂祥,施佳敏,黄建康.江苏省产业结构升级测度及优化路径研究[J].管理现代化,2017,37(1):1 - 4.

[⑧] 干春晖,郑若谷,余典范.中国产业结构变迁对经济增长和波动的影响[J].经济研究,2011,46(5):4 - 16 + 31.

[⑨] 李汉庚,袁文,马明清,等.珠三角制造业集聚特征及基于增量的演变分析[J].地理科学进展,2018,37(9):1291 - 1302.

6.1 转型升级测度模型与数据来源

6.1.1 转型升级方向测度模型

产业结构超前系数(E)是指某一产业增长相对于整个产业经济系统增长趋势的超前程度,可用来测定某产业结构的变动方向。在产业转型升级过程中,与经济系统发展趋势相比,产业结构超前系数能较好地测度方向变动情况。产业结构超前系数公式[①]为:

$$E_i = a_i + (a_i - 1)/R_t \tag{6.1}$$

式 6.1 中的 E_i 即为第 i 产业的超前系数,a_i 为第 i 产业在投入期占 GDP 的比重与基期占 GDP 的比重之比,R_t 则为同期整个经济系统的平均增长率。$R_t =$ [ln(GDP报告期) − ln(GDP基期)]/n,n 为时段年份数。[②]

根据计算得到的 E_i 的值可以判断是否存在产业发展超前的现象,若 $E_i > 1$ 则意味着第 i 产业存在超前发展的现象,在 GDP 中所占的比重呈上升趋势;若 $E_i < 1$ 则表示该产业发展落后于整体经济的发展,在 GDP 中所占的份额逐渐减少。

6.1.2 转型升级速度测度模型

6.1.2.1 Lilien 指数模型

Kaldor[③] 和 Kuznets[④] 认为在生产率的驱使下,劳动力将从生产效率低的部门转移到生产效率高的部门。本书采用 Lilien 指数模型来测度江苏制造业转型升级速度,Lilien 指数模型以劳动力的转移为基础来测定产业转型的速度[⑤]。

Lilien 指数公式[⑥]如下:

$$\text{Lilien} = SQRT\left\{ \sum W_i \left[\ln(x_{it}/x_{it-1}) - \ln(x_t/x_{t-1}) \right]^2 \right\} \tag{6.2}$$

[①] 谭晶荣,颜敏霞,邓强,等.产业转型升级水平测度及劳动生产效率影响因素估测:以长三角地区 16 个城市为例[J].商业经济与管理,2012(5):72−81.

[②] 邓春玉.广东产业转型升级测度及要素空间演化响应机理研究[J].广东行政学院学报,2013, 25(1):78−84.

[③] Kaldor N. Capital accumulation and economic growth [M]//The theory of capital. London: Palgrave Macmillan, 1961:177−222.

[④] Kuznets S. Modern economic growth: Findings and reflections[J]. American Economic Review, 1973,63(3):829−846.

[⑤] 陈治.资源型城市生产要素配置与经济增长关系实证分析[J].统计与决策,2015(12):131−133.

[⑥] Parteka A. Economic growth, structural change and quality upgrading in new member states[J]. EIBURS Project, European Investment Bank Working Paper, 2009.

式 6.2 中：W_i 表示从 $t-1$ 到 t 时期第 i 行业的就业人数占总就业人数的平均份额；x_{it} 表示 t 时期第 i 行业的就业人数；x_t 表示 t 时期总就业人数。Lilien 指数值越大，意味着劳动力在 t 时期行业间转移速度越快。

6.1.2.2 More 值测定模型

More 值测定法是利用矢量夹角计算产业转型,通过两个时期两组向量的夹角,能较好地体现产业结构的变化情况。计算公式[①]为：

$$M = \cos a = \sum_{i=1}^{n}(w_{i0} * w_{it}) / (\sum_{i=1}^{n} w_{i0}^2 * \sum_{i=1}^{n} w_{it}^2)^{1/2} \tag{6.3}$$

式 6.3 中：M 表示 More 结构变化值,即两组向量夹角 α 的余弦值；W_{i0} 和 W_{it} 分别表示基期和报告期第 i 产业所占比重；n 表示产业部门数。因此,两组向量在两个时期间的夹角为：

$$\alpha = \arccos(M) \tag{6.4}$$

α 值较小,表明产业结构变化较慢；α 值较大,表明产业结构变化较快。

6.1.3 数据来源

本书所采用数据为时间序列数据,主要以《江苏统计年鉴》(2001—2018 年)、《江苏省国民经济和社会发展统计公报》(2001—2018 年)和《中国工业统计年鉴》(2001—2018 年)相关统计资料和数据为依据,各指标数据的时间跨度为 2000—2017 年。为更清晰地反映江苏制造业产业转型升级过程及趋势变化,将考察期划分为 2000—2008 年(T_1)、2009—2017 年(T_2)、2000—2017 年(T_{all})三个阶段进行比较分析。根据基础数据以及公式 6.1、公式 6.2、公式 6.3、公式 6.4 分别计算出 T_1、T_2 和 T_{all} 三个时段的江苏省制造业产业的超前系数、转型升级速度。

6.2 江苏制造业转型升级方向测度结果分析

本章以制造业行业结构为视角,探析制造业转型升级方向的动态性特征和发展客观规律性。制造业结构不断高级化,突出表现在劳动密集行业比重存在下降的趋势,而技术密集行业比重越来越高,因此,从生产要素角度对制造业进行划分有利于把握制造业发展规律和结构变动的方向,反映制造业结构的层次和高级化趋势。为了更好地刻画江苏制造业内部行业结构的变动情况,根据生产要素投入密集程度,把制造业划分为三大类,即劳动密集型(LI)行业、资本密集型(CI)行业

---

① 丁焕峰,孙泼泼.中国产业升级测度与策略分析[J].商业研究,2010(5):97-100.

和技术密集型(TI)行业,如表 6-1 所示。其中,劳动密集型行业的划分借鉴李耀新[①]的分类方法,资本密集型行业的划分借鉴张军等[②]的分类方法,技术密集型行业的划分参考了《中国高技术产业统计年鉴》中的分类方法。

表 6-1 江苏制造业行业分类表

分类	具体行业
劳动密集型行业(LI)	食品加工业、食品制造业、饮料制造业、烟草加工业、纺织业、服装及其他纤维制品制造业、皮革毛皮羽绒及其制品业、木材加工及木竹藤棕草制品业、家具制造业、造纸及纸制品业、印刷业和记录媒介的复制、文教体育用品制造业、橡胶制品业和塑料制品业
资本密集型行业(CI)	石油加工炼焦及核燃料加工业、化学原料及化学制品制造业、化学纤维制造业、非金属矿物制品业、黑色金属冶炼及压延加工业、有色金属冶炼及压延加工业、金属制品业、通用设备制造业
技术密集型行业(TI)	医药制造业、专用设备制造业、交通运输设备制造业、电气机械及器材制造业、通信设备计算机及其他电子设备制造业、仪器仪表及文化办公用机械制造业

为了更全面地探寻江苏制造业转型方向,本书将考察期划分为 2000—2008 年(T_1)、2009—2017 年(T_2)、2000—2017 年(T_{all})三个阶段,并且将长三角三省一市、北京、广东、山东等典型地区作为比较对象,从时间和空间维度进行比较分析。所有基础数据来自《江苏统计年鉴》(2001—2018 年)、《江苏省国民经济和社会发展统计公报》(2001—2018 年)和《中国工业统计年鉴》(2001—2018 年),根据结超前系数公式,计算结果见表 6-2 所示。

表 6-2 江苏及代表性地区制造业行业结构超前系数

地区	T_1(2000—2008 年)			T_2(2009—2017 年)			T_{all}(2000—2017 年)		
	LI	CI	TI	LI	CI	TI	LI	CI	TI
江苏	−1.84	1.2	2.782	1.714	−0.073	1.809	−3.144	0.242	4.971
浙江	−0.615	2.535	0.692	2.032	−0.284	1.83	−1.852	1.947	2.575
上海	−0.928	0.737	1.723	5.332	−1.276	1.759	−1.138	−1.494	3.747
安徽	−1.865	3.259	0.688	4.4	−1.658	2.289	−1.61	0.523	3.965
北京	0.225	0.095	1.729	0.26	−4.823	3.736	−0.989	−4.944	5.204
山东	−0.449	3.194	−0.231	1.092	1.073	0.768	−2.093	4.084	0.602
广东	−0.006	1.4	1.096	5.916	−0.295	0.293	−0.099	0.989	1.334

---

① 李耀新.生产要素密集型产业论[M].北京:中国计划出版社,1995.
② 张军,吴桂英,张吉鹏.中国省际物质资本存量估算:1952—2000[J].经济研究,2004(10):35-44.

从表 6-2 可以发现,江苏制造业转型升级方向有如下特点。

(1) 从时间维度看,江苏劳动密集型产业和技术密集型行业超前发展系数呈现上升,而资本密集型行业超前发展系数有所下降。

第一,总体上看,江苏制造业内部技术密集型行业结构演进较快,而资本和劳动密集型行业结构演进相对较慢。

2000—2017年,江苏制造业技术密集型行业保持超前发展,说明江苏正处于工业化后期,江苏制造业产业链现代化水平在逐年提高,在创新性和协同性方面具有较大的优势。江苏工业生产体系门类齐全,具有较强优势的制造业生态链,2016年江苏先进制造业占比约43%。江苏先进制造业主要以新兴制造业和传统制造业的先进部分为主,但整体上,棉纺、服装、家电、基础化学原料、水泥、钢铁等传统优势行业的产业规模比较大,行业先进性水平还不高、贡献值偏低。江苏发展先进制造业立足原有优势做"增量",加快第五代移动通信、智能制造装备、智能电网、集成电路、物联网、新材料等技术研发和转化,逐步形成新的增长点。2017年江苏高技术行业、装备制造业增加值分别增长11.8%和9.5%,拉动规上工业增长2.3个和4.3个百分点。在2017工业和信息化部发布《第二批全国制造业单项冠军产品名单公示》中,单项冠军产品36个,江苏占7个,高于山东(5个)、浙江(3个),这表明更多的江苏制造业企业专注创新和质量提升,在更多细分产品领域形成全球市场、技术等方面领先的单项冠军地位。①

第二,在不同时期,江苏制造业转型升级方向特点各异。

① 2000—2008年期间,江苏劳动密集型制造业产业所占比例逐渐下降,资本密集型制造业产业所占比例上涨缓慢,技术密集型制造业产业增长最快。相关数据显示,2000—2008年,江苏省劳动密集型和资本密集型增加值约占全省制造业增加值的30%,技术密集型制造业的比例达40%,制造业资本密集型行业和技术密集型行业结构超前发展明显。从行业产值占比来看,以通信设备计算机及其他电子设备制造业为代表的电子信息业、以通用设备制造业为代表的装备制造业和石油化工业演化为江苏省的三大支柱产业;从增长速度来看,交通运输设备制造业、医药制造业、电气机械及器材制造业等增长速度最快,传统的纺织业支柱地位正逐步被削弱。江苏借助高新技术产业园和经济开发区等平台形式,依托中小高科技企业,并逐步形成了以上市中小高新技术制造企业为特征的"江阴模式"和以外资企业投资高新技术产品为主的"昆山模式"。江苏制造业企业技术投入呈明显加速上升趋势,2007年江苏制造业大中型企业的研发经费支出绝对额全国第一,占全国的比重为16%;制造业研发投入经费占江苏当年GDP的比例接近

---

① 资料来源:https://www.askci.com/news/chanye/20171129/093636112915.shtml.

1.2%，仅次于上海，位居全国第二；制造业拥有专利数超过 4 000，仅次于广东，排全国第二；制造业大中型企业研发人员全时当量约 80 000 人年，位列广东之后，全国第二；新产品开发经费超过 300 亿元，列全国第一。①

② 2009—2017 年期间，江苏顺应全球化大势推进制造业转型升级，以智能制造为主攻方向，在开放发展中提升其在全球价值链中的位次，技术密集型制造业行业继续保持超前发展。从外部环境看，发达国家指向制造业的创新与变革，美国政府于 2012 年出台《先进制造国家战略计划》，目的是协调各部门推进先进制造，2014 年通过《重振美国制造业和创新法案》，2016 年又发布"国家制造业创新网络计划"，打造制造业创新网络；德国在《德国 2020 高技术战略》中提出著名的"工业 4.0"国家战略，聚焦智能制造；日本实施的"再工业化"战略，旨在保持自身制造业在国际上的领先地位。2015 年 6 月，江苏省委、省政府正式发布《中国制造 2025 江苏行动纲要》，将重点推进集成电路及专用设备、网络通信设备、操作系统及工业软件、云计算大数据和物联网、智能制造装备、先进轨道交通装备、海洋工程装备和高端船舶、新型电力装备、航空航天装备、工程和农业机械、节能环保装备、节能型和新能源汽车、新能源、新材料、生物医药和医疗器械等产业。2017 年 1 月江苏出台了《关于推进制造业与互联网融合发展的实施意见》（苏政办发〔2016〕161 号），提出推进制造业与互联网融合发展平台建设、培育制造业与互联网融合发展新模式、加快制造装备智能化升级、提升制造业与互联网融合发展服务能力、提高工控安全和基础设施保障水平等措施，旨在推动制造业与互联网融合发展迈上新台阶，融合"双创"体系基本完备，融合发展新模式广泛普及，新型制造体系基本形成，制造业综合竞争实力大幅提升。2017 年 3 月，出台了《关于推进中国制造 2025 苏南城市群试点示范建设的实施意见》（苏政办发〔2017〕44 号），围绕创新驱动、产业发展、先进制造、开放融合四大模式，开展先试先行，并规划了苏南五市发展的特色产业，并明确分到相关市，形成一市牵头，其他市协同的跨区域产业协调发展模式。例如，南京市牵头建设软件及信息服务、智能制造装备、智能电网产业集群，无锡市牵头建设集成电路专用设备、云计算大数据和物联网、节能环保、新能源产业集群，常州市牵头建设智能制造装备（先进轨道交通装备）、新材料等产业集群，苏州牵头新能源汽车、生物医药和医疗器械等产业集群，镇江牵头重点建设航空航天、新材料（碳纤维）产业集群。2017 年 4 月，出台了《江苏省政府关于加快发展先进制造业振兴实体经济若干政策措施的意见》（苏政发〔2017〕25 号），提出了引导企业加快制造模式创新、支持企业增强核心竞争优势、鼓励企业对标定位做优做强、推动产业高端攀升优化发展、推进产业绿色低碳

---

① 封思贤.江苏制造业的发展规律、产业演进趋势及发展建议[J].江苏商论，2010(9)：148-151.

循环发展、优化产业发展要素资源配置、提升实体经济发展服务效能等七个方面二十六条政策措施。

(2) 从空间对比看,各个时期,不同区域不同行业结构变动特点不尽相同。

对于劳动密集型行业,T_1(2000—2008年)时期,江苏、浙江、上海、安徽、北京、山东、广东等7个省市超前发展系数均为负数,劳动密集型行业相对于资本密集型行业和技术密集型行业发展落后;T_2(2009—2017年)时期,江苏、浙江、上海、安徽、山东、广东等6个省市的劳动密集型行业超前发展系数大于1,呈现超前发展特点明显,而北京劳动密集型行业超前发展系数小于1;T_{all}(2000—2017年)时期,江苏、浙江、上海、安徽、北京、山东、广东等7个省市劳动密集型行业超前发展系数均为负数,发展落后;从 T_1(2000—2008年)到 T_2(2009—2017年)时期,江苏、广东、浙江、安徽、上海和山东6省市劳动密集型行业超前发展系数在上升,而北京劳动密集型行业超前发展系数在下降。

对于资本密集型行业,T_1(2000—2008年)时期,江苏、浙江、安徽、山东、广东5个省超前发展系数均大于1,资本密集型行业呈现超前发展特点明显,而上海和北京超前发展系数均小于1,资本密集型行业发展落后;T_2(2009—2017年)时期,山东资本密集型行业超前发展系数大于1,呈现超前发展特点明显,江苏、浙江、上海、安徽、北京、广东6个省市的资本密集型行业超前发展系数为负数,呈现发展落后特点;T_{all}(2000—2017年)时期,浙江和山东资本密集型行业超前发展系数大于1,呈现超前发展特点明显,江苏、安徽、广东3省资本密集型行业超前发展系数小于1,发展缓慢,而上海和北京资本密集型行业超前发展系数均为负数,发展落后;从 T_1(2000—2008年)到 T_2(2009—2017年)时期,江苏、浙江、安徽、上海、北京、广东和山东7省市资本密集型行业超前发展系数均下降。

对于技术密集型行业,T_1(2000—2008年)时期,江苏、上海、北京、广东4省市超前发展系数均大于1,技术密集型行业呈现超前发展特点明显,浙江和安徽技术密集型行业超前发展系数小于1,发展缓慢,而山东超前发展系数为负值,技术密集型行业发展落后;T_2(2009—2017年)时期,江苏、浙江、上海、安徽、北京5个省市的技术密集型行业超前发展系数大于1,呈现超前发展特点明显,山东和广东两省技术密集型行业超前发展系数小于1,呈现发展缓慢特点;T_{all}(2000—2017年)时期,江苏、安徽、广东、浙江、上海和北京6省市技术密集型行业超前发展系数大于1,呈现超前发展特点明显,而山东技术密集型行业超前发展系数均为负数,发展落后;从 T_1(2000—2008年)到 T_2(2009—2017年)时期,浙江、安徽、上海、北京、山东5省市技术密集型行业超前发展系数在上升,而江苏和广东2省技术密集型行业超前发展系数在下降。

6.3 江苏制造业转型升级速度测度结果分析

为更好地反映江苏制造业转型升级动态性特征,本书将考察期划分为 2000—2008 年(T_1)、2009—2017 年(T_2)、2000—2017 年(T_{all})三个阶段,采用 Lilien 指数和 More 值模型分别测度江苏制造业转型升级速度。同样,选取长三角三省一市、北京、广东、山东等典型地区作为比较对象。

6.3.1 Lilien 指数测度结果

表 6-3 江苏及代表性地区制造业转型升级速度 Lilien 指数

地区	T_1(2000—2008)	T_2(2009—2017)	T_{all}(2000—2017)
江苏	0.276 7	0.056 6	0.325 7
浙江	0.153 5	0.127 7	0.282 6
安徽	0.225 5	0.201 1	0.367 2
上海	0.152 2	0.099 3	0.254 9
北京	0.338 5	0.234 5	0.589 5
山东	0.074 7	0.094	0.151 2
广东	0.233 9	0.272	0.436 2

从表 6-3 可以看出:

T_1(2000—2008 年)时期,江苏制造业 Lilien 指数为 0.276 7,仅次于北京制造业 Lilien 指数(0.338 5),比广东(0.233 9)略高,在长三角三省一市中排名第一,高于安徽(0.225 5)、浙江(0.153 5)和上海(0.152 2)。这表明江苏制造业转型升级速度较高,劳动力转移速度加快。2008 年,江苏先进制造业发展水平持续提升,通信设备、计算机及其他电子设备制造业产值 9 679.4 亿元,比上年增长 21.7%,占规模以上工业产值的比重达 15.0%;通用设备制造业产值 4 145.4 亿元,增长 26.8%;交通运输设备制造业产值 3 416.7 亿元,增长 37.2%;电气机械及器材制造业产值 5 225.9 亿元,增长 24.4%;专用设备制造业产值 1 808.7 亿元,增长 26.3%;医药制造业产值 829.0 亿元,增长 28.8%;产品结构继续优化,实现工业新产品产值4 496.5亿元,比上年增长12.1%。①

T_2(2009—2017年)时期,江苏、上海、北京、安徽、浙江、山东、广东五省二市制造业Lilien指数总体较低。江苏制造业Lilien指数为0.056 6,与上海(0.099 3)、山东(0.094)相当,远低于安徽(0.201 1)、浙江(0.127 7)、北京(0.234 5)、广东(0.272)。这一时期,江苏制造业Lilien指数较低,在长三角三省一市中排名末位,制造业转型升级速度减缓,制造业劳动力转移速度较慢。

T_{all}(2000—2017年)时期,江苏制造业Lilien指数为0.3257,低于安徽(0.367 2)、北京(0.589 5)、广东(0.436 2),高于浙江(0.282 6)、上海(0.254 9)、山东(0.151 2)。在这一时期,江苏制造业转型升级速度较高,劳动力转移速度较快。截至2017年,江苏纳入统计的各类制造业产业集聚区共281家,涉及高端装备、节能环保、生物医药、新一代信息技术、数字创意、石化、纺织等传统和新兴产业,如苏州吴江区的电子产业集群、盛泽的丝绸产业集群、丹阳的眼镜产业集群以及苏州、无锡的电子信息、精细化工和精密机械产业集群等。宁镇苏锡常苏南5市共有各类产业集聚区135家,约占全省的50%。江苏拥有6个超万亿级产业集群,规模总量均居全国前列,其中新型电力(新能源)装备、高端纺织、碳纤维、集成电路、海工装备和高技术船舶等领域规模居全国第一。物联网、集成电路、核心信息技术等高度依赖人才资源的集群,主要分布在南京、无锡、苏州等科教资源丰富的苏南地区;海工装备和高技术船舶、生物医药和新型医疗器械、石化、冶金等高度依托交通物流资源的集群,主要分布在沿江沿海地区;依托生态资源的绿色食品集群主要聚集在生态资源丰富的江淮生态经济区。2018年,江苏遴选出新型电力(新能源)装备、工程机械、物联网、前沿新材料、生物医药和新型医疗器械、纺织服装、集成电路、海工装备和高技术船舶、高端装备、节能环保、核心信息技术、汽车及零部件、新型显示等13个产业集群,作为重点培育对象。13个产业集群规模总量达4.9万亿元,占全省规模以上工业比重超过30%,新型电力(新能源)装备、工程机械、物联网、纺织服装、集成电路、海工装备和高技术船舶、节能环保、汽车及零部件8个行业规模均位居全国首位。围绕13个集群江苏遴选出120家龙头骨干企业,总资产达1.5万亿元,销售收入、研发投入分别占全省规模以上工业企业的10%以上、28%左右。

---

① 资料来源:2008年江苏国民经济和社会发展统计公报 http://cn.chinagate.cn/reports/2009-03/07/content_17397612_2.htm.

6.3.2 More 值测定结果

表 6-4 江苏及代表性地区制造业行业结构变化

地区	More 结构变化值			矢量夹角 α(度)			行业结构年均变动(%)		
	T_1 时期	T_2 时期	T_{all} 时期	T_1 时期	T_2 时期	T_{all} 时期	T_1 时期	T_2 时期	T_{all} 时期
江苏	0.990 5	0.997 6	0.972 7	7.91	3.97	13.41	1.59	0.88	0.90
浙江	0.992 6	0.995 3	0.988 2	6.98	5.57	8.81	1.38	1.09	0.61
安徽	0.982 5	0.991 6	0.984 7	10.73	7.41	10.04	2.14	1.41	0.69
上海	0.998 3	0.995 4	0.977 3	3.33	5.51	12.22	0.8	1.21	0.82
北京	0.997 6	0.981 8	0.941 2	3.97	11.23	19.75	0.94	3.01	1.29
山东	0.986 9	0.996 7	0.974 2	9.29	4.67	13.03	1.97	0.98	0.88
广东	0.999 6	0.999 8	0.999 5	1.68	1.23	1.77	0.39	0.31	0.17

注：T_1 时期：2000—2008 年，T_2 时期：2009—2017 年，T_{all} 时期：2000—2017 年。

从表 6-4 可以看出：

（1）More 结构变化

江苏、浙江、安徽、上海、北京、山东、广东五省二市在 T_1、T_2、T_{all} 三期的 More 值均接近 1，各区域制造业行业结构变化缓慢，相互之间区别不大，可比性较小。

（2）矢量夹角 α 变化

T_1(2000—2008 年)时期，江苏、浙江、安徽、上海、北京、山东、广东五省二市制造业产业结构均有一定程度的波动，其中安徽、山东和江苏三省的制造业产业转型速度最快，其夹角 α 值分别达到 10.73°、9.29°和 7.91°；浙江的制造业产业转型升级速度次之，其夹角值 α 为 6.98°；北京(3.97°)、上海(3.33°)和广东(1.68°)等制造业产业转型升级速度最慢，其夹角 α 值不到 4°。这一时期，与其他省市相比较，江苏在制造业结构高加工度方面具有优势，重加工工业占制造业产值比例高，工业固体废弃物综合利用率和工业废水系数排放达标率比较高，在可持续方面也具有一定优势，同时大量的外商直接投资使得江苏的制造业结构开放度比较高，江苏制造业已经驶入了技术驱动的转型升级轨道，这些都有利于江苏制造业结构升级和经济的健康发展。但是本时期苏南与苏北的差距却始终在不断扩大，并未体现出收敛化趋势。江苏制造业 88% 的总产值来自苏南、苏中的中心城市及其所属的工业园区和经济技术开发区。地苏南较高的要素收益率使得资金、劳动力资本等制造业生产要素由苏北向苏南加速集中，导致苏北制造业发展空间受到挤压,出现了苏北制造业发展缓慢的"周边抑制"现象。①

T_2(2009—2017年)时期,安徽和北京的制造业产业转型速度最快,其夹角 α 值分别达到11.23°和7.41°;浙江省、上海和山东的制造业产业转型升级速度次之,其夹角 α 值为5.57°、5.51°和4.67°;江苏(3.97°)、广东(1.23°)的制造业产业转型升级速度最慢,其夹角值 α 不到4°。与 T_1 时期比较发现,除北京、上海两市的夹角 α 值呈现小幅度上升外,其他5省夹角 α 值出现不同程度的下降。这说明江苏制造业虽然前期取得较快的转型升级速度,但是2008年后,受外部经济环境的冲击,制造业产业转型升级动力不足,进一步推动制造业产业向更高层次转型的后劲不足。

T_{all}(2000—2017年)时期,江苏制造业产业转型速度较快,其夹角 α 值为13.41°,仅次于北京(19.75°),高于山东(13.03°)、上海(12.22°)、安徽(10.04°)、浙江(8.81°)、广东(1.77°)。本期间,江苏发挥科教资源丰富优势,营造浓厚创新氛围,区域创新能力连续多年位居全国前列。2018年,江苏省全社会研发投入占地区生产总值比重提高到2.64%(新口径),高新技术产业产值占规上工业产值比重超过43%,科技进步贡献率达63%。② 江苏适应市场经济发展要求,转变政府职能,缩减行政审批事项和范围,大力推进"不见面审批",目前企业网上注册登记达到90%,构建良好的营商环境。这些都为江苏制造业产业结构升级提供了保障。

(3) 行业结构年均变动

T_1(2000—2008年)时期,江苏、浙江、安徽、山东四省制造业行业结构变动均值变化有一定程度的波动,均值分别为1.59%、1.38%、2.14%和1.97%,安徽制造业行业结构变动最大,江苏居第3位;上海、北京和广东制造业行业结构变动均值变化缓慢,均值分别为0.8%、0.94%和0.39%。在此期间,江苏制造业行业结构升级的动力开始强化,逐步形成"高加工度化""重化工业化"和"技术知识密集化"演化趋势,江苏制造业结构的演变和融入国际分工体系是通过产业集群这种现代经济发展的模式来实现的。江苏产业集群中引进的绝大部分是资本技术密集型的欧美资本和东亚地区的大型代工企业。国际制造业资本不断地向中国东部地区转移,为江苏本土企业在产业集群中与国际制造业资本进行产业配套、提高自主的产业创新能力和实现产业升级带来了千载难逢的机遇。江苏各地方政府通过招商引资手段创新和竞争,以工业开发区、高新区建设的形式,大力吸引来自欧美、日本和台湾等地的FDI,并利用原有的工业基础和基础设施的优势,通过

---

① 封思贤.江苏制造业的发展规律、产业演进趋势及发展建议[J].江苏商论,2010(9):148-151.
② 资料来源:江苏晒2018年科技"成绩单";科技进步贡献率63% http://www.js.chinanews.com.cn/news/2019/0125/186051.html.

建设各类工业园区等形式,大力发展为跨国公司进行加工/装配/制造/生产的加工型贸易,形成了外资主导性的产业集群。

T_2(2009—2017年)时期,江苏制造业行业结构变动均值为0.88%,低于北京(3.01%)、安徽(1.41%)、上海(1.21%)、浙江(1.09%)、山东(0.98%),仅高于广东(0.31%);与T_1(2000—2008年)时期相比,江苏制造业行业结构变动均值下降,且下降幅度大于浙江、安徽、山东和广东,而上海、北京制造业行业结构变动均值上升。在"新常态"背景下,人口、土地、劳动力红利等江苏省传统要素优势正在渐丧失,需要由传统要素驱动向创新驱动转变、由外部刺激向内生机制转变。在此期间,江苏省制造业仍以出口导向型为主要发展模式,在发展过程中积累了众多的产业结构性矛盾,诸如产能过剩严重、自主创新能力不足、资源与环境规制等等。这些矛盾制约了江苏制造业行业结构变动速度,因此,江苏需要利用传统制造业长期以来积累的优势,提高传统制造业行业的科技创新能力,依靠创新驱动,加速制造业转型升级。

T_{all}(2000—2017年)时期,江苏、浙江、安徽、山东、上海、北京、广东五省二市制造业行业结构变动总体较为缓慢,其中江苏制造业行业结构变动均值为0.9%,低于北京(1.29%),高于山东(0.88%)、上海(0.82%)、安徽(0.69%)、浙江(0.61%)、广东(0.17%)。在此时期,江苏拥有恒力、海澜、沙钢、亨通、徐工等一批千亿级工业企业,但缺少像华为、阿里、海尔等国际话语权较重的领军型企业。2018年江苏仅2家企业上榜《财富》世界500强,低于浙江(3家)、上海(7家)、广东(12家)、北京(53家),有33家企业上榜《财富》中国500强,自主品牌影响力不足。江苏产学研有效衔接不够,关键共性技术研发和转化平台布局滞后,普通高校研究与发展课题科技成果转化率比较低,难以支撑集群高端化发展,制造业生态环境有待优化。这些因素均使得江苏制造业行业结构变动总体较为缓慢。

6.4 对策性建议

基于上述有关江苏制造业转型升级方向和速度的测度,提出以下对策性建议:

第一,加快打造一批世界级先进制造业集群。瞄准高端装备、核心信息技术、前沿新材料、汽车及零部件、节能环保、生物技术和新医药、高端纺织等领域,突破"四基"产品、重大装备、重要软件和系统等"卡脖子"技术产品,围绕电子信息、生物医药、航空航天、高端装备、新材料等重点领域,聚焦"13+1"先进制造业集群建设,强化区域优势产业协作,推动传统产业升级改造,创建一批国家级战略性新兴产业基地,形成具有竞争优势的先进制造业集群。

第二,强化协同创新驱动。依托苏南国家科技成果转移转化示范区,支持国家技术转移中心苏南中心的建设,开展共性关键技术研究、技术转移扩散和首次商业化应用及创新公共服务;充分发挥长三角双创示范基地联盟作用,推动联动机制的建立和完善,集聚创新创业所需要的要素和机构,形成人才库、技术源、资金池和服务群,加强跨区域"双创"合作,联合共建国家级科技成果孵化基地和双创示范基地;由龙头骨干企业联合产业链上下游企业、相关院校科研资源合力共同建设长三角国家技术创新中心。

第三,合理划分苏南苏中苏北区域间的职能,实现优势互补的制造业分工格局。因地理位置与资源禀赋差异,苏中、苏北部地区制造业发展水平低于苏南地区,制造业转型升级速度也较为缓慢。针对具体情况,合理划分苏南苏中苏北区域职能,因地制宜发展区域制造业,避免激烈的同质性竞争与产业资源浪费,以更好地面对转换过程中的问题。

第四,积极融入长三角区域制造业转型升级发展。长三角区域高端装备产值占全国比重约30%,集成电路产业规模占全国比重达45%,生物医药产值接近全国30%,整车产能占全国比重达21%,新能源汽车占全国市场份额近30%,洗衣机产量占全国比重超过70%,人工智能、量子通信等新兴领域发展也走在全国前列。江苏制造业应积极融入长三角一体化发展,更好地夯实制造强省的根基和稳定现代化经济体系的底盘,明确制造业转型方向,加快制造业转型速度,深入挖掘其潜力,更好地发挥正向空间外溢效应。

6.5 本章小结

制造业转型升级为劳动密集型向资本或技术密集型转变的过程,在结构演进过程中,方向和速度能更好地反映转型升级的动态性。本章采用结构超前系数测度江苏制造业产业转型升级方向,并根据 Lilien 指数模型和 More 值分别测度江苏制造业产业转型升级速度。测度结果如下:

6.5.1 江苏制造业转型升级方向测度结果

(1)从时间维度看,江苏劳动密集型产业和技术密集型行业超前发展系数呈现上升,而资本密集型行业超前发展系数有所下降。

第一,总体上看,江苏制造业内部技术密集型行业结构演进较快,而资本和劳动密集型行业结构演进相对较慢。2009—2017 年,江苏制造业技术密集型行业保持超前发展,说明江苏正处于工业化后期,江苏制造业产业链现代化水平在逐年提高,在创新性和协同性方面具有较大的优势。

第二,在不同时期,江苏制造业转型升级方向特点各异。2000—2008年期间,江苏劳动密集型制造业产业所占比例逐渐下降,资本密集型制造业产业所占比例上涨缓慢,技术密集型制造业产业增长最快。2009—2017年期间,江苏顺应全球化大势推进制造业转型升级,以智能制造为主攻方向,在开放发展中提升其在全球价值链中的位次,技术密集型制造业行业继续保持超前发展。

(2) 从空间对比看,各个时期,不同区域不同行业结构变动特点不尽相同。

第一,对于劳动密集型行业,T_1(2000—2008年)时期,江苏劳动密集型行业超前发展系数均为负数,劳动密集型行业相对于资本密集型行业和技术密集型行业发展落后;T_2(2009—2017年)时期,江苏的劳动密集型行业超前发展系数大于1,呈现超前发展特点明显;T_{all}(2000—2017年)时期,江苏劳动密集型行业超前发展系数均为负数,发展落后;从T_1(2000—2008年)到T_2(2009—2017年)时期,江苏劳动密集型行业超前发展系数在上升,而北京劳动密集型行业超前发展系数在下降。

对于资本密集型行业,T_1(2000—2008年)时期,江苏资本密集型行业超前发展系数均大于1,资本密集型行业呈现超前发展特点明显;T_2(2009—2017年)时期,江苏资本密集型行业超前发展系数为负数,呈现发展落后特点;T_{all}(2000—2017年)时期,江苏资本密集型行业超前发展系数小于1,发展缓慢,而上海和北京资本密集型行业超前发展系数均为负数,发展落后;从T_1(2000—2008年)时期到T_2(2009—2017年)时期,江苏资本密集型行业超前发展系数均下降。

对于技术密集型行业,T_1(2000—2008年)时期,江苏技术密集型行业超前发展系数均大于1,技术密集型行业呈现超前发展特点明显,浙江和安徽技术密集型行业超前发展系数小于1,发展缓慢,而山东超前发展系数为负值,技术密集型行业发展落后;T_2(2009—2017年)时期,江苏技术密集型行业超前发展系数大于1,呈现超前发展特点明显,山东和广东两省技术密集型行业超前发展系数小于1,呈现发展缓慢特点;T_{all}(2000—2017年)时期,江苏技术密集型行业超前发展系数大于1,呈现超前发展特点明显;从T_1(2000—2008年)时期到T_2(2009—2017年)时期,而江苏技术密集型行业超前发展系数在下降。

6.5.2 我国制造业转型升级速度测度结果

(1) Lilien 指数测度结果

T_1(2000—2008年)时期,江苏制造业 Lilien 指数为0.276 7,仅次于北京制造业 Lilien 指数(0.338 5),这表明江苏制造业转型升级速度较高,劳动力转移速度加快。

T_2(2009—2017年)时期,江苏、上海、北京、安徽、浙江、山东、广东五省二市制造业 Lilien 指数总体较低,在长三角三省一市中排名末位,制造业转型升级速度减缓,制造业劳动力转移速度较慢。

T_{all}(2000—2017年)时期,江苏制造业 Lilien 指数为 0.325 7,低于安徽(0.367 2)、北京(0.589 5)、广东(0.436 2),高于浙江(0.282 6)、上海(0.254 9)、山东(0.151 2),江苏制造业转型升级速度较高,劳动力转移速度较快。

(2) More 结构变化

第一,江苏、浙江、安徽、上海、北京、山东、广东五省二市在 T_1、T_2、T_{all} 三期的 More 值均接近1,各区域制造业行业结构变化缓慢,相互之间区别不大,可比性较小。

第二,矢量夹角 α 变化。

T_1(2000—2008年)时期,江苏、浙江、安徽、上海、北京、山东、广东五省二市制造业产业结构均有一定程度的波动,其中安徽、山东和江苏三省的制造业产业转型速度最快,其夹角 α 值分别达到 10.73°、9.29°和 7.91°;浙江省的制造业产业转型升级速度次之,其夹角 α 值为 6.98°;北京(3.97°)、上海(3.33°)和广东(1.68°)等制造业产业转型升级速度最慢,其夹角 α 值不到 4°。

T_2(2009—2017年)时期,安徽和北京的制造业产业转型速度最快,其夹角 α 值分别达到 11.23°和 7.41°;浙江省、上海和山东的制造业产业转型升级速度次之,其夹角 α 值为 5.57°、5.51°和 4.67°;江苏(3.97°)、广东(1.23°)的制造业产业转型升级速度最慢,其夹角值 α 不到 4°。

T_{all}(2000—2017年)时期,江苏制造业产业转型速度较快,其夹角 α 值为 13.41°,仅次于北京(19.75°),高于山东(13.03°)、上海(12.22°)、安徽(10.04°)、浙江(8.81°)、广东(1.77°)。

第三,行业结构年均变动。

T_1(2000—2008年)时期,江苏、浙江、安徽、山东四省制造业行业结构变动均值变化有一定程度的波动,均值分别为1.59%、1.38%、2.14%和1.97%,安徽制造业行业结构变动最大,江苏居第3位;上海、北京和广东制造业行业结构变动均值变化缓慢,均值分别为0.8%、0.94%和0.39%。在此期间,江苏制造业行业结构升级的动力开始强化,逐步形成"高加工度化""重化工业化"和"技术知识密集化"演化趋势。

T_2(2009—2017年)时期,江苏制造业行业结构变动均值为0.88%,低于北京(3.01%)、安徽(1.41%)、上海(1.21%)、浙江(1.09%)、山东(0.98%),仅高于广东(0.31%);与 T_1(2000—2008年)时期相比,江苏制造业行业结构变动均值下降,且下降幅度大于浙江、安徽、山东和广东,而上海、北京制造业行业结构变动均值上升。

T_{all}(2000—2017年)时期,江苏、浙江、安徽、山东、上海、北京、广东五省二市制造业行业结构变动总体较为缓慢,其中江苏制造业行业结构变动均值为0.9%,低于北京(1.29%),高于山东(0.88%)、上海(0.82%)、安徽(0.69%)、浙江(0.61%)、广东(0.17%)。

据此,江苏制造业要加快打造一批世界级先进制造业集群,强化协同创新驱动,合理划分苏南苏中苏北区域间的职能,实现优势互补的制造业分工格局,积极融入长三角区域制造业转型升级发展。

第 7 章　江苏制造业转型升级评价及影响因素分析

江苏紧扣"强富美高"总目标,深化"两聚一高"实践,制造业在全省经济社会发展中的引领和支撑作用持续增强,制造强省建设取得显著成绩,形成了雄厚的基础实力、完善的配套体系和部分领域的领先优势,综合实力稳居全国前列。但江苏制造业依然面临"大而不强",发展不平衡不充分,产业链价值链和创新链总体处于中低端,自主创新水平亟待提高,部分关键核心技术受制于人,新兴产业领域缺乏具有全球影响的企业和品牌,制造业资源能源对生态环境影响较大等问题。江苏制造业转型升级和跨越发展的任务紧迫而艰巨,而如何有效评价制造业转型升级发展水平以明确制造业发展的优势与不足,并分析其影响因素,成为经济新常态背景下推动江苏制造业转型升级的关键点,具有现实意义。

7.1　江苏制造业转型升级评价

江苏制造业增加值达 3.5 万亿元、规模约占全国 1/8,贡献了全省 34.5% 的地区生产总值、39.1% 的税收;制造业创新能力不断增强,规上工业企业研发经费投入强度达 2% 左右;战略性新兴产业、高新技术产业产值占比分别达到 37.8% 和 46.5%;制造模式加快转型,大规模数字化改造加快推进,工业互联网网络基础、平台中枢、安全保障作用进一步显现,企业两化融合指数连续数年位居全国第一。今后很长一段时间,制造业仍然是支撑江苏经济社会发展的主力军,也是建设科技强省的主战场。但江苏制造业高质量发展面临的机遇和挑战都有新的发展变化。一方面,随着新一轮科技革命和产业变革的深入发展,数字技术成为驱动产业形态演进的重要因素,制造业技术体系、生产模式和价值链将发生重大变革,这为江苏制造业转型升级提供了新的机遇。另一方面,国际环境日趋复杂,世界贸易和产业分工格局加速调整,经济"逆全球化"潮流,发达国家推动"再工业化",新兴经济体利用要素低成本优势吸引劳动密集型产业和低附加值环节转移,对江苏巩固制造强省和开放大省地位、深度参与国际合作竞争、建设科技强省,带来新的挑战。因此,必须找准产业转型升级的突破口、重塑竞争优势的新引擎,推动江苏制造加快迈向全球产业链价值链中高端,全力建设具有国际竞争力的先进制造业基地和更高水平的制造强省。

7.1.1 制造业转型升级发展水平的测度方法

学者们从多方面运用多种方法对制造业产业转型升级进行了测度,并且每种方法都有其自身的涵义和特点。代表性的测度方法有三类:以制造业产业结构高度化衡量制造业转型升级发展水平、以制造业产业结构合理化衡量制造业转型升级发展水平和构建指标体系评价制造业转型升级发展水平。在以制造业产业结构高度化衡量制造业转型升级发展水平方面,何平等通过构建结构超前值指标来体现产业结构变化的程度和方向[①],彭冲等提出以劳动生产率和各产业产值比重的乘积来衡量产业结构高度化程度。[②] 制造业优化升级不但要注重产业结构从低端向高端转化,而且要注重各产业链之间的协调性、平衡性、产业结构聚合质量以及合理利用资源程度等,即产业结构的合理化。测度产业结构合理化的方法有多种:制造业产业结构的合理化实质上指的是各细分行业投入和产出之间的耦合质量,结构偏离度能够反映出制造业产出结构和就业结构的耦合性,结构偏离度的值越大,制造业产业结构越不合理,制造业发展越偏离均衡状态。[③] 由于结构偏离度指标在计算绝对值时忽视了各产业在经济中的重要性,有学者提出采用泰尔指数来衡量制造业的合理化水平,泰尔指数和结构偏离度具有相同的性质,都是与结构合理化呈负相关关系。[④] 不同产业的结构偏离度值可能有正有负,数值之间能够进行相互加减抵消某些产业可能会出现"假合理"现象,而泰尔指数没有考虑绝对值的真正作用[⑤,⑥],因此,有学者为进一步完善优化制造业结构合理化指数,融合泰尔指数和结构偏离度指数,为每一个产业赋予一定权重,从而构建了制造业结构合理化指数[⑦],制造业结构合理化指数数值越大,表明制造业产业结

[①] 何平,陈丹丹,贾喜越.产业结构优化研究[J].统计研究,2014,31(7):31-37.
[②] 彭冲,李春风,李玉双.产业结构变迁对经济波动的动态影响研究[J].产业经济研究,2013(3):91-100.
[③] 干春晖,郑若谷,余典范.中国产业结构变迁对经济增长和波动的影响[J].经济研究,2011,46(5):4-16+31.
[④] 傅元海,叶祥松,王展祥.制造业结构优化的技术进步路径选择:基于动态面板的经验分析[J].中国工业经济,2014(9):78-90.
[⑤] 吕明元,尤萌萌.韩国产业结构变迁对经济增长方式转型的影响:基于能耗碳排放的实证分析[J].世界经济研究,2013(7):73-80+89.
[⑥] 张林.中国双向 FDI、金融发展与产业结构优化[J].世界经济研究,2016(10):111-124+137.
[⑦] 梁榜,张建华.对外经济开放、金融市场发展与制造业结构优化[J].华中科技大学学报(社会科学版),2018,32(4):89-101.

构更加优化,其产业之间的生产要素配置效率就越高。

部分学者通过构建指标体系来衡量产业转型升级。王玉燕等认为影响某些工业部门生产效率的因素对工业结构转型升级有着重要影响,指出技术创新、经济效益、绿色驱动以及结构优化四大因素是影响中国工业转型升级的重要因素,并将其纳入相关产业转型升级的指标体系,这四个方面共包括18项细化指标。[1] 陈瑾和何宁受限于各行业数据的可获得性,以及避免指标变量太过简单,便构建包含有20个详细指标的以技术创新、资产配置、人才供给、产出结构、绿色发展和两化融合六个方面的装备制造业升级的新综合评价体系。[2] 岳意定和谢伟峰在综合考虑工业转型升级的内涵与特征的情况下,从产业结构、资源节约、工业发展、技术创新、信息化与工业化融合、对外开放六个方面构建指标来反映工业转型升级的发展水平,明确了不同指标对于工业转型升级的不同影响程度。[3] 李慧和平芳芳从产业结构高度化和合理化两个维度,选取技术结构高度化、资产结构高度化、市场需求适应系数、行业间协调程度、劳动力结构高度化和产值结构高度化六个方面的11个指标来测度装备制造业产业结构升级程度。[4] 李平等从工业化、工业现代化、工业文明三个层面对"制造业可持续发展"进行了分析,为探究中国制造业可持续发展,围绕以总量指标、结构指标、技术指标、能源环境指标为中心构建了指标体系。[5] 段敏芳和田秉鑫以"劳动—资金—技术密集型"的升级为依据,从制造业生产要素、市场需求及竞争力三个方面选取具体的指标对制造业升级监测指标体系进行了构建。[6] 王福君认为装备制造业内部结构升级包含的技术结构、资产结构、劳动力结构和产值结构这四个子系统之间是密切联系的,因此,从这四个方面建立了装备制造业内部结构升级的测度指标体系。[7]《中国制造2025》[8]采用了创新能力、质量效益、两化融合、绿色发展4大类共12项指标评

---

[1] 王玉燕,汪玲,詹翩翩.中国工业转型升级效果评价研究[J].工业技术经济,2016,35(7):130-138.

[2] 陈瑾,何宁.高质量发展下中国制造业升级路径与对策:以装备制造业为例[J].企业经济,2018,37(10):44-52.

[3] 岳意定,谢伟峰.城市工业转型升级发展水平的测度[J].系统工程,2014,32(2):132-137.

[4] 李慧,平芳芳.装备制造业产业结构升级程度测量[J].中国科技论坛,2017(2):80-86.

[5] 李平,王钦,贺俊,等.中国制造业可持续发展指标体系构建及目标预测[J].中国工业经济,2010(5):5-15.

[6] 段敏芳,田秉鑫.制造业升级监测指标体系探讨[J].中南民族大学学报(人文社会科学版),2017,37(3):135-140.

[7] 王福君.装备制造业内部结构升级的测度指标体系研究:兼评辽宁装备制造业内部结构升级程度[J].财经问题研究,2008(10):49-53.

[8] 国务院.中国制造2025[R].北京:国务院,2015.

价制造业的发展。

通过梳理产业转型升级测度相关文献,且综合考虑制造业转型升级内涵,本书将制造业转型升级水平归纳为以下四个方面:创新能力、质量效益、信息化水平和绿色发展,并试图从这四个维度方面建立科学的评价体系,客观、准确地测度江苏制造业转型升级指数,以便客观评价江苏制造业转型升级状况及动态趋势。

7.1.2 江苏制造业转型升级评价指标体系的构建

7.1.2.1 指标体系建立的原则

科学性原则。科学性是指所建立的指标体系要符合制造业转型升级发展的客观规律和基本要求,能够科学地概括制造业转型升级的主要内容和特征,且可以对指标进行量化,从而能够全面客观地反映出所评价产业发展现状进行评价,为制造业转型提供决策依据。

代表性原则。评价指标的选取应能全面反映区域制造业转型升级发展中迫切需要解决的主要问题,不可能做到面面俱到、涵盖所有的指标。因此,选取指标时需要选择具有代表性、信息量大的指标。

普遍性和特殊性结合的原则。普遍性是指所选取的指标要尽量符合国内外通用的指标;特殊性要求结合江苏制造业转型升级本身的特点来选取指标。

相对数和绝对数结合的原则。指标在总体规模上的对比结果通过绝对数的形式反映,不同指标间的差异程度通过相对数的形式来表示。

经济性与可获得性。在选取指标时,要考虑获得数据的经济性和可能性,对于无法获得的数据或者难以获得的数据,或者获得数据的成本较大时,应该对这些指标予以舍弃。

独立性原则。在指标选取过程中,为尽可能降低各个指标间存在的交叉耦合,避免各个指标间存在较大的关联度,应最大限度地选取相对独立的指标,从而保证评价结果的科学性和准确性。

7.1.2.2 指标权重的确定

指标权重的确定方法有主观赋权法和客观赋权法。主观赋权法是根据决策者主管信息进行赋权的一类方法,包括德尔菲法、模糊模式识别法和层次分析法等,这类方法主观随意性较大。客观赋权法则是采用某种数学方法,依据原始数据之间存在的某种数理关系来赋予比重,其重在强调客观数据,主要方法包括离差最大化决策、多目标规划法和熵权法。为避免权重的主观性,本书在遵从数学规律及严格的数学意义的基础上采用熵权法赋予权重。熵权法是基于各指标之间的变异程度,根据信息熵计算全部指标的熵权,利用计算出来的熵权修正原有全部指标的权重,从而使得到的指标体系权重更为客观准确。运用熵权法进行综合评价的基本步骤如下:

(1) 建立指标矩阵

如果有 n 个评价对象,且每个评价对象有 m 个评价指标,则这些对象和指标就组成了一个 n 乘 m 的矩阵,即指标矩阵。公式 7.1 如下:

$$B=(b_{ij})_{nm}=\begin{bmatrix} b_{11} & \cdots & b_{1m} \\ \vdots & \ddots & \vdots \\ b_{n1} & \cdots & b_{nm} \end{bmatrix}, \quad i=1,2,\cdots,n; j-1,2,\cdots,m$$

其中,b_{ij} 为第 i 个评价对象的第 j 个评价指标。

(2) 原始数据矩阵标准化处理

由于原始数据存在较大差异,直接使用会对计算权重得出的结果产生较大的误差。因此,在决策过程中不能直接使用上述指标矩阵中的指标,需要对原始数据进行无量纲化的处理。

对正指标无量纲化处理公式 7.2 为:

$$c_{ij}=\frac{b_{ij}-\min_j\{b_{ij}\}}{\max_j\{b_{ij}\}-\min_j\{b_{ij}\}}$$

其中,c_{ij} 为第 i 个评价对象第 j 个评价指标的无量纲化值,$\max_j\{b_{ij}\}$ 为所有评价对象第 j 个指标的最大值,$\min_j\{b_{ij}\}$ 为所有评价对象第 j 个指标的最小值。

对负指标无量纲化处理公式 7.3 为:

$$c_{ij}=\frac{\min_j\{b_{ij}\}-b_{ij}}{\max_j\{b_{ij}\}-\min_j\{b_{ij}\}}$$

无量纲化后得到新的矩阵 C,公式 7.4 如下所示:

$$C=(c_{ij})_{nm}=\begin{bmatrix} c_{11} & \cdots & c_{1m} \\ \vdots & \ddots & \vdots \\ c_{n1} & \cdots & c_{nm} \end{bmatrix}, \quad i=1,2,\cdots,n; j-1,2,\cdots,m$$

(3) 确定指标权重

假设第 j 个指标的熵值为 D_j,公式 7.5 如下:

$$D_j=-\varepsilon\left(\sum\nolimits_{i=1}^{n}q_{ij}\ln q_{ij}\right)$$

其中,$\varepsilon=1/\ln n$;$q_{ij}=\dfrac{c_{ij}+1}{\sum_{i=1}^{n}c_{ij}+1}$

计算差异系数:$d_j=1-D_j$

指标权重：

$$w_j = \frac{d_j}{\sum_{j=1}^{m} d_j} \quad (j=1,2,\cdots m)$$

(4) 确定综合指数，公式 7.6 如下：

$$Z = \sum_{i=1,j=1}^{n,m} w_j c$$

其中，w_j 为每个指标所占的权重，c 为调整后的 B 值。

7.1.2.3 评价指标的解释与说明

2015 年 5 月，国务院印发的《中国制造 2025》把创新能力、信息化与工业化融合、工业基础能力、质量品牌建设、绿色制造、重点领域、制造业结构调整、服务型制造和生产性服务业、制造业国际化发展水平九个方面作为制造业发展的战略任务和重点，采用了创新能力、质量效益、两化融合、绿色发展 4 大类共 12 项指标评价制造业的发展。2015 年，江苏省委、省政府正式发布《中国制造 2025 江苏行动纲要》，聚焦增强自主创新能力、推进两化深度融合、持续推进技术改造、加强质量品牌建设、推动业态模式创新、加强对外交流合作、加快产业结构调整、推进绿色生产制造等八项任务。2016 年，《江苏省国民经济和社会发展第十三个五年规划纲要》提出重点发展新一代信息技术、高端装备、海洋工程、航空航天、新材料、节能环保、生物医药和新型医疗器械、新能源和智能电网、新能源汽车、数字创意等产业，细分行业、细分领域，做精做特做优做实一批新兴产业。2016 年，江苏省经信委印发的《江苏省"十三五"工业绿色发展规划》(苏经信节能〔2016〕504 号)大力推动工业绿色化发展，以技术创新和制度创新为动力，加快产业转型升级，以促进先进制造业绿色发展和传统制造业绿色改造；2017 年，江苏省政府办公厅印发《江苏省"十三五"智能制造发展规划》(苏政办发〔2017〕83 号)，提出智能制造水平明显提高，智能装备应用率、全员劳动生产率、资源能源利用效率显著提高，企业安全生产、节能减排水平大幅提升，形成较完整的智能制造装备产业体系，部分关键技术与部件取得创新突破，工业软件支撑能力明显增强，智能制造新模式不断完善等目标。

通过梳理产业转型升级测度相关文献，基于对江苏制造业转型升级的目标分解，本书从质量效益、创新能力、信息化水平和绿色发展四个方面考察江苏制造业的转型升级状况及动态趋势。具体指标的解释说明见表 7-1 所示。

表7-1 江苏制造业转型升级水平评价指标解释与说明

目标层	准则层	代码	指标层	指标含义	指标单位	指标性质
制造业转型升级发展水平评价指标	质量效益A	A1	劳动生产率	制造业总产值/制造业从业人员数	万元/人	+
		A2	高技术工业制品贸易竞争力	高技术产品进出口贸易的差额/工业制品进出口贸易总额	%	+
		A3	资本密集型制造业行业比重	资本密集型制造业行业总产值/制造业总产值	%	+
		A4	技术密集型制造业行业比重	技术密集型制造业行业总产值/制造业总产值	%	+
	创新能力B	B1	研发经费投入强度	产业部门的研究与试验发展(R&D)经费支出/其主营业务收入	%	+
		B2	工业新产品销售收入比	高技术产业新产品销售收入/高技术产业主营业务收入	%	+
		B3	R&D人员数	高技术产业R&D人员数量	人	+
		B4	发明专利数	在报告年度拥有的在有效期内的发明专利件数	件	+
	信息化水平C	C1	互联网上网人数	使用过互联网的人数	万人	+
		C2	互联网宽带接入端口	用户接入互联网端口的实际使用数量	万个	+
		C3	电信业务量	指电信企业为社会提供的各类电信服务的总价值	亿元	+
	绿色发展D	D1	单位工业产值电力消耗量	工业终端电力消耗量/工业总产值	亿千瓦时/亿元	−
		D2	单位工业产值废气排放量	工业废气排放总量/工业总产值	亿标立方米/亿元	−
		D3	单位工业产值废水排放量	工业废水排放总量/工业总产值	万吨/亿元	−
		D4	单位工业产值煤炭消耗量	工业终端煤炭消耗量/工业总产值	万吨/亿元	−

(1) 质量效益。本书借鉴刘丹等[①]、朱高峰和王迪[②]、唐红祥等[③]的研究成果，选取高技术产品贸易竞争优势指数、资本密集型产业比重和技术密集型产业比重几个指标作为衡量江苏制造业发展质量效益指标，以反映制造业结构优化、劳动生产率高、产品生产水平先进等质量效益优质特征。本书中资本密集型制造业产业包括饮料、烟草、造纸、石油加工与炼焦及核燃料、化学原料及化学制品、化学纤维、通用设备制造业、黑色金属冶炼及压延加工业、有色金属冶炼及压延加工业9个制造业细分行业；技术密集型制造型产业包括专用设备行业、医药行业、交通运输设备行业(汽车制造业、铁路、船舶、航空航天和其他运输设备制造业)、电气机械及器材行业、仪器仪表文化办公用机械行业、通信设备计算机及其他电子行业6个制造业细分行业；其余的制造业细分行业则属于劳动密集型产业。制造业结构升级是指制造业产业逐步从劳动密集型产业向资本以及技术密集型产业演进的过程。

(2) 创新能力。创新是制造业转型升级的关键环节以及主要推动因素[④][⑤]，创新能力的评价指标一般采用两种：一是采用产业的专利申请数量，专利申请数越多说明研发活动的直接产出越多[⑥]；二是采用研发投入经费的强度来衡量创新能力，投入强度越高则创新能力越强[⑦]。本书依据《中国制造业发展研究报告》(2004—2015年)，从R&D经费支出比重、新产品销售收入比重、R&D人员以及有效发明专利数四个方面对制造业创新能力进行评估。

(3) 信息化水平。信息技术在制造业转型升级中起重要作用，是促进制造业转型升级的重要途径。[⑧] 本书从互联网上网人数、互联网宽带接入端口、电信业务总量这三个方面衡量江苏信息技术发展水平。互联网上网人数是指使用过互联网的人数；互联网宽带接入端口是指用户接入互联网端口的实际使用数量；电信业务总量是指以货币计量的电信企业为社会提供的各类电信服务的总数量。

---

① 刘丹,王迪,赵薔,等."制造强国"评价指标体系构建及初步分析[J].中国工程科学,2015,17(7)：96－107.

② 朱高峰,王迪.当前中国制造业发展情况分析与展望：基于制造强国评价指标体系[J].管理工程学报,2017,31(4)：1－7.

③ 唐红祥,张祥祯,吴艳,等.中国制造业发展质量与国际竞争力提升研究[J].中国软科学,2019(2)：128－142.

④ 贺正楚,曹德,曹虹剑,等.中国全球制造业创新中心的建设：科技创新与GIP函数的视角[J].科学决策,2018(8)：21－44.

⑤ 李廉水,石喜爱,刘军.中国制造业40年：智能化进程与展望[J].中国软科学,2019(1)：1－9＋30.

⑥ 童健,刘伟,薛景.环境规制、要素投入结构与工业行业转型升级[J].经济研究,2016(7)：43－57.

⑦ 蒋伏心,王竹君,白俊红.环境规制对技术创新影响的双重效应：基于江苏制造业动态面板数据的实证研究[J].中国工业经济,2013(7)：44－55.

⑧ 李捷,余东华,张明志.信息技术、全要素生产率与制造业转型升级的动力机制：基于"两部门"论的研究[J].中央财经大学学报,2017(9)：67－78.

(4) 绿色发展。制造业绿色发展的测度包含能源与环境两个方面的指标。本书从单位工业产值废气排放量、单位工业产值电力消耗量、单位工业产值煤炭消耗量和单位工业产值废水排放量四个方面反映江苏制造业绿色发展水平。这四个指标类似,均属于逆向指标。

本书将制造业行业合并整理为 28 个行业,时间跨度为 2008—2018 年。劳动生产率、资本密集型产业比重、技术密集型产业比重的数据来源于 2009—2012 年《中国工业经济统计年鉴》、2013—2019 年《中国工业统计年鉴》;R&D 经费支出比重、新产品销售收入比重、R&D 人员和有效发明专利数的相关数据来源于 2009—2019 年《中国高技术产业统计年鉴》、2009—2019 年《中国科技统计年鉴》、中国科技部、中国国家统计局和中国国家发展和改革委员会网站;互联网上网人数、互联网宽带接入端口和电信业务总量的数据来源于 2009—2019 年《中国统计年鉴》和《江苏统计年鉴》;单位工业产值电力消耗量、单位工业产值废水排放量、单位工业产值废气排放量和单位工业产值煤炭消耗量的数据来源于 EPS 数据平台、2009—2019 年的《中国统计年鉴》和《中国环境统计年鉴》。

7.1.3 江苏制造业转型升级发展水平分析

根据表 7-1 中江苏制造业转型升级发展水平各指标的原始数值,利用熵权法公式可以得出制造业转型升级各个指标的权重,具体见表 7-2。由表 7-2 可知,制造业转型升级指标相对重要性由大到小的排名顺序为创新能力(权重为 0.293 6,排名第一)、质量效益(权重为 0.278 3,排名第二)、绿色发展(权重为 0.223 6,排名第三)、和信息化水平(权重为 0.204 5,排名第四),这说明江苏制造业在转型升级的过程中,当前最主要的还是依赖制造业的创新能力。

表 7-2 江苏制造业转型升级水平指标权重

指标	A				B				C			D			
	A1	A2	A3	A4	B1	B2	B3	B4	C1	C2	C3	D1	D2	D3	D4
权重	0.071 2	0.046 3	0.078 1	0.082 7	0.059 6	0.059 4	0.093 7	0.080 9	0.069 2	0.073 5	0.080 9	0.073 2	0.041 3	0.052 5	0.037 5
权重	0.278 3				0.293 6				0.223 6			0.204 5			

根据表 7-2 以及变量指标的说明,按照熵权法的计算步骤,得出 2008—2018 年江苏制造业转型升级发展水平的各指标数值(如表 7-3 所示)。

表 7-3　2008—2018 年江苏制造业转型升级发展水平

时间	质量效益 A	创新能力 B	信息化水平 C	绿色发展 D	综合指数
2008	0.231 4	0.184 1	0.061 3	0.035 5	0.512 3
2009	0.223 1	0.197 4	0.072 2	0.064 5	0.557 2
2010	0.221 0	0.198 5	0.072 3	0.049 2	0.541 0
2011	0.220 1	0.201 4	0.070 6	0.061 8	0.553 9
2012	0.221 2	0.209 5	0.081 5	0.052 5	0.564 7
2013	0.209 8	0.210 3	0.082 3	0.059 9	0.572 3
2014	0.200 1	0.212 4	0.080 5	0.125 9	0.618 9
2015	0.188 7	0.224 1	0.081 3	0.148 0	0.642 5
2016	0.185 6	0.231 2	0.102 5	0.160 2	0.679 5
2017	0.172 1	0.232 5	0.133 4	0.183 6	0.721 6
2018	0.164 5	0.233 5	0.166 2	0.205 0	0.769 2

从表 7-3 可以看出：

（1）江苏制造业转型升级发展综合指数呈现波动上升趋势。江苏作为制造业大省和全国制造业基地，2011—2018 年江苏制造业规模连续 8 年居全国首位，制造业产业结构调整持续深化。2015 年，江苏省委、省政府正式发布《中国制造 2025 江苏行动纲要》，围绕 1 个总目标、聚焦 15 个重点领域、落实 8 项主要任务、实施 8 大工程。2018 年，江苏第二产业增加值 41 248.5 亿元，占全国比重超过 13%，高于广东、浙江。2018 年 6 月 25 日，江苏省政府印发《关于加快培育先进制造业集群的指导意见》，重点培育 13 个先进制造业集群。2018 年，江苏省新材料、节能环保、医药、软件、新能源、海工装备等产业规模居于全国第一，新一代信息技术产业规模居全国第二；节能环保产业占全国比重达 25%，光伏产业占全国比重近 50%，海洋工程装备产业占全国市场份额超过 30%；工业机器人、新能源汽车、3D 打印等智能制造逐步实现产业化。机械、石化、纺织行业主体装备 40% 达到国际先进水平，85% 的骨干企业实现生产装备自动化。江苏围绕"1+3"重点功能区战略，全省制造业布局优化有序推进，全省高新技术产业、战略性新兴产业快速成长的同时，冶金、建材、化工等重化工业增长势头得到抑制，全省范围水土气等环境质量明显改善，2017 年，全省化学需氧量、氨氮、二氧化硫、氮氧化物排放量比 2012 年分别下降 35.3%、33.9%、58.6%、38.7%。

（2）江苏制造业质量效益整体呈现为波动下降趋势。江苏制造业质量效益指数下滑，究其原因，是因为江苏制造业发展存在以下问题："大而不强"的特征依然明显,发展不平衡不充分的问题仍然突出,产业链价值链和创新链总体处于中低端,自主创新水平亟待提高、部分关键核心技术受制于人,投资类产品和中间产品占比较高、部分行业产能过剩现象突出,新兴产业领域缺乏具有行业话语权的企业和品牌。为此,亟需推动江苏制造业产业集群和产业链关键环节创新,深入实施智能制造和数字化转型工程,推动数字技术、绿色技术在制造业领域的深度应用,以建设资源利用率高、能源消耗率低、拥有自主知识产权的高世界级先进制造业集群,带动产业模式和企业形态的全面变革,形成具有江苏特色的现代制造业体系。

(3) 江苏制造业创新能力整体表现为上升的态势。根据《中国区域创新能力评价报告》显示,2009—2016年江苏区域创新能力连续八年排名首位,2017年以来江苏省排名稍有下滑,但总体仍然处于领先地位。从基础指标看,江苏省的优势体现在总量指标上,少数指标增长明显。例如,政府研发投入增长8.3%,国际论文数增长14.73%,规模以上工业企业发明专利申请数增长2.65%,规模以上工业企业有效发明专利数增长2.71%,规模以上工业企业就业人员中研发人员比重增长21.69%。2016年以来,江苏全社会研发投入强度达2.82%,高新技术企业总数超过3.2万家,万人发明专利拥有量36.1件。[①]

(4) 江苏制造业信息化水平在整体呈现稳步上升趋势。据工信部统计数据显示,2011—2015年江苏省网名规模和互联网普及率呈增长趋势。其中2015年网名规模4 416万人,比2011年增长了731万人,比2014年增长了144万人。2015年互联网普及率55.5%,比2011年增长了8.7个百分点,比2014年增长了1.7个百分点。[②] 2018年,江苏网民规模达到4 940万人,互联网普及率为61.4%,较全国平均水平高1.8%。信息技术持续通过自身辐射能力推动制造业转型升级,江苏以"数字化"赋能经济发展,抢占工业互联网风口,打造自主可控的先进制造体系,企业两化融合水平保持全国第一,数字经济规模超3万亿元,位居全国第二,增速超过19%,占GDP比重超过40%。[③]

(5) 江苏制造业绿色发展整体上呈现波动上涨趋势。为推动制造业高质量发展,江苏坚持把做好绿色制造体系建设作为转变经济发展方式的重要抓手,加快优化升级产业结构。江苏省人民政府先后出台了《江苏省绿色发展指标体系》《江苏省生态文明建设考核目标体系》《关于推进绿色产业发展的意见》《关于深入

---

① 资料来源:https://www.360kuai.com/pc/9b94bd86ba1f496c8? cota=3&kuai_so=1&sign=360_57c3bbd1&refer_scene=so_1.

② 资料来源:https://data.chinabaogao.com/it/2017/062HVC62017.html.

③ 资料来源:[第七届江苏互联网大会]江苏网民达4 940万人,互联网普及率为61.4% https://news.yangtse.com/content/749372.html.

推进美丽江苏建设的意见》等文件,为推动制造业绿色转型保驾护航,成效卓著。全省规模以上工业增加值能耗年均降低 4.95%,连续多年稳居全国领先水平。培育国家重点行业能效领跑者企业 9 家、全国制造业集群培育对象 6 个,累计建设国家级绿色工厂 147 家、绿色园区 11 个、绿色供应链企业 7 个,各项成果均居全国前列。江苏切实践行绿色高质量发展理念,全面提高工业能效水平,制定实施绿色化节能技改行动计划,对标行业能效基准水平和标杆水平,加大力度开展制造业污染治理和生态修复,钢铁、水泥等行业完成去产能任务,二氧化硫、氮氧化物、化学需氧量、氨氮四项主要污染物排放与 2015 年相比分别下降 28.1%、24.9%、14%、14.6%。

7.1.4 结论

本书通过简要回顾制造业转型升级相关研究,梳理制造业转型升级测度方法以及测度指标体系的研究进展,从质量效益、创新能力、信息化水平以及绿色发展四个方面,选取 15 个指标构建了江苏制造业转型升级评价指标体系,接着利用客观赋权法的熵权法确定了各指标的权重,并基于 2008—2018 年江苏制造业数据,对江苏制造业转型升级发展水平进行定量测度评价。主要结论包括:

(1)江苏制造业转型升级评价指标体系中,提高制造业发展的质量效益是制造业转型升级的中心任务,新一代信息技术与先进制造技术相结合是实现制造业转型升级的关键途径,创新是推动制造业转型发展的根本动力,绿色发展是实现江苏制造业转型升级发展的一项基本方针。通过测算江苏工业转型升级发展水平的综合指数,得出影响制造业转型升级的主要因素依次为创新能力、质量效益、绿色发展和信息化水平,这说明江苏制造业在转型升级的过程中,当前最主要的还是依赖制造业的创新能力。

(2)2008—2018 年江苏制造业转型升级发展水平综合指数呈现螺旋上升态势。江苏制造业质量效益整体呈现为波动下降趋势,究其原因,是因为江苏制造业发展存在"大而不强"、发展不平衡不充分、产业链价值链和创新链总体处于中低端、自主创新水平亟待提高、部分关键核心技术受制于人、新兴产业领域缺乏具有行业话语权的企业和品牌等问题。江苏制造业创新能力整体表现为上升的态势,连续多年排名位居全国前列。江苏制造业信息化水平整体呈现稳步上升趋势,信息技术持续通过自身辐射能力推动制造业转型升级,以"数字化"赋能经济发展,抢占工业互联网风口,打造自主可控的先进制造业体系,企业两化融合水平保持全国第一。江苏制造业绿色发展整体上呈现波动上涨趋势,为推动制造业高质量发展,江苏坚持把做好绿色制造体系建设作为转变经济发展方式的重要抓手,加快优化升级产业结构。江苏省人民政府先后出台了《江苏省绿色发展指标体系》《江苏省生态文明建设考核目标体系》《关于推进绿色产业发展的意见》《关于深入推进美丽江苏建设的意见》等文件,为推动制造业绿色转型保驾护航、成效卓著。

7.2 江苏制造业转型升级的影响因素分析

殷醒民分析了中国制造业"乘数效应"溢出和技术结构升级,首次提出了制造业升级的概念,即"通过生产要素的调整,对技术能力和管理能力的改进,以提高产品附加值方式来维持制造业的生存和发展"。① 张其仔和李蕾认为制造业结构升级,包括轻型制造业转向重型制造业,由原材料制造业转向加工组装型制造业。② 苏杭等认为制造业转型升级是在技术创新的推动下,产业结构不断向高级阶段发展的过程。③ 制造业的转型升级是一个涉及技术、体制、利益和观念等多个方面的系统性变革过程,而自主创新能力的形成又是其中最关键的因素,一定意义上可以将制造业转型升级的实质视为:从资源驱动和资本驱动的产业增长模式转变为知识或创新驱动的产业增长模式。④

7.2.1 理论基础与文献回顾

影响制造业转型升级的因素很多并且是非常复杂的,不仅包括经济环境、产业政策、国际贸易等宏观因素,还包括技术、自然资源、资本和劳动力等微观因素。⑤

7.2.1.1 技术进步与制造业转型升级

依据新经济增长理论,创新是经济增长的内生演化动力,而研发又是创新的源泉,在研发过程中积累知识从而促进技术创新和产品创新,因此,研发创新是促进转型升级的重要动力。⑥ Alber提出技术进步缩小发展中国家和发达国家技术

---

① 殷醒民.制造业:"乘数效应"溢出与技术升级[J].经济学家,1998(5):101-108.
② 张其仔,李蕾.制造业转型升级与地区经济增长[J].经济与管理研究,2017,38(2):97-111.
③ 苏杭,郑磊,牟逸飞.要素禀赋与中国制造业产业升级:基于 WIOD 和中国工业企业数据库的分析[J].管理世界,2017(4):70-79.
④ 唐清泉,李海威.我国产业结构转型升级的内在机制研究:基于广东 R&D 投入与产业结构的实证分析[J].中山大学学报(社会科学版),2011,51(5):191-199.
⑤ 周长富,杜宇玮.代工企业转型升级的影响因素研究:基于昆山制造业企业的问卷调查[J].世界经济研究,2012(7):23-28+86.
⑥ 张志元,李兆友.新常态下我国制造业转型升级的动力机制及战略趋向[J].经济问题探索,2015(6):144-149.

差距,发展中国家技术引进的后发优势,促进制造业发展。[1] 在当前复杂的国内外环境下,中国制造业转型升级的动力还来自科技发展、需求升级、产业组织结构优化、全球经济梯度效应和国家战略。[2] 张慧明、蔡银寅则认为中国制造业走出"低端锁定"向全球价值链高端升级的内在动力是研发和技术创新,外在推力是市场需求的扩大。[3] 按照技术创新学的观点,技术创新包括自主创新、模仿创新和合作创新,其中自主创新是指依靠自身力量完成技术创新的全过程,关键核心技术的突破均由本企业完成。[4] 自主创新是技术创新和产业创新的主要途径,合适的技术选择会推动转型升级,技术选择的路径除了自主创新,技术引进仍不能被忽略。对于高新技术制造业,应将技术引进和技术创新相结合。[5] 立足于本国特色,走上自主创新的内生增长道路是摆脱发达国家再工业化影响和国内资源配置制约的必由之路。[6] 创新驱动战略的精髓则是以市场需求和产业化为导向,以科技创新为核心、以企业为主体的全面创新。[7] 因此,本书提出以下假设:

H1:技术进步与一国制造业转型升级呈正相关关系。

7.2.1.2 资本投入与制造业转型升级

企业转型升级过程中的各种活动,比如技术的研发、生产设备的购置、营销网络的建设、人力资源的开发等,都需要资金的支持,如果缺少足够资金的话,企业的转型升级就很难成功。[8] 比如,隋映辉、于喜展在研究轨道交通装备制造业时[9]、娄成武等[10]在研究海洋工程装备产业时,都强调了研发投入的重要性。因此,本书提出以下假设:

H2:资本投入程度与制造业转型升级呈正相关关系。

---

[1] Alber T G, Hu Z, Gar Y H, et al. R&D and Technology Transfer: Firm-Level Evidence from Chinese Industry[J]. The Review of Economics and Statistics, 2005, 87(4): 780-786.

[2] 张志元,李兆友.创新驱动制造业转型升级对策研究[J].中国特色社会主义研究,2015,6(4):41-44.

[3] 张慧明,蔡银寅.中国制造业如何走出"低端锁定":基于面板数据的实证研究[J].国际经贸探索,2015,31(1):52-65.

[4] 毛蕴诗,汪建成.基于产品升级的自主创新路径研究[J].管理世界,2006(5):114-120.

[5] 薛继亮.技术选择与产业结构转型升级[J].产业经济研究,2013(6):29-37.

[6] 李毅.晋城市煤化工产业发展中存在问题及对策[J].晋城职业技术学院学报,2010,3(1):63-65.

[7] 宋维佳,王军徽.ODI对母国制造业产业升级影响机理分析[J].宏观经济研究,2012(11):39-45+91.

[8] Schmitz H. Local enterprises in the global economy: issues of governance and upgrading[M]. Northhampton, MA: Edward Elgar, 2004.

[9] 隋映辉,于喜展.我国轨道制造的系统创新与转型路径:跨越式发展与创新转型实践[J].科学学研究,2015,33(5):767-773.

[10] 娄成武,吴宾,杨一民.我国海洋工程装备制造业面临的困境及其对策[J].中国海洋大学学报(社会科学版),2016(3):26-31.

7.2.1.3 人力资源投入与制造业转型升级

文献研究表明人力资本对产业间和产业内结构升级都有影响。Teixeira 等基于 OECD 国家的面板数据,构建动态面板模型,研究了经济增长和人力资本对产业结构升级的影响,发现人力资本会对产业结构升级产生积极影响。① 代谦、别朝霞认为,只有人力资本水平的不断提高才能使发展中国家的比较优势向着有利于自己的方向演变,才能使发展中国家不断进入更高级的产业,实现经济增长和产业结构的升级。② 靳卫东认为,中国人力资本的总体水平较低,并且低层次人力资本占比很大,人力资本的区域分布也不平衡,所以劳动力在产业之间的自由流动受到了很大限制,这妨碍了各种要素生产力的充分发挥,制约了技术进步以及知识和资本密集型产业的发展。③ 孙海波等构建了面板平滑转换模型,研究人力资本集聚对产业结构升级的影响,发现人力资本集聚与产业结构升级之间存在"U"型关系。④ Anyanwu 基于非洲大陆 1990—2011 年的面板数据,采用 IVSLS 方法估计了人力资本对制造业增加值的影响,发现初等教育与制造业增加值呈倒"U"型关系,中等教育与制造业增加值呈负相关关系,高等教育与制造业增加值呈正相关关系。⑤ 汪德华等的研究则表明制造业升级的关键影响因素是人力资源素质,而对外贸易依存度和市场化程度的影响很有限。⑥ 姚正海等提出创新教育和人才是实现制造业创新驱动的前提。⑦ 技术进步、人力资本的优化等对制造业升级影响显著⑧,新生代劳动力数量和质量的增长均在较大程度上促进中高端制造业升级⑨。Zhou 基于 92 个国家 1970—2010 年分行业的国际面板

---

① Teixeira A A C, Queirós A S S. Economic growth, human capital and structural change: A dynamic panel data analysis[J]. Research Policy, 2016,45(8):1636-1648.

② 代谦,别朝霞.人力资本、动态比较优势与发展中国家产业结构升级[J].世界经济,2006,29(11):70-84.

③ 靳卫东.人力资本与产业结构转化的动态匹配效应:就业、增长和收入分配问题的评述[J].经济评论,2010(6):137-142.

④ 孙海波,焦翠红,林秀梅.人力资本集聚对产业结构升级影响的非线性特征:基于 PSTR 模型的实证研究[J].经济科学,2017(2):5-17.

⑤ Anyanwu J C. Does human capital matter in manufacturing value added development in Africa? [J]. Asian Journal of Economic Modelling, 2018,6(3):294-316.

⑥ 汪德华,江静,夏杰长.生产性服务业与制造业融合对制造业升级的影响:基于北京市与长三角地区的比较分析[J].首都经济贸易大学学报,2010,12(2):15-22.

⑦ 姚正海,杨保华,叶青.基于区域产业转型升级的创新人才培养问题研究[J].经济问题,2013(10):87-90.

⑧ Russu C. Structural changes produced in the Romanian manufacturing industry in the last two decades[J]. Procedia Economics and Finance, 2015(22):323-332.

⑨ 阳立高,龚世豪,王铂,等.人力资本、技术进步与制造业升级[J].中国软科学,2018(1):138-148.

数据,研究发现人力资本会对制造业结构升级产生促进作用。① 李磊等研究了劳动力技能提升对中国制造业结构升级的影响,发现中国高技能劳动力的占比正在逐年提高,劳动力技能的提升促进了高端制造业劳动生产率及利润率的提高,进而推动了制造业升级。② 因此,本书提出以下假设:

H3:人力资本投入与制造业转型升级呈正相关关系。

7.2.1.4 外商直接投资与制造业转型升级

学者们对 FDI 与受资国技术进步的关系进行了深入探讨。张宇和蒋殿春认为 FDI 使得我国的产业聚集在一起,加速推动了集聚区制造业企业的技术进步。③ 蒋仁爱等研究发现,FDI 产生的技术外溢效应对中国整体技术水平的提高并没有明显的贡献,对我国技术水平产生较大正向影响的是国内 R&D 投资。④ 刘伟全和李锐发现外商直接投资对山东省制造业升级存在显著的正向溢出效应。⑤ 刘宏和李述晟发现 FDI 促进了我国的经济增长、提高了劳动力的就业率以及技术水平。⑥ 叶娇和王佳林采用实证的方式得出 FDI 显著提升了江苏省的创新水平。⑦ 洪联英等从全球生产组织理论的视角研究发现,FDI 推动了国内制造业企业整体技术水平的提高。⑧ 罗军运用 2003—2011 年制造业面板数据,实证得出在 FDI 介入较深的制造业,其前向关联能更加有力地推动相关企业技术创新能力的提升。⑨ 贾妮莎和申晨发现外商直接投资(FDI)对中国制造业行业间由劳动密集型向资本和技术密集型的结构化升级具有显著促进作用。⑩ 因此,本书提出

---

① Zhou Y X. Human capital, institutional quality and industrial upgrading: Global insights from industrial data[J]. Economic Change and Restructuring, 2018,51(1):1-27.

② 李磊,刘常青,徐长生.劳动力技能提升对中国制造业升级的影响:结构升级还是创新升级?[J].经济科学,2019(4):57-68.

③ 张宇,蒋殿春.FDI、产业集聚与产业技术进步:基于中国制造行业数据的实证检验[J].财经研究,2008,34(1):72-82.

④ 蒋仁爱,冯根福.贸易、FDI、无形技术外溢与中国技术进步[J].管理世界,2012(9):49-60.

⑤ 刘伟全,李锐.外商直接投资与山东省制造业升级的实证检验:基于地区、行业面板数据的分析[J].科技与经济,2012,25(2):70-75.

⑥ 刘宏,李述晟.FDI 对我国经济增长、就业影响研究:基于 VAR 模型[J].国际贸易问题,2013(4):105-114.

⑦ 叶娇,王佳林.FDI 对本土技术创新的影响研究:基于江苏省面板数据的实证[J].国际贸易问题,2014(1):131-138.

⑧ 洪联英,韩峰,唐寅.中国制造业为何难以突破技术技能升级陷阱?一个国际生产组织安排视角的分析[J].数量经济技术经济研究,2016,33(3):23-40.

⑨ 罗军.FDI 前向关联与技术创新:东道国研发投入重要吗[J].国际贸易问题,2016(6):3-14.

⑩ 贾妮莎,申晨.中国对外直接投资的制造业产业升级效应研究[J].国际贸易问题,2016(8):143-153.

以下假设:

H4:外商直接投资与制造业转型升级呈正相关关系。

7.2.1.5 区域经济发展水平与制造业转型升级

郑耀群和王婷认为区域经济差距是制造业升级能力的 Granger 原因,即可证明存在一个产业政策能同时实现区域经济协调发展和制造业升级两大目标。[①] 当区域协调发展与制造业升级并行情况下,应优先解决区域经济差距问题,区域协调发展政策在实施过程中能间接促进制造业升级能力提高。刘志彪认为产业结构调整可行的途径是以发展生产性服务业来促进制造业的升级。[②] 由于装置成本的降低和规模经济的效用,生产性服务业和制造业的深入融合将提高制造业的劳动生产率。[③]

7.2.2 灰色关联度测算

7.2.2.1 计算公式

制造业转型升级涉及多影响因素,哪些因素处于主导地位,各自关系密切程度如何,往往难以厘清。使用相关分析和回归分析等计量方法确定影响因素,受到样本量大、数据典型分布等条件限制。灰色关联度分析法作为一种可用来分析信息不完备系统中的元素关联性的分析方法,可通过关联度测算找出影响目标值的重要因子。本书应用灰色关联度分析法分析影响因素中哪些因子与制造业增加值关系密切,以期厘清江苏制造业转型升级因素,明确江苏制造业转型的匹配路径。计算公式如下:

第一步:确定分析数列。公式 7.7 如下:

$$a_i = \{a_i(1), a_i(2), \cdots, a_i(n)\} \quad i = 0, 1, \cdots, m$$

其中,a_i 为分析序列;i 为分析序列个数。

设定 $i=0$ 时,a_i 为参考数列,反映制造业升级的制造业增加值,公式 7.8 表示如下:

$$a_0 = \{a_0(1), a_0(2), \cdots, a_0(n)\} \quad i = 0, 1, \cdots, m$$

[①] 郑耀群,王婷.中国区域经济差距与制造业升级能力关系的实证研究[J].统计与决策,2019(4):128-132.

[②] 刘志彪.发展现代生产者服务业与调整优化制造业结构[J].南京大学学报(哲学·人文科学·社会科学版),2006(5):36-44.

[③] 申明浩,卢小芳.生产性服务业对制造业产业高度的影响研究:基于省级动态面板数据的 GMM 估计[J].国际经贸探索,2016,32(8):26-40.

其中，a_0即指代本书的制造业增加值；n为序列长度即年度；$a_0(n)$即表示n年制造业增加值；

设定影响制造业转型升级的各个因素为比较序列，公式7.9表示如下：

$$a_i = \{a_i(1), a_i(2), \cdots, a_i(n)\} \quad i = 0, 1, \cdots, m$$

其中，a_i指代本书影响因素指标；i为比较序列个数即影响指标个数；$a_i(n)$表示n年制造业增加值的第i个影响指标。

第二步：对原始数据进行无量纲化处理。考虑到分析数列计量单位的差异性和缺乏可比性，对原始数据进行无量纲化处理，常见的处理方法有均值法、初值法等，本书采用初值化对原始数据进行无量纲化处理。公式7.10如下：

$$a_i'(k) = \frac{a_i(k)}{a_i(k)} \quad i = 0, 1, \cdots, m; k = 1, 2 \cdots n$$

第三步：计算关联系数。计算公式7.11为：

$$b(k) = \frac{m + \xi M}{\Delta i(k) + \xi M}$$

其中$b(k)$表示关联系数，$\Delta i(k)$为参考序列与比较序列绝对差值，m为绝对差值最小值，M为绝对差值最大值，ξ为分辨系数，本书取值$\xi=0.5$。

第四步：计算关联度。计算公式7.12如下：

$$b = \frac{1}{n} \sum_{i}^{n} b_i k$$

即关联度等于关联系数算数平均数。

7.2.2.2 指标构建与数据处理

在已有文献基础上构建影响江苏制造业转型升级指标体系，如表7-4所示，分为区域经济发展水平、技术创新、人力资本、国际投资与贸易、政策环境5个一级指标和12个二级指标，本书的重点研究是二级指标对江苏制造业转型升级的影响程度。根据数据可得性，12个二级指标设定为：人均GDP、城镇居民可支配收入、农村居民纯收入表示区域经济发展水平；受教育年限、受高等教育人数反映江苏劳动力素质；工业企业层面研发人员数、专利申请数、科技经费支出代表江苏制造业技术创新水平；FDI和进出口总额占GDP比重表示江苏国际投资与贸易；政府支出占GDP比重和城市化率表示江苏政策环境。

表 7-4 指标体系

类别	一级指标	二级指标
需求因素	区域经济发展水平	人均GDP（万元）
		城镇居民可支配收入（元）
		农村居民纯收入（元）
供给因素	人力资本	受高等教育人数（万人）
		受教育年限（年）
	技术创新	工业企业层面研发人员数（人年）
		工业企业专利申请数（件）
		工业企业科技经费支出（万元）
国际因素	国际投资与贸易	FDI占GDP比重（%）
		进出口总额占GDP比重（%）
其他因素	政策环境	政府支出占GDP比重（%）
		城市化率（%）

本书中制造业增加值数据来源于 2002—2017 年《江苏省投入产出表》，由于投入产出数据时间上有间隔，缺失数据运用插值法补足，可能存在一定的误差。区域经济发展水平、技术创新、人力资本、国际投资与贸易、政策环境指标数据来源于历年《江苏统计年鉴》和国研网数据，本书统计范围限定在 2002—2017 年。

7.2.2.3 实证结果分析

利用相关数据和公式(7.7)-(7.12)，得出 2002—2017 年各影响因素与江苏制造业增加值的关联系数和关联度。

表 7-5 2002—2017 年二级指标与江苏制造业增加值关联度

二级指标	对江苏制造业增加值的关联度	排序
人均GDP（万元）	0.958	2
城镇居民可支配收入（元）	0.941	4
农村居民纯收入（元）	0.936	5
受高等教育人数（万人）	0.861	7
受教育年限（年）	0.734	9
工业企业研发人员数（人年）	0.953	3

续表 7-5

二级指标	对江苏制造业增加值的关联度	排序
工业企业专利申请数(件)	0.893	6
工业企业科技经费支出(万元)	0.962	1
FDI 占 GDP 比重(%)	0.698	11
进出口总额占 GDP 比重(%)	0.675	12
政府支出占 GDP 比重(%)	0.753	8
城市化率(%)	0.721	10

表 7-5 显示：第一，工业企业科技经费支出和工业研发人员与江苏制造业增加值关联度排名第一和第三位，体现了工业企业研发人才和经费投入力度对江苏制造业转型升级、实现产业优势转换具有强劲推动力。2018 年,江苏省全社会研发投入占地区生产总值比重提高到 2.64%,高新技术产业产值占规上工业产值比重超过 43%,科技进步贡献率达 63%。2019 年,江苏企业是研发经费投入的主体,占全省全社会研发支出的 87.1%,而全省工业企业研发经费投入 2 206.16 亿元,比上年增长 9.0%,研发经费投入强度达 1.93%。第二，人均 GDP 作为区域经济发展实力的衡量指标之一,与江苏制造业增加值关联度排名第二。国际经验表明,西方发达国家在人均 GDP 达到 3 000 美元之后,发展模式开始从依赖要素、资源消耗向依靠科技、管理创新转变;亚洲国家在人均 GDP 达到 5 000 美元之后,经济结构优化转型也开始提速。① 2018 年江苏人均 GDP 11.5 万元,位居全国第一,江苏经济与市场规模为制造业提供了足够的发展和创造空间,刺激制造业生产力加大,进一步促进了制造业产业转型。第三,城镇居民可支配收入、农村居民可支配收入与江苏制造业增加值关联度分别位于第四位和第五位。这是因为随着居民收入的增加,国内市场消费需求提高,企业为了满足公众要求,会不断加大生产规模;并且,为了满足需求多样性,企业会增强产品创新投入力度;为了实现利润最大化,企业也将致力于提高生产效率,从而更利于制造业转型升级。第四,知识产业是衡量工业企业创新能力和核心竞争力的重要标志,工业企业专利申请数作为衡量技术投入的另一指标,与江苏制造业增加值关联度排在第六位。这个指标能够直接反映工业企业技术创新水平,推进江苏制造业由劳动力、资源比较优势向技术优势转变。2019 年,江苏规模以上企业有效发明专利数为 180 893 件,仅次于广东省。第五,产业发展离不开高技术劳动力投入,受高等教育人数、受教育年限与江苏制造业增加值关联度排在第七位和第九位。江苏是

---

① 盛朝迅.以产业生态理念推进东南沿海地区转型升级[J].宏观经济管理,2012(2):62-64.

科教大省,江苏高校数量和在校生人数均居全国首位,在苏两院院士人数排名全国第三,江苏劳动力素质的提高对江苏制造业增加值具有较大作用。第六,政府支出占 GDP 比重、城市化水平指标与江苏制造业增加值关联度分别排在第八位和第十位,说明良好的政策环境促进江苏制造业转型升级。第七,制造业外商直接投资占 GDP 比重与江苏制造业增加值关联度排在第十一名,说明国外投资对国内制造业增加值影响程度逐渐减弱;制造业进出口总额占 GDP 比重与江苏制造业增加值关联度排在第十二名,说明国际贸易对江苏制造业增加值提升的影响程度降低。2001 年加入 WTO 之后,江苏加大对外开放力度,国际市场为江苏提供了更大的发展空间,江苏的引进外资额和进出口贸易额在全国位居前列。通过学习国外先进技术和管理经验,江苏企业技术水平得到提高,企业技术更新周期缩短,FDI 的正向溢出效应明显。然而,2008 年金融危机后国际形势日益严峻,贸易保护主义、逆全球化等政策行为严重影响了国际贸易秩序,随着江苏经济实力增强和技术不断进步,国际市场的外部性影响对江苏制造业转型发展的影响已逐渐减弱。

7.2.3 结论与政策建议

本书构建制造业转型升级影响指标体系,运用灰色关联分析法,分别测算二级指标与制造业转型升级关联值。研究表明,工业企业科技经费支出和工业研发人员与江苏制造业增加值关联度排名第一和第三位;人均 GDP 作为区域经济发展实力的衡量指标之一,与江苏制造业增加值关联度排名第二;城镇居民可支配收入、农村居民可支配收入与江苏制造业增加值关联度分别位于第四位和第五位;工业企业专利申请数作为衡量技术投入的另一指标,与江苏制造业增加值关联度排在第六位;受高等教育人数、受教育年限与江苏制造业增加值关联度排在第七位和第九位;政府支出占 GDP 比重、城市化水平指标与江苏制造业增加值关联度分别排在第八位和第十位;制造业外商直接投资占 GDP 比重、制造业进出口总额占 GDP 比重与江苏制造业增加值关联度排在第十一名和十二名。

通过以上实证结果,我们提出江苏制造业转型升级的路径和政策建议:

第一,完善政策支持。加快重点产业集群的培育,集聚各方面资源和政策,合力支持 13 个重点产业集群发展;通过政策引导、精准服务等举措,鼓励企业实施兼并重组,培育更多的千亿级、百亿级自主品牌的本土骨干大企业(集团);充分发挥省级工业和产业专项资金在引导企业加强技术攻关、开展兼并重组、促进品牌建设等方面的作用,切实提升企业的市场竞争力和产业发展力。

第二,加强技术创新。加大技术创新是保证制造业优势转换的重要推动力。江苏应构建区域创新新格局,着力进行关键共性技术、前沿引领技术、现代工程技术、颠覆性技术攻关,快速培育和壮大高新技术企业;发展新型研发机构和知识产权交易市场,加速科技成果转化,构建"创新企业+研发机构+创投机构+资本市场"相互贯通的良好创新创业生态。

第三,培育与引进创新人才。技术密集型制造业的知识密集型特点决定了其对于先进技术人才的需求,因此江苏省应营造良好的营商环境,发挥高校、科研院所、研发机构密集的区域优势,完善高端制造业技术人才引进政策,创新吸引人才机制,促进高校、科研机构、产业三者在创新体系中的良性循环,汇聚"量身定做"的制造业技术人才,为制造业转型升级提供智力支撑与保障。

7.3 本章小结

制造业在江苏经济社会发展中的引领和支撑作用持续增强,但依然面临"大而不强"、发展不平衡不充分、产业链价值链和创新链总体处于中低端、自主创新水平亟待提高等问题,制造业转型升级和跨越发展的任务紧迫而艰巨。本章基于对江苏制造业转型升级的目标分解,从质量效益、创新能力、信息化水平和绿色发展四个方面考察江苏制造业的转型升级状况及动态趋势,并构建制造业转型升级影响指标体系,运用灰色关联分析法,分别测算二级指标与制造业转型升级关联值。

第8章 国内外典型地区和代表性企业制造业转型升级的经验借鉴

本章从国家层面、地区层面和企业层面分析制造业转型升级的典型案例,以期为江苏制造业转型升级提供经验借鉴。

8.1 德国制造业转型升级

8.1.1 德国工业4.0概况

8.1.1.1 德国工业4.0起源

德国是公认的制造业发达经济体。德国认为迄今为止人类已经经历了三次工业革命,即:18世纪末以机械制造设备为代表的"工业1.0",20世纪初建立在电气化基础上规模化生产的"工业2.0",20世纪70年代开始建立在IT技术和信息化基础上的"工业3.0"。2008年金融危机爆发后,美国等大多数发达经济体和新兴经济体进入"低增长与高失业并存"的经济状态,这导致德国的外部需求下降,其生产的汽车、化工、电子以及机械产品出口略显疲态。同时,随着4G、5G、3D打印技术、物联网等新技术的出现与应用,信息技术与制造业结合成为未来工业发展方向,作为全球顶尖的制造业强国德国敏锐感知产业升级的趋势与挑战。

2011年11月,德国政府公布的《高技术战略2020》,其中有一项战略旨在支持工业领域新一代革命性技术研发与创新,保持德国的国际竞争力,即"工业4.0"战略。2013年,德国"工业4.0"呈现出快速发展态势,由来自官产学研多个领域的专家成立了"工业4.0"工作组,并在法兰克福建立秘书处和在互联网建立门户网站,平台工作组向德国政府提交了最终报告——《保障德国制造业的未来——关于实施工业4.0战略的建议》。2013年12月,德国电气电子和信息技术协会细化"工业4.0"标准化路线图,标志着该战略进入正式实施阶。根据德国"工业4.0"标准化路线图,"工业4.0"的参与者分为三类:技术供应方、基础设施供应方和工业用户,分别负责提供关键的产品技术、软件支持结构或服务以及利用新技术优化生产过程。① 2014年4月,德国围绕"工业4.0"开展汉诺威工业博览会目前已晋升为国家级战略,目的是要促使德国成为新一代工业产生技术的供应国,进而主导制造业市场。

8.1.1.2 德国工业4.0主要内容

德国"工业4.0"规划,简单可以概括为"1个核心""2重战略""3大集成"和"8项举措"②,如表8-1所示。

表8-1 德国"工业4.0"规划

规划	概括表述	主要内容
德国"工业4.0"	1个核心	"智能+网络化",即通过虚拟—实体系统(Cyber-Physical System, CPS),构建智能工厂,实现智能制造的目的。CPS系统建立在信息和通信技术(ICT)高速发展的基础上
	2重战略	一是"领先的供应商战略"。在生产领域,要求德国装备制造商遵循"工业4.0"的理念,将先进的技术、完善的解决方案与传统的生产技术相结合,生产出具备"智能"与乐于"交流"的生产设备,为德国的制造业增添活力,实现"德国制造"质的飞跃 二是"领先的市场战略"。通过构建德国不同地区、所有行业、各类大、中、小企业的高速互联网络,使得德国各类企业就能实现快速的信息共享、达成有效的分工合作,从而对德国国内制造业市场进行有效整合。在此基础上,生产工艺可以重新定义与进一步细化,从而实现更为专业化的生产,提高德国制造业的生产效率。除了生产以外,商业企业也能与生产单位无缝衔接,促使德国制造企业与国内市场以及世界市场之间紧密联系
	3大集成	在产品的生产过程中,在智能工厂内通过联网建成生产的纵向集成;在产品设计与开发、安排生产计划、管控生产过程以及产品的售后维护等整个生命周期的不同阶段,通过企业资源计划系统(Enterprise Resource Planning,ERP)、产品生命周期管理(PLM)、供应链管理(SCM)、系统生命周期管理(SysLM)等企业系统化管理,实现各个不同阶段之间的信息共享,从而达成工程数字化集成;在实现全社会价值网络方面,从产品的研究、开发与应用拓展到建立标准化策略、提高社会分工合作的有效性、探索新的商业模式以及考虑社会的可持续发展等,从而达成德国制造业的横向集成

---

① 陈志文."工业4.0"在德国:从概念走向现实[J].世界科学,2014(5):6.
② 丁纯,李君扬.德国"工业4.0":内容、动因与前景及其启示[J].德国研究,2014,29(4):49-66+126.

续表 8-1

规划	概括表述	主要内容
德国 "工业4.0"	8项举措	1. 实现技术标准化和开放标准的参考体系。这主要是出于联网和集成的需要,没有标准显然无法达成信息的互换,而开放标准的参考体系,包括公开完整的技术说明等资料,有助于促进网络的迅速普及与社会各方的参与。技术标准化具有显著的高技术性、更强的系统性和协调性以及动态性与适应性 2. 建立模型来管理复杂的系统。由于"工业4.0"的跨学科、多企协同和异地合作等特性,必然对整个系统的管理提出了很高的要求。只有事先建立并不断完善管理模型,才能充分发挥"工业4.0"的功效 3. 提供一套综合的工业宽带基础设施。这是实施联网的基础,以保证数据传输的高速、稳定与可靠 4. 建立安全保障机制。这是因为:第一,安全生产必须予以保障;第二,在传输与储存过程中需要维护信息安全,防止数据被滥用和未授权使用;第三,整个系统应具有健全的容错机制以确保人为失误不会酿成灾难等 5. 创新工作的组织和设计方式。由于"工业4.0"的高度自动化和分散协同性,对社会生产的组织和设计方式提出了新的要求,需要探索与建立新的生产协作方式,让员工能高效并且是愉快与安全地进行生产活动 6. 注重培训和持续的职业发展。在"工业4.0"中,员工需要面对的生产设备和协作伙伴的范围远远超过了目前生产方式的要求,而且工作环境的变化速度也显著加快。面对上述两方面的挑战,员工的持续学习就变得尤为重要。只有全社会拥有大量的合格员工,"工业4.0"的威力才能真正得以体现 7. 健全规章制度。它涉及企业如何进行数据保护、数据交换过程中安全性、保护个人隐私、协调各国的不同贸易规则等 8. 提升资源效率。"工业4.0"所说的资源,不仅包括原材料与能源,也涉及人力资源和财务资源。德国联邦教育与科研部(BMBF)和德国工程师联合会(BD-MA)倡议的"效率工厂"(Effizienzfabrik),就可作为今后各企业提升资源效率的重要参考。此外,建立各类可量化的关键绩效指标体系(KPI)也是评估企业资源利用效率的可靠工具

8.1.2 启示

启示一:江苏应积极打造世界级先进制造业集群。以德国 It's OWL 为代表的世界级先进制造业集群通过搭建工业互联网平台,将一个地区的企业、大学、研究机构和其他参与者沿着价值链连成网络,整合了各自的优势,促进研发与创新的协同效应,极大地提高了资源配置效率和交易效率,展示了制造业升级的新范式。江苏制造业转型升级要借鉴这种模式,通过开发自主可控的高端工业平台软件和重点领域应用软件,推进自主工业软件体系化发展和产业化应用,助力建设工程机械产业集群、物联网产业集群、高端纺织产业集群、前沿新材料产业集群、集成电路产业集群等 13 个世界级产业集群。

启示二:推动江苏科技型制造类大企业、"专精特新"小巨人企业共同发力,构筑科技含量高、竞争力强、附加价值大的智能制造企业体系。"工业 4.0"发展需要大企业,特别是航天军工、电子电气设备领域的国家队企业,坚持基础研发的大投入,攻克一批共性技术,引领行业标准的制定;同时又需要中小企业,发展生产性服务业,深入挖掘客户需求,在标准化产品基础上进行定制开发,为客户提供个性化的解决方案。各行业、不同规模的企业,应在智能化领域找到各自合适定位,在细分赛道形成核心竞争力,谋求合作共赢。江苏新型电力(新能源)装备、工程机械、物联网、高端纺织(含服装)、集成电路、海工装备和高技术船舶、节能环保、汽车及零部件(含新能源汽车)8 个行业规模位居全国第一,拥有百亿以上制造企业 57 家,占全省百亿制造企业比重接近 45%,"专精特新"小巨人企业超过 1 000 家。[①]江苏应聚焦重点先进制造业集群和重点产业链,夯实工业互联网平台、工业软件、智能硬件和装备等基础支撑,推动科技型制造类龙头企业、中小企业、产业链智能改造和数字化转型,加快构建智能制造企业体系。

启示三:加强人才培养。德国具有重视国民教育的传统,并且认为"高效的教育体系是决定一国教育和人力资源水准的关键因素"[②]。德国在长期实践中逐步形成了特色多层次人才育成体系,以双元制为代表的职业教育,为德国制造业源源不断地输送了大量高素质的技术工人。江苏科教资源丰富,在职业教育方面,应建立健全产教融合推进机制,推动建立城市、行业、企业三联互动的产教融合发展路径与模式,促进教育和产业联动发展,实现教育链、人才链与产业链、创新链有机衔接。在高等教育方面,应布局人工智能、储能技术、量子科技、高端装备、智

---

① 资料来源:https://finance.sina.com.cn/roll/2019-01-14/doc-ihqfskcn7132631.shtml.
② Schmidt A. Bildungsausgaben in Deutschland:Bildungsfinanzbericht als Teil der Bildungs—berichterstattung[J]. Wirtschaftsdienst,2014(94):376-378.

能制造、生物技术、医学攻关、数字经济、云计算、大数据等学科专业,积极扩大博士、硕士研究生培养规模。

8.2 英国制造业转型升级

8.2.1 概况

英国是工业革命的发源地,18世纪60年代至19世纪40年代,英国占据着国际制造业的霸主地位。在第一次工业革命的巨大推动下,英国很快发展为世界工业的"霸主",英国不仅拥有当时世界最尖端的技术,还同时拥有"世界工厂"的身份。但自20世纪60至70年代开始,英国以"放弃中低端制造业"为显著标志的"去工业化"现象明显,以撒切尔为典型代表的"右派"崇尚自由主义经济,反对政府的不必要干预,在她的推动下,国民经济的国有比例空前地降到了10%以下。随着金融市场的逐步开放,英国经济发展的重心开始逐渐从制造业转移到大力发展金融服务、数字创意等高端服务业,经济明显"脱实向虚",除了在"发动机"领域仍占据制造业的国际制高点外,在服装、电器、电子产品等为典型代表的轻工业领域和以机器制造、化工等为典型代表的重工业领域上,已不完全具备国际范围内的生产优势。

后金融危机时代,全球经济复苏乏力,国际竞争与摩擦加剧,世界主要发达国家均将制造业作为经济振兴的重中之重。英国政府开始反思过度发展虚拟经济所带来的弊端,重新意识到工业尤其是制造业在国家经济发展中的重要战略地位,英国政府实施了一系列战略政策以促进其制造业发展。2008年,英国推出"高价值制造"战略,以振兴原本低迷的制造业。2013年10月,英国政府发布《未来制造业:新时代给英国带来的机遇与挑战》(The future of manufacturing: a new era of opportunity and challenge for the UK),即"英国工业2050战略",内容涵盖了城市建设、人口、环境保护、产业发展以及政策选择等诸多方面,提出要占据全球产业价值链高端、加快技术创新成果转化步伐、加大对无形资产的投资、帮助企业增加对人才资源的投资、抢占全球低碳经济发展先机等五大任务。

8.2.1.1 实施高价值制造战略

2008年,英国政府提出"高价值制造"战略,以大力支持英国企业在国内制造更多世界级的高附加值产品[1],将高价值制造(HVM)打造为推动英国经济发展的主要动力。英国遴选出诸如高价值精密设备、药物和生物科学、交通、系统和机

---

① 张蓓.英国工业2050战略重点[N].学习时报,2016-02-15(02).

械等一批能够有条件实施高价值制造的重点行业,以及信息交互技术、材料、纳米技术、生物科学等高价值制造的关键技术领域。采取主要措施包括:一是强调优先打造产业供应链的技术路线。重点支持可以使英国从世界市场获益,研发强度大或增长率高的产业以及英国在世界市场中有重要地位的产业。其二,建立五大领域 22 项"制造业能力"标准体系,以使创新投资活动的实施具备参考依据。其三,通过设立"高价值制造(HVM)弹射中心"来推动从基础研发到技术市场化。HVM 弹射中心由英国政府出资设立,旨在构建与制造业密切结合的创新体系,以提供尖端设备和技术资源,帮助企业进行后期研发。

8.2.1.2 构建完备的职业技术教育体系

提高劳动力技能水平是英国"现代工业战略"中至关重要的一部分。英国采取了如下举措:一是注重培育 STEM(科学、技术、工程和数学)技能人才。"现代工业战略"提出了新的国家再培训计划,提出投资 4.06 亿英镑,与产业联合建立新的国家计算教育中心,改进和优化申请技术培训的便利水平,大幅增加高质量技能培训中心数量,开建专门的数学学校,保证在不同地区的人都有获得技术培训的机会,支持人们进行技术再学习。[①] 2015 年 3 月,英国政府投入 6 700 万英镑开展为期 5 年的行动,计划培育 2 500 名专业数学和物理教师,并提升 1 500 名非专业教师在数学和物理方面的技能。二是深化学徒制。21 世纪初,现代学徒制就已发展为英国职业教育培训主要方式之一,也是英国技能教育培训非常重要的一部分。[②] 2015 年 12 月,英国实施《英国学徒制:2020 年发展愿景》,主要针对学徒数量和质量的提升制定了 5 年发展规划。通过构建由企业雇主来主导的学徒制协会,不断深化企业在学制项目中的主导地位;通过开征学徒税来建立稳定的经费机制,对学徒培养质量也制定了一系列保障政策,促进学徒制向优质化方向发展。

8.2.1.3 打造国家创新体系

英国重视建设高效国家创新体系,英国创新署(Innovate UK)提出要致力于打造"成为企业创新和发展的全球最佳国度之一"。2019 年,世界知识产权组织(WIPO)发布的全球创新指数(GII)显示,英国位居第 5 位。具体做法有:一是扶持创新型企业成长。为解决创新型企业初创资金短缺等问题,英国政府通过多种措施来降低资本投资的成本和风险,扶持创新型企业成长。比如,2017 年英国政

[①] 袁永,陈丽佳,王子丹.英国 2017 产业振兴战略主要科技创新政策研究[J].科技管理研究,2018,38(13):53-58.

[②] 陈蕊花,刘兰明,王芳.英国现代学徒制嬗变历程、战略管理及经验启示[J].职教论坛,2020(2):164-170.

府提出，计划在10年间提供至少200亿英镑的资金来支持创新型企业成长。二是推动创新成果转化。英国专门设置国家级创新推动机构——英国创新署，其核心职能是针对政府战略目标来支持技术开发，打造创新网络，推动产业界和学术界合作，加强成果转化，推动英国创新型国家建设。自2010年以来，已建成多个针对不同领域的弹射中心，以能为学界与产业界的交流合作提供公共科研设施平台，促进科技成果的应用推广和商业化。三是科研监督与评估。英国的科研投入产出率非常高，这与其科研监督和评估体系密不可分。2014年12月，英国商业、创新和技能部（BIS）发布《商业、创新和技能部评估战略2015—2016》，提出每3～5年对英国核心政策进行1次评估，每年都应当发布当年评估计划及评估报告，而且要全面覆盖重要政策与计划的评估任务。四是构建全球开放的创新网络。英国国际科技合作主要面向美加欧等发达经济体，同时，英国通过设立专项经费促进其与发展中国家进行科技合作。2019年5月，英国发布《国际研究和创新战略》，较为全面的为其国际合作的推进提供指导。

8.2.2 启示

启示一：加强对战略性制造业的重视和支持。二战以后，撒切尔政府推动经济改革，实现了经济复苏。但是在新自由主义时期，英国政府对战略性产业的发展支持力度不够，导致电子科技为代表的高端制造业的发展明显缓于其他发达国家，这一点对我国制造业的发展有警示作用。江苏在高端制造业领域内所掌握的核心技术不足，亟需不断追赶国际先进水平，而这需要政府对战略性制造业的重视和支持。江苏亟需加强协同创新，打造国家级的制造业创新平台，推进主导产业"卡脖子"问题的联合攻关；引导江苏制造业企业，找准自己在产业链供应链价值链中的地位，通过提升创新能力和品牌价值打造自己的竞争优势。

启示二：不断提高劳动力技能水平。注重学徒制培育的质量是英国"现代工业战略"中至关重要的一部分。江苏作为新时代的制造业大省，要在全社会大力弘扬工匠精神，营造精益求精的敬业风气，形成重视技能、尊重技能型人才的氛围；要加大力度培养制造业技术人才，建设职业技能学校与普通高校之间的"立交桥"，注重建立有利于形成工匠精神的现代化职业教育、技能培训制度，让更多优秀技能人才脱颖而出。

启示三：完善创新服务体系。英国构建了完善的创新服务体系，开放的创新网络，创新体系高效能。江苏应从以下几个方面完善服务创新体系：一是打造开放式产业科技创新网络。着力构建产学研协同创新网络，探索"互联网＋产学研"新模式。二是深度融入全球研发创新网络。鼓励企业加强国际科技合作，积极加入世界技术标准组织，牵头或参与建立国际性产业技术创新联盟。三是构建全链条式科技创新创业服务体系。大力发展科技中介服务机构,大力发展科技金融服务,大力发展众创空间。四是推进"互联网＋"行动。深入实施《中国制造2025江苏行动纲要》和《江苏省大数据发展行动计划》,搭建工业大数据开放平台,大力推进"互联网＋"协同制造重点行动,提升制造业数字化、网络化、智能化水平,加快形成制造业网络化产业生态体系。

8.3 东盟制造业转型升级

8.3.1 东盟制造业加快迈进"工业4.0"时代

东盟国家大多仍处于工业化中期或初期阶段,新加坡等少数国家进入信息化的工业3.0时代,而多数国家仍处于电气化的工业2.0阶段,甚至还停留在机械化的工业1.0时期。多数国家的工业化以参与跨国公司主导的全球价值链为主,制造业深度融入全球价值链中。20世纪70年代,东盟主要国家以劳动密集型产业参与全球价值链的分工网络,电子电器加工装配成为主要产业。20世纪80年代末,西方跨国公司逐渐把标准化产品的生产过程和工序转向发展中国家,东盟主要国家从原先的加工装配的环节逐渐向零部件生产的环节攀升,而后进的东盟国家也开始参与全球价值链和区域生产网络,承接部分劳动密集型产业的加工装配。到了21世纪,东盟国家参与全球价值链的主要产业依然是电子信息业,但汽车、化工、生物医药、船舶制造等部门也逐步融入全球价值链之中。[①]近几年,东盟主要国家相继推出了实施"工业4.0"的战略与政策,各国的产业转型升级规划方案也陆续出台(如表8-2所示)。

表8-2 东盟主要国家"工业4.0"战略一览

国家	时间	政策内容
新加坡	2006	公布"智慧国2015"计划
	2014	公布"智慧国家2025"计划
	2016	出台了面向"工业4.0"的"产业转型计划"(Industry Transformation Programme),从产业关联性和实施便利角度分成6个产业转型组团,即制造业、环境建设、贸易与联系、国内必要服务、专业服务和生活相关服务[②]

---

① 王勤,温师燕.东盟国家实施"工业4.0"战略的动因和前景[J].亚太经济,2020(2):36-43.
② Industry Transformation Programme of Singapore[R]. https://www.mti.gov.sg/ITMs/Overview.

续表 8-2

国家	时间	政策内容
泰国	2016	"泰国4.0"战略,提出以创新为驱动、运用新技术、促进产业结构的转型升级、提升国际竞争力,确定了"泰国4.0"十大目标产业部门,即新一代汽车制造、智能电子、农业和生物技术、数字经济、工业机器人、未来食品加工、生物能源与生物化工、航空物流、高端旅游、医疗卫生产业等;政府将采取产业倾斜政策,促使生产要素转向核心技术、基础设施、目标产业、企业创新和数字人才,推进这五大传统优势产业转型和五大未来新兴产业发展;推出了"泰国4.0"的战略性项目,即东部经济走廊(EEC)、南部经济走廊(SEC)建设项目
印尼	2018	确定了电子、汽车、纺织服装、食品和饮料及石化工业等作为数字建设的五大重点发展产业,提出了改善物流供应、重新设计工业区、提高工业生产能力、发挥中小微企业的作用、构建数字化基础设施、引进外资和转让技术、提高人力资源素质、建设创新发展生态系统、提供技术投资和转让的奖励措施以及统一规则和政策等10项优先步骤
马来西亚	2018	马来西亚"工业4.0"政策提出,2016—2025年,马来西亚制造业人均增加值从106 647林吉特增加30%;制造业对GDP贡献从2 540亿林吉特增至3 920亿林吉特;在全球创新指数(Global Innovation Index)的世界排名从第35位升至第30位;制造业高技能就业比重从18%升至35%[①]
越南	2019	2019年9月,越共中央政治局颁布了关于主动参与第四次工业革命的决议,提出了越南迈向"工业4.0"时代的战略愿景,即到2025年,越南全球创新指数位居东盟前三位,基础设施建设达到东盟地区的先进水平,乡镇的宽带覆盖率达100%,数字经济占GDP的20%,年均劳动生产率增长7%,在越南北部、南部和中部重点经济区建成3个智慧城市;到2030年,全球创新指数跻身世界前40位,实现5G移动网络全覆盖,所有人都能低价获宽带服务,数字经济占GDP的30%,劳动生产率年均增幅达约7.5%,完成电子政务建设,在北部、南部和中部各重点经济区建设智慧城镇,逐步与地区乃至世界智慧城市网络接轨;到2045年,越南成为亚洲地区的智慧生产和服务中心、创业创新中心之一,劳动生产率处于较高水平,掌握经济、社会、环境、国防、安全等领域的现代化技术[②]

① Ministry of International Trade and Industry. Malaysia Industry 4WRD[R]. http://www.miti.gov.my/index.php/pages/view/industry 4WRD? mid=559#tab_547_1919.
② 王勤,温师燕.东盟国家实施"工业4.0"战略的动因和前景[J].亚太经济,2020(2):36-43.

根据联合国工业发展组织（UNIDO）的分类，在新兴科技领域，领先经济体有10个，先进数字化制造技术产品生产的追赶型经济体有23个，先进数字化制造技术应用的追赶型经济体有17个，先进数字化制造技术产品生产的后发经济体有16个，先进数字化制造技术应用的后发经济体有13个、落后经济体有88个。其中，新加坡属于先进数字化制造技术产品生产的追赶型经济体，印尼、马来西亚、泰国和越南属于先进数字化制造技术应用的追赶型经济体，菲律宾属于先进数字化制造技术产品生产的后发经济体。[①]

8.3.2 东盟国家实施"工业4.0"的举措

8.3.2.1 以制造业的智能化和数字化作为"工业4.0"的核心内容

印尼的"工业4.0"计划优先发展电子、汽车、纺织服装、食品和饮料、石化工业的数字建设；马来西亚将电子电气、机械设备、化工、医疗器械、航空航天等高增长和有潜力行业作为"工业4.0"的重点发展行业；新加坡首要扶持的制造业包括航空航天、电子、化学、机械与系统、海洋与近海、精密模块和部件、生物制剂和医学技术制造业等八大关键领域，以及机器人与自动化、数字制造、3D打印和新材料等四个技术交叉领域；"泰国4.0"的十大产业部门包括，中短期发展的重点产业（新一代汽车制造、智能电子、未来食品加工、农业和生物技术、高端旅游）和长期发展的重点产业（生物能源与生物化工、数字经济、工业机器人、航空物流、医疗卫生产业）等。

8.3.2.2 注重国家创新体系建设

新加坡是国际科研中心和亚洲创新中心，是如同瑞典、芬兰、以色列一样的研究型、创新型和创业型经济体。2015年，新加坡研究与开发（R&D）开支占国内生产总值比重即达到3.5%，2016年政府出台了第六个科技创新计划，提出了2016—2020年新加坡科技发展的战略目标、重点产业和资助计划，投入190亿新元用于研究、创新与创业支出，以建立充满活力的国家创新体系，力争将新加坡打造成为世界研究中心。[②] 泰国重视国家科技园建设。2002年，泰国设立了科技园（Thailand Science Park），由泰国国家科技发展署和科技部共同管理，园区设有国家基因工程和生物工程中心、国家金属和材料技术中心、国家电子和计算机技术中心和国家纳米技术中心等；2018年3月，泰国政府设立首个数字创新工业园，

---

① UNIDO. Industrial Development Report 2020：Industrializing in the digital age[R]. Vienna：UNIDO. p171.

② National Research Foundation. Research，Innovation and Enterprise 2020 Plan：Winning the Future through Science and Technology[R]. http://www.research.gov.sg/RIE2020.

投资约 100 亿泰铢,重点发展机器人、数字经济、生物燃料和生物化学、航空物流等产业,打造泰国数字基础设施聚集地;2019 年 3 月,泰国政府增设了北部地区的清迈科技园区、东北部地区的孔敬科技园区和南部的宋卡科技园区,区内科技企业均享受投资优惠政策。

8.3.2.3 重视中小企业数字化转型

新加坡从三个方面推动中小企业数字化转型:一是新加坡资讯通信媒体发展局(IMDA)、新加坡网络安全局(CSA)和标新局(SPRING)等政府机构联合制订了中小企业数字化计划,帮助中小企业了解与采用适用的数字科技。新加坡政府 2017 年推出的中小企业数字化计划启动至今,已有 7.8 万多家中小企业加入。特别是疫情暴发后,越来越多的中小企业加速采用数字解决方案,使用数字技术加强网络和数据安全,改进工作流程及通信交流方式,运用数字技术推广产品和品牌,加强国际化战略和技术创新。目前,新加坡中小企业数字化水平在亚太区域名列前茅,对经济的贡献与日俱增。二是注重为企业员工提供技能培训服务。有关院校与新加坡精深技能发展局推出的"企业学习联盟",旨在促进企业、成人培训机构及教育工作者之间的知识共享,推动职场培训文化,增强中小企业的韧性和竞争力。通过培训,让员工能够把握科技潮流,让企业能应对科技和业务颠覆性转变所带来的挑战。2020 年,有 1.48 万家新加坡企业参加了提高生产力和技能的培训项目,同比增长 78%。三是新加坡推出"企业国际化计划",旨在将中小企业培养为新一代的国际化企业。新加坡企业发展局和经济发展局将为具有高增长潜力和宏伟前景的企业提供更多量身定制、以企业为中心的协助,协助领域包括培养全球化执行管理人员、促进并购、改善融资渠道等。新加坡经过多年努力,目前已有 22 家土生土长的初创公司跻身估值超过 10 亿美元的独角兽企业行列。新加坡政府还推出了新加坡国际化企业领袖培育计划。[①] 自 2017 年起,泰国中小企业购买计算机程序可享受高达 200% 的税收减免,其激励措施将产品价值上限设定为 10 万泰铢,国内固定资产不超过 2 亿泰铢和雇员低于 200 人的中小企业均可享受该减税优惠。在现有的税收激励下,已有 140 家软件公司在数字经济促进机构(DEPA)注册。从 2020 年开始,泰国数字经济促进机构拟将为购买智能设备、数字服务、机器人、无人机、物联网设备及软件的中小企业提供 200% 的税收减免优惠,减税期限将延长至 2022 年,上限也将提高到 20 万泰铢。政府预计,该税收激励措施可以鼓励中小企业采用数字技术,促进企业收入年增

---

① 参见:新加坡提升企业数字化水平. https://baijiahao.baidu.com/s? id=1733564795708466094&wfr=spider&for=pc.

7.7亿泰铢和员工收入增加2.8亿泰铢。①

8.3.2.4 积极嵌入全球价值链

东盟国家适应全球价值链重组与调整需求,积极改善营商环境,参与全球价值链和区域生产网络,吸引跨国公司的"工业4.0"投资项目。2018年5月,德国英飞凌科技(Infineon)公司在马来西亚建成了具备自动化与智能化的第二晶圆厂,该厂兼具生产和研发功能,产品专注于汽车电子,它配备智能货架,自动跟踪晶圆的存储和检索,实现机器自动优化,是马来西亚"工业4.0"的代表项目。2017年3月,泰国政府启动了汽车及其零部件制造商的电动汽车促销特权计划,丰田、本田、日产、马自达和铃木等8家日本汽车制造商申请加入了混合电动汽车项目,德国汽车制造商梅赛德斯—奔驰和宝马计划加入充电式电动汽车和电池电动汽车计划。日本三菱汽车公司计划投资200亿泰铢生产电动汽车,该项目已获批将于2021年投产,混合动力汽车和纯电池电动汽车项目将于2024年启动。德国西门子公司已在新加坡设立"工业4.0"实验室,美国麦肯锡公司建起先进再制造及技术中心(ARTC)试验工厂,新加坡与"工业4.0"概念的首倡者德国汉诺威工业展览会联合举办工业展览会,全面展示"工业4.0"的全球最佳实践和应用。2019年10月,由越南BRG集团与日本住友集团合作的河内市首个智慧城市项目正式动工,这是越南最大的智慧城市项目,总投42亿美元,分五期建设,第一期将在未来两年竣工,2028年全部竣工。2019年11月,韩国现代集团宣布将在印尼投资设厂生产电动汽车,耗资15亿美元。此外,东盟国家已经吸引阿里巴巴、腾讯、京东、亚马逊等世界知名电商企业落户。②

8.3.3 启示

启示一:促进中小企业数字化转型。新加坡政府制定了中小企业数字化计划,通过设立中小企业数字技术中心,为在数据分析、网络安全和物联网等有需求的中小企业提供专业建议;根据政府的产业转型蓝图,为各行业制定产业数字化蓝图,中小企业在蓝图中进一步确认合适的数字科技;选择适合数字化改造的制造业领域,实施新的数字科技方案。江苏应聚焦工业技术改造项目,分类分层建立项目培育库,采取专项支持、税收优惠政策、创新金融服务等方式,引导中小企业加大数字化转型投入,支持中小制造企业数字化转型、智能制造解决方案服务商和工业互联网平台做大做强。

---

① 王勤,温师燕.东盟国家实施"工业4.0"战略的动因和前景[J].亚太经济,2020(2):36-43.
② 王勤,温师燕.东盟国家实施"工业4.0"战略的动因和前景[J].亚太经济,2020(2):36-43.

启示二:注重对传统制造业行业的"智能化"和"数字化"改造。印尼、新加坡和泰国等国家都将石化工业、汽车等传统行业作为"工业 4.0"的重点发展行业。江苏应加大对钢铁、石化、汽车等传统行业和重点产业链上企业的引导力度,以产业园区为组织载体,以产业技术创新为着力点,以工业互联网平台、智能制造中心等平台为依托,因地制宜、分类协调、统筹推进,助力传统行业企业提质增效,实现制造业发展动能加速转换。

8.4 韩国制造业转型

8.4.1 概况

韩国是新兴工业化国家,韩国工业化进程要追溯到 20 世纪 60 年代,经历了以劳动密集型、资本密集型和技术密集型为标志的三次转型升级,实施了面向国内市场的"进口替代战略"(1960)和旨在扩大出口的制造业强国的赶超战略(1975),逐步形成了以电子、汽车、船舶、石化、钢铁和机械制造等产业为主体的制造业体系,于 20 世纪 80 年代成为新兴工业化国家和亚洲"四小龙"之一,涌现出以三星集团和现代集团为代表的制造业企业,在全球制造业格局中占据重要地位。1995 年,韩国成为世界第五大汽车生产国,1999 年超过日本成为世界第一造船大国。然而,2008 年国际金融危机后,受发达国家"再工业化"战略的挤压和以中国为代表的新兴国家的挑战,韩国制造业呈现停滞状态,亟需实施新一轮转型升级战略,重塑韩国制造业竞争力。2008 年,韩国制定了"信息技术未来战略",鼓励发展汽车、船舶和机械等十大产业与信息技术融合。2009 年,韩国启动实施"新增长动力规划及发展战略",将高科技融合产业作为重点领域。2011 年,投资 1.8 万亿韩元(约合 15 亿美元)用于推动发展"融合技术"。2013 年,韩国出台了"市场先导型材料零部件技术开发战略"。2014 年 6 月,韩国政府参考德国"工业 4.0"战略,正式推出了被称为韩国版"工业 4.0"的《制造业创新 3.0 战略》。2015 年 3 月,韩国政府又陆续公布了《制造业创新 3.0 战略实施方案》,这标志着韩国版"工业 4.0"战略体系的形成。

8.4.2 韩国制造业转型升级目标与举措

韩国制造业创新 3.0 战略以智能制造和培育融合型新产业为主,以期实现全球新一轮工业革命的"领跑"战略。为此,推出了大力推广智能制造、提升重点领域的产业核心力、夯实制造业创新基础等三大战略,具体见表 8-3 所示。

第 8 章 国内外典型地区和代表性企业制造业转型升级的经验借鉴

表 8-3　韩国制造业创新 3.0 战略

目标	战略任务	具体举措
通过信息技术、软件技术与制造业融合，产生融合型新兴产业，创造新的附加值，重塑核心竞争优势，预期 2024 年制造业出口额达 1 万亿美元，竞争力排名进入全球前 4 名	任务一：发展融合型新兴产业。利用新一代智能融合技术，培育四大类（系统产业、材料零部件产业、创意产业和能源产业）、十三项（系统产业项目包括无人机、机器人、海洋成套设备、高端材料加工系统和无人驾驶汽车；材料零部件产业项目包括碳材料、有色金属材料及可穿戴智能设备；创意产业项目包括模拟培训系统、健康管理系统和智能生物生产系统；能源产业项目包括超临界二氧化碳发电系统和直流输配电系统）具备未来新动力的融合型新兴产业 任务二：提高制造过程的智能化水平。通过实施智能工厂改造计划，将大数据、物联网和云计算等先进技术应用于整个生产过程，形成一套高度灵活、个性化和网络化的生产体系，有效改善基础设施与工厂环境 任务三：树立核心材料及零部件的主导地位。根据材料和零部件的技术发展趋势及相关产业的需求，制定各项技术的开发计划及应用时间，包括智能产品所需的 20 类核心零部件与 10 类关键原材料，这些都是开发汽车、船舶、半导体等重点产业的产品所必需的零部件和原材料	举措一：加强政府引导与扶持。一是韩国政府设立政府引导基金（2 万亿韩元）。主要投资创新型企业和优秀中小企业，从而引导社会资本参与制造业重大项目建设、企业技术改造和未来新兴产业领域。二是韩国政府出资 1 万亿韩元用于 3D 打印、节能和物联网等八大智能技术的研发及上市计划，以期缩小与相关技术领先国家的差距。三是加快智能工厂建设。扶持符合韩国地方政府产业发展规划的企业进行智能工厂改造，其中政府资金和民间资本各占 50%，被列入扶持计划的企业最高可以申请 1 亿韩元。四是扶持 13 个未来核心动力产业的发展。韩国政府投资预算高达 4 495 亿韩元（约合 3 592 万美元），并计划在技术研发和产业商用化方面分别投入 2 548 亿韩元和 1 947 亿韩元。① 同时，针对核心材料与零部件及创新人才培养基地，韩国政府均设立了专项扶持资金 举措二：制定智能制造技术发展的路线图。韩国发布了"智能制造研发路线图"，涵盖八大智能制造技术领域：智能传感器、空间物理系统、3D 打印、节能、物联网、云计算、大数据以及全息图像，提出了安全性、以人为本、个性化、可持续发展以及快速和优化生产 5 大创新方向 举措三：扶持中小企业进行智能化改造。为解决中小企业技术落后及融资难问题，韩国政府一对一绑定了 15 家大企业集团与 17 个地区，建立"创新经济中心"；韩国生产力中心研发出"韩国生产系统分析与咨询工具"，专门为韩国中小企业提供转型服务，包括制造业流程创新、更新工厂老旧设备等，并为中小企业提供改造过程中的项目绩效管理与创新活动的技术指导

---

① 韩国基础产业创新发展战略——第二次基础产业振兴基本计划（2018—2022 年）[EB/OL]. [2016-05-11]. http://www.motie.go.kr/motie/ne/presse/press2/bbs/bbsView.do?bbs_seq_n=156886&bbs_cd_n=81.

8.4.3 启示

启示一:重视提升中小企业创新能力。韩国中小企业占企业总数的99%,生产产值占国内生产总值的47.4%,中小型制造业企业中的从业人数占从业总人数的70.5%,中小企业的经济效应与社会效应非常明显。为提高中小企业创新能力,韩国"3.0"战略从政策、资金和技术等各方面给予中小企业支持,参与"3.0"战略计划的企业,不仅能享受便捷的贷款申请途径和优惠利率,还能获得大企业成熟的技术研发成果,有助于激发中小企业产生更多的智力成果。

启示二:坚持以市场为导向的制造业转型升级战略。韩国"3.0"战略中,韩国政府针对智能制造技术研发、制造业生产设备更新换代及智能制造产品商用化,分别制定了2015—2024年的十年规划,鼓励企业寻找当前具有市场需求的领域,进而推进相关产业项目,以便实现该领域的商用化和产品化。

启示三:探索具有本国特色的制造业转型升级模式。基于本国国情,发挥比较优势,选择具有发展根基的传统制造业及具备研发基础的智能制造技术,作为本国制造业向融合型、智能型升级的基础,形成了具有本国特色的制造业转型升级模式。[①]

8.5 国内典型地区制造业转型升级

8.5.1 深圳制造业转型升级概况

从改革开放到20世纪80年代,深圳以"三来一补"发展劳动密集型制造业,20世纪90年代深圳重点发展高新技术制造业,实现了从加工制造到计算机、通信和其他电子设备制造的转型。2000年以来,深圳制造业以电子、计算机、通信和其他电子设备制造为主,到2015年占比达58.8%,2017年制造业增加值排名前三的行业依次为:计算机、通信和其他电子设备制造业,增加值为4 736.30亿元,比上年增长11.2%;电气机械和器材制造业,增加值为541.77亿元,比上年增长7.5%;专用设备制造业,增加值为328.05亿元,比上年增长6.0%。深圳制造业转型升级表现出如下特征:

第一,政府引导,实现制造业跨越式的转型升级。为了推动制造业转型升级,深圳市政府出台了一系列的政策措施,比如2010年的"关于加快转变经济发展方式的决定"、2011年的"关于加快产业转型升级的指导意见"等等,为制造业转型

---

① 宋利芳,冀玥竹,朴敏淑.韩国"制造业革新3.0"战略及启示[J].经济纵横,2016(12):115-119.

升级提供了政策支持,推动深圳市制造业能够跨越资本密集型制造业的阶段,直接进入技术资本密集型制造业阶段。

第二,创新驱动,推动制造业转型升级。深圳企业研发投资快速提升,2016年研发投入量超过800亿元,占GDP比重为4.1%。PCT专利申请量达到1.96万件,占全国的46.6%,居于全国首位。

第三,"中心企业"主导,大中小企业协同发展。深圳制造业在转型升级过程中,形成了以大企业为主导、众多中小企业跟随的良性竞争的产业组织结构。"中心企业"发挥了制造业的规模效应,并引领技术创新;而中小企业利用自身灵活的特性,满足市场上多样化、个性化的需求。

第四,以"高质量"制造为方向,抓住关键产业。深圳制造业转型升级充分考虑环境效益,实现环境的可持续性。同时,也对传统优势制造业的升级改造,实现可持续发展。深圳在2009年就先后将生物、互联网、新能源、新材料、新一代信息技术、文化创意和节能环保确立为七大战略新兴产业,并积极培育未来产业,包括生命健康、海洋、航空航天及机器人、可穿戴设备和智能装备产业。

8.5.2 浙江先进制造业基地建设概况

"先进制造业基地"发展战略是习近平同志在浙江工作期间,在全面考察浙江区域经济的基础上所提出的顶层设计、系统谋划和科学理论,是长期指导浙江区域经济转型升级实践的总方略,是党的十六大提出的"走新型工业化道路"在浙江"腾笼换鸟、凤凰涅槃"的生动实践。[①] 2003年7月,中共浙江省委十一届四次全体(扩大)会议提出了"八八战略",其中第三大战略就是"进一步发挥浙江的块状特色产业优势,加快先进制造业基地建设,走新型工业化道路"。2004年,浙江制定了《浙江省先进制造业基地建设规划纲要》,明确提出"到2020年,浙江制造业全面融入世界现代制造业体系,基本形成以高新技术为先导,高附加值加工制造业与现代装备制造业协调发展的国际性先进制造业基地",明确了浙江建设先进制造业基地的总定位、时间表、路线图。[②] 2005年,浙江继续出台《浙江省先进制造业基地建设重点领域、关键技术和产品导向目录》,明确了四大类先进制造业基地建设重点。2016年以后,宁波市成为以"智能经济"为主要特点的第一个国家试点示范城市,湖州市成为以"绿色+智造"为主要特点的第二个试点示范城市,杭州成为国家"互联网+"自主创新示范城市。浙江的先进制造业基地战略已经

---

① 资料来源:从"腾笼换鸟、凤凰涅槃"到高质量发展[EB/OL].浙江省经济和信息化厅官网,http://jxt.zj.gov.cn/art/2018/7/19/art_1659222_36673338.html.

② 资料来源:https://law.lawtime.cn/d376884381978.html.

开始向全国复制推广。比如,2016年发布的《长江经济带发展规划纲要》中强调,长江经济带要加强重大关键技术攻关、重大技术产业化和应用示范,联合打造电子信息、高端装备等世界级产业集群;《长江经济带创新驱动产业转型升级方案》进一步提出在5大重点产业领域和10大发展潜力较强、市场前景广阔的新兴产业领域培育世界级产业集群。[①] 浙江先进制造业基地建设呈现以下特点:

第一,经济支柱作用凸显。2003—2015年,浙江全部工业增加值年均增长10.7%,全省生产总值增长份额的44.1%来自制造业,制造业对经济和社会发展的带动力较为显著。2017年,浙江全部工业增加值较上年增长8.3%,超过同期GDP增速0.3个百分点全部工业增加值占全国总量超过7.1%,形成一大批行业领先的制造中心。

第二,制造业产业升级稳步推进。以发展先进制造业为导向,推动低层次产业向高技术含量、高加工度、高附加值产业升级;新一代信息技术、新能源、新材料等战略性新兴产业成长较快,过剩落后生产能力大量淘汰;特色优势产业集群建设推动块状经济提升,专业化协作体系、区域创新体系和公共服务体系不断完善。

第三,发展方式加快转变。市场、资源和环境的"倒逼机制"促使浙江制造业不断采用以信息化为基础的先进制造技术和现代管理模式,依靠科技进步、劳动者素质提高、管理创新转变制造业发展方式;坚持"绿水青山就是金山银山"的发展理念,制造业单位工业增加值能耗持续下降,完成节能减排的约束性指标,逐渐形成资源节约型和环境友好型发展模式。

8.5.3 启示

启示一:加快数字化建设。加大新型基础设施建设力度,加快推进5G技术在车联网、智慧城市、工业互联网和智能制造等领域的垂直应用,利用数字技术改造传统生产网络,提升个性化、柔性化制造能力和快速响应能力,增强全球供应链管理能力。

启示二:培育制造业产业集群。从国家战略高度,确定产业链现代化的路径图和时间表,培育超千亿级产业集群,培育创新能力强、拥有自主可控技术和品牌优势、市场占有率居行业前列的产业链头部企业,引导支持中小企业对接配套行业龙头企业,促进大中小企业集群式融通发展。

启示三:打造制造业人才梯队。弘扬大国工匠精神,面向海内外引进与培养一批具有国际水平的战略型科技人才队伍、一批达到国际先进水平的创新团队、

---

① 蒋媛媛,樊豪斌,黄敏.长江经济带制造业创新中心布局与建设研究[J].上海经济,2018(1):5-17.

一批专业技术发展潜力较大的高层次管理人才队伍;搭建学校、企业"双元"技术人才培养机制,采取"订单式""实习式"等培训模式,加大产业工人和技术人员的培养力度。

8.6 制造业企业转型升级的案例分析——以南京××企业"智能化"和"数字化"转型

8.6.1 ××企业"智能化"和"数字化"转型基本情况

作为国内船用柴油机气阀领军企业,长期传统的加工方式及生产组织模式制约了核心技术的快速突破及高质量的产业化。为实现"国内领先、世界一流"战略目标,公司大力推进信息化建设及装备集成自动化改造,明确提出"以精益管理、敏捷制造"为指导,开展工艺设备成组互联、装备集成自动化、业务单据电子化改造,提高生产效率和产品质量,降低劳动强度及安全风险。公司从技术创新应用、组织管理变革入手,通过数字化资源要素、扁网化业务流程、透视化运营指标,大力推进流程再造、业务重构;通过产品数字化建模、工艺标准化建库、生产自动化集成、流程可视化管控,横向整合产供销业务流程,纵向集成生产制造业务系统,重构产销协同——数字流贯通生产运营体系,实现"作业到工位、工艺到设备、数据到管理"精益管理模式创新。在实现物联感知采集的基础上,尝试对生产大数据挖掘利用,初步沉淀工业数据库;并基于数据驱动,突破并全面掌握关键工序核心技术,建立各关键工序专家系统,有力保障企业由传统制造向设计、制造、服务一体化业务转型;依托设备—信息—质量智慧管控平台,基于数据驱动管理,产品质量、生产效率、经济效益、市场占有率及品牌影响力全面提高,企业核心竞争力显著提升。企业先后获得工信部、国资委、江苏省智能企业等称号。

8.6.2 ××企业"数字化"和"智能化"转型采取的措施与效果

围绕企业气阀类产品实现过程,从经营层、计划层、控制层、执行层闭环管控着手,对生产要素及业务流程数字化建模,仿真生产制造业务场景,通过业务信息系统与生产自动化平台的数字化对接,驱动人、机、料、单,按照生产计划(ERP/MES)及工艺路径(CAPP/PDM),协同各类设备(生产、检验、物料配送)生产制造(DCS/PLC),过程实时监控并采集生产相关数据(SCADA),以图表化推送管控指标到各级管理层辅助决策,实现管理扁网化、生产自动化、过程透明化、决策智能化;并对海量过程数据进行挖掘分析,优化工艺参数及资源配置,提升产品质量、经济效益及服务水平。

企业"智能化"和"数字化"升级措施涵盖从供应端到销售端主要环节，集成了工艺设计、计划调度、生产作业、设备管理、质量管控、仓储配送、互联互通等环节。

8.6.2.1 工艺设计环节

（1）工艺设计

建设关键工序有限元分析＋专家系统，已经达到国际领先水平，搭建了以工艺为核心的结构化产品数据管理系统（PDM），可实现工艺设计流程、图纸版本、高效加工签审发布及溯源流程化管理。

（2）解决的痛点问题

解决了超合金超大变截面曲率热端件成型研究手段缺少、设计周期长、试验成本高等问题；解决了多人修改版本混乱、工序名称不同意易错及下达工艺周期长的困扰。

（3）实施成效与带动效应

完成关键工序建模仿真，并实现工序间模型场景继承，缩短了50%的设计周期，设计成本降低了50%以上；生产技术工艺资料准备及下达效率提升10倍以上。全部500余项产品基础信息及技术资料数据结构化梳理，精简约2 000冗余工序并建立标准工序知识库。

8.6.2.2 计划调度环节

（1）计划调度

从整个生产管理系统维度看待计划，对物料采购供给进行监督和控制，科学地研判生产能力，提高生产部门和其他部门的协同能力，应用MES系统链接ERP及CAE、CAPP、PDM系统，获取经营计划（订单＋预测）、计划产品技术文档等数据，进行产能评估、计划排程、工序详尽排产，并向车间工位一体机推送工单/图纸工艺/检验要求及设备加工指令代码。

（2）车间智能排产

应用高级计划排程功能模块（APS），根据导入的经营计划（订单＋预测），结合已建立的计划排产模型，综合分析工期/交期、齐套率、产量要求等众多约束性条件，输出排产计划，并优化调整排产计划，从而提升生产管理效率，排产与生产无缝对接。

（3）精准作业派工

根据工序计划安排，MES系统中建立完备的人员技能库，按人员录入技能信息，并做好技能分类，系统定期更新认定人员技能信息；生产作业按不同工序、人员匹配到工位，车间作业人员扫码自身身份条码登录MES，精准派工领取生产任务、看板作业，系统自动检测跟踪工序完结情况。

（4）解决的痛点问题

解决了产能动态均衡、人员、设备等资源利用率不高的问题，并及时响应紧急插单、进度异常调整等情况。

（5）实施成效与带动效应

缩短从排产到生产计划周期约20%，有效降低工序衔接等待时间，产能挖潜20%以上，计划兑现率提升30%。该场景进行技术改造以后，设备利用率直接提升20%，经济效益明显。

8.6.2.3 生产作业环节

（1）生产作业

基于多品种小批量、以销定产、离散制造模式，开发MES并对接PDM/ERP，实现生产过程数据"人机料单合一"，建立具有实时型企业特质的车间管理、提升数据管理能力，在生产现场，结合条码自动识别技术进行数据采集，结合设备集成的数据，输出报表及可视化看板信息，实现制造过程的精细化、透明化、实时化、数据化、一体化管理，提升质量溯源、均衡生产、快速响应的生产计划管控能力。

（2）解决的痛点问题

场景的搭建重点需要解决排产—生产衔接、异常堵滞、响应慢、人为不确定及信息孤岛问题，降低了返工率高、加工资源浪费的问题。

（3）实施成效与带动效应

减少浪费，提高增值活动占比；改善现场，塑造员工责任意识，形成问题与异常反馈机制，提升管理效率，形成持续改善的文化，充分暴露现场问题与风险，减少工序衔接等待，返工降低14.3%，加工降低14.1%；人员劳动强度及安全风险大幅降低，减少了无效等待时间。

8.6.2.4 设备管理环节

（1）设备管理

通过对设备维护的闭环解决方案，将设备全方位基础信息管理信息化，将设备维护保养工作标准化，并以多维度报表分析展示维修数据，从而优化设备运行效率，降低故障率和故障时间。

（2）自动巡检

充分运用5G专网与AR技术的结合，使用AR智能眼镜对设备进行智能巡检、点检，自动记录设备状态，提前预防及时维护，支持远程协作辅助，可以有效形成远程巡检创新模式，提升巡检效率与质量。

（3）智能维护管理

增加PDA终端登录TPM，工人上报故障后首先通知由班长管理的PDA设备,在 PDA 设备商选择具体故障类型发起 TPM 保修流程。平台增加设备地图功能,使地图和 MES 系统打通,可以显示 MES 任务单,加工过程实时显示。

(4) 在线运行监测与故障诊断

TPM 系统的运用是以提高设备综合效率为目标,以全系统的预防维修为过程,全体人员参与为基础的设备保养和维修管理体系,提供能力开放接口,与 AR/MR 系统及定位标签系统形成业务互联,以数字化融合方式实现设备维护流程扁网化、管理透明化升级。

(5) 资产全生命周期管理

设备管理系统借助二维码、RFID 技术实现全生命周期的设备管理,核心模块包括设备台账、设备日常管理、设备维修保养、设备点巡检、设备备件管理、工具管理、维修人员档案管理、知识库、统计分析。通过与智能化设备硬件对接或通过外接智能传感器的方式,设备管理系统完全具备对所管理的设备的实时数据采集能力,从而实现设备管理智能化、自动化。

(6) 解决的痛点问题

场景的搭建,降低了设备故障率问题、设备事故率及设备检修周期等问题。

(7) 实施成效与带动效应

设备检修流程工期降低 60%,减少设备维修成本 19.8%,新场景建成使用后巡检效率大大提升,杜绝设备部与生产部门工作衔接问题,减少工作人员劳动成本。

8.6.2.5 质量管控环节

(1) 智能在线检测

开展智能在线检测及自反馈控制,建立气阀制造全面质量管理系统。通过 5G 移动互联、VR 眼镜及无线量具等机器视觉技术结合应用,在线监测数据实时与车间组态上位机进行数据交互,用无线量具逐个测量,并实时记录检测数据,通过 5G 无线网络传输到质量管理系统 SQ 系统并核对是否合格(颜色提醒/报警),合格自动计数/不合格标识,检测结果通过 SQ 与 MES 系统交互数据,实时反馈到任务中心(数据中台),以图表形式展示给各级管理层。

(2) 质量精准追溯

智慧质量管理平台作为全面质量管理的中枢系统,首先和企业 PLM 系统对接获取气阀的工艺标准并形成检测方案;其次,智慧质量管理平台对接 MES 系统,通过 MES 系统的生产设计模块下达的检验指令触发相应的检测方案并执行,反馈检测结果到 MES 系统;智慧质量管理平台对接各类测量工具,通过"人、机、料、法"要素的整合,对接全面质量管理软件,搭建气阀质量管理数字平台,实现全流程质量溯源及数据记录,在线检测产品质量,指导质量改进及工艺优化,实现气阀生产全流程工艺优化,有效掌控气阀生命周期的目标。

(3) 产品质量优化

依托建立的智慧质量管理平台,日常作业中产生的数据及时回收,基于产品标准建立各工序检测方案知识库并结构化检测数据库;基于无线量具等物联感知仪器仪表,现场采集检测数据并自动对比评判;基于结构光三维测量系统,提出基于模型分区的自动化测量视点规划方法;基于多视图的精密匹配,建立基于多视几何约束的多视点相机姿态参数优化模型;研究多视几何精密快速三维重建技术,获得大型气阀零件的稀疏三维数据,准确定位几何破损或缺失区域的方位,并量化评估缺陷程度。通过搭建质量优化分析模型,综合分析产品质量影响因素识别和质量优化提升。

(4) 解决痛点问题

解决了生产过程中产品质量不能实时监测、质量过程控制滞后问题;解决专职检验员数量不足、检验数据手工录入易错及工作量大的困扰;解决质量数据分析不系统问题。

(5) 实施成效与带动效应

检测效率助力工序转序效率提升50%以上,缺陷损失下降12.9%,报废削减12.3%。驱动传统检测模式由事后检验向事中控制、事前预防转变。

8.6.2.6 仓储配送环节

(1) 仓储配送

建成仓储管理系统(WMS),主要通过核心管控层软件,基于 ERP、MES、PDM、SCADA 生产经营业务流程的数字化贯通基础,在内部数据流贯通基础上,通过销售订单自动获取、主生产计划排程、生产作业监控及出入库管理功能,有效管理和预测需求,充分考虑并平衡需求、供应与其他限制因素,优化资源规划效率,优化库存水位,实现利润最大化,通过实现智能仓储,提升市场驱动的敏捷性。

(2) 解决的痛点问题

解决了物料管理混乱,配货进度缺失的问题,解决领料等待,库管人员 24 小时值班、工作强度大的困扰。

(3) 实施成效与带动效应

库存占比下降5%,出入库及盘库效率提升15%以上,降低人员工作强度、无纸化仓储避免物料浪费,精简物料领用审批流程,月减少单据审批流程节点 3 000 余项。

8.6.2.7 互联互通环节

围绕研发设计、生产制造、物流发货、品质管控一体化目标,系统整合 ERP、

PDM、MES、SCADA软件各功能模块,实时采集进度、质量、设备状态等生产过程数据到数据中心服务器,通过基于云技术搭建的监控系统实时透视生产制造业务场景,实现"作业直接到工位、工艺直接到设备、数据直接到管理"的初衷。

8.6.3 启示

启示一:离散制造模式的企业普遍面临着高端精密装备能力不足、生产计划调度混乱、生产实时信息反馈不及时、资源配置不均衡、人工成本高等问题,企业"智能化"和"数字化"转型是一个持续进化的过程。

启示二:江苏制造型企业围绕"国产化替代"向"国际化"转变、"以产品为中心"向"以客户为中心"转变、"制造"向"研制+服务"转变,需以精益为基、标准先行,通过技术创新应用、组织管理变革,基于数据驱动,探索业务重构及模式创新。

8.7 本章小结

制造业是国民经济的支柱产业,是国家创造力、竞争力和综合国力的重要体现。2008年金融危机后,世界各国纷纷出台制造业转型升级战略,制造业发展再次成为全球产业发展的热点。本章选取了德国、英国、东盟和韩国等代表性国家,深圳、浙江等国内先进区域以及江苏代表性企业为研究案例,对制造业转型升级的原因、侧重点进行研究,以期为江苏制造业转型升级提供经验借鉴。

第9章 加快江苏制造业转型升级的对策性建议

制造业是一个国家经济社会发展的根基所在。在不同时期、不同场合,习近平总书记多次强调制造业的重要作用、重要地位,明确指出发展实体经济,就一定要把制造业搞好。2013年3月8日,习近平总书记在参加十二届全国人大一次会议江苏代表团审议时强调,要深化产业结构调整,构建现代产业发展新体系,抓住化解产能过剩矛盾这一工作重点;2017年12月12日至13日,习近平总书记在徐工集团考察时强调:"发展实体经济,就一定要把制造业搞好,当前特别要抓好创新驱动,掌握和运用好关键技术。装备制造业是制造业的脊梁,要加大投入、加强研发、加快发展,努力占领世界制高点、掌控技术话语权,使我国成为现代装备制造业大国。"2017年10月18日,习近平总书记在中国共产党第十九次全国代表大会上强调:"加快发展先进制造业,推动互联网、大数据、人工智能和实体经济深度融合,在中高端消费、创新引领、绿色低碳、共享经济、现代供应链、人力资本服务等领域培育新增长点、形成新动能。"2018年5月28日,习近平总书记在中国科学院第十九次院士大会、中国工程院第十四次院士大会上指出:"要推进互联网、大数据、人工智能同实体经济深度融合,做大做强数字经济。要以智能制造为主攻方向推动产业技术变革和优化升级,推动制造业产业模式和企业形态根本性转变,以'鼎新'带动'革故',以增量带动存量,促进我国产业迈向全球价值链中高端。"2018年10月22日至25日,习近平总书记在广东考察时强调:"制造业是实体经济的一个关键,制造业的核心就是创新,就是掌握关键核心技术,必须靠自力更生奋斗,靠自主创新争取,希望所有企业都朝着这个方向去奋斗。"

因此,江苏必须以习近平新时代中国特色社会主义思想为指导,认真落实习近平总书记对江苏工作和制造业发展的重要指示要求,以推动高质量发展为主题,聚焦自主创新、融合赋能、绿色集约、提质增效,紧紧围绕"高端化、智能化、数字化、绿色化"这"四个方面"下功夫,以先进制造业集群和产业链培育为引领,着力提升江苏制造核心竞争力,加快建设具有国际竞争力的先进制造业基地,为奋力谱写"强富美高"新江苏建设现代化篇章提供坚实保障。

9.1 打造产业链,推动制造业转型升级

以更强创新力、更高附加值、更安全可靠为导向,推进新一轮技术改造行动,促使产业基础高级化和产业链现代化,全力打造占据创新链、产业链和价值链高端的"江苏制造"。

9.1.1 重视产业基础再造

聚焦"四基"领域[核心基础零部件(元器件)、关键基础材料、先进基础工艺、产业技术基础],提升产业基础能力,构建高标准的产业基础体系。重点做好以下工作:一是高度重视基础研究和关键共性技术、前瞻技术、战略性技术研究,聚焦先进材料、高端芯片、工业软件、生物医药、生物育种等亟须突破的领域,加大基础研究投入,支持基础材料、零部件和软件企业与产业链下游应用企业协同攻关突破,实施一批产业基础再造项目,重点提高基础产品的可靠性、稳定性。二是努力完善试验验证、计量、标准、检验检测、认证、信息服务等基础服务体系,大力提升江苏质量基础设施水平。三是以强化竞争政策基础地位为主线,培育有利于激发创新特别是颠覆性技术创新的环境,加大对江苏中小企业创新支持力度,充分发挥中小企业在技术创新方面的重要作用。

9.1.2 提升优势产业链竞争力

立足制造业规模优势、配套优势,深入实施供应链、产业链、价值链的全面提升行动,分行业精准施策,加强资源、技术、装备支撑保障,从发展质量、创新能力、国际位势方面全面提升优势产业链竞争力,重点做好以下工作:一是继续提升特高压设备、生物医药、晶硅光伏、风电装备、高技术船舶等产业链整体竞争力;二是做强集成电路、轨道交通、5G、新型医疗器械等产业链优势环节,形成支撑产业升级的一批自主知识产权,打造符合未来产业变革趋势的整机或终端产品;三是加快钢铁、石化、轻工和建材等传统重点行业转型升级,推动优势产业链向价值链中高端攀升。

9.1.3 培育壮大新兴产业链

一是进一步聚焦聚力,以新一代信息技术、生物技术、新能源、新材料、新能源汽车、绿色环保、航空航天、海洋装备等领域为重点,瞄准科技前沿,加快创新突破,全力攻坚关键核心技术,推动互联网、大数据、人工智能、物联网等数字技术赋

能,大力培育龙头企业,培育壮大产业发展新动能,不断提高新兴产业创新能力和竞争力。二是推动传统产业与新兴产业联动发展,传统产业加快智能化改造和数字化转型,新兴产业积极优化布局增强能级,建立产业政策和竞争政策协同促进机制,不断优化产业生态,为战略性新兴产业发展创造良好环境和条件。三是借力长三角一体化发展优势,遵循新兴产业发展规律,优化江苏新兴产业整体空间布局和各地发展重点,实现错位发展、特色发展。

9.1.4 推动先进制造业与现代业服务深度融合

2019年9月,为贯彻落实中央深改委第十次会议精神和国家发展改革委相关文件精神,江苏省发展改革委就组织开展了江苏省先进制造业和现代服务业深度融合试点工作,根据各地申报确定了123家龙头骨干企业、21家产业集群和15家集聚区域作为首批省级试点单位,支持跨业联动,鼓励先行先试,探索推进两业深度融合发展的创新路径、有效机制和政策举措,并取得了较好的示范带动成效。要继续推进"两业"深度融合进程,重点做好以下工作:一是引导骨干企业、产业园区确立"两业融合"发展理念,制定以融合促转型、以融合提质效的务实举措,支持跨业联动,鼓励先行先试,探索推进"两业融合"发展的创新路径和有效机制。二是重点围绕和依托新型电力(新能源)装备、工程机械、物联网、高端纺织、前沿新材料、生物医药和新型医疗器械、集成电路、海工装备和高技术船舶、高端装备、节能环保、核心信息技术、汽车及零部件(含新能源汽车)、新型显示13个先进制造业集群,以生产性服务业发展为主攻方向,积极发展高端科技服务、个性化定制服务、工业设计、现代供应链、智能制造与运营管理、工业互联网、大数据服务、融资租赁服务、整体解决方案服务、总集成总承包服务、产品全生命周期管理等新业态新模式,打造"两业融合"的优势产业链条、新型产业集群、融合示范载体和产业生态圈。

9.1.5 打造先进制造业集群

2018年,江苏在全国率先出台《关于加快培育先进制造业集群的指导意见》,遴选新型电力(新能源)装备、工程机械、物联网等13个先进制造业集群重点培育。2019年,江苏13个先进制造业集群实现主营业务收入占全省规模工业30%以上,节能环保、集成电路、医药、新能源、海工装备等产业规模居全国第一,多个细分行业发展水平处于全国领先地位,集群规模实力、地位作用、创新活力、引领效应有了显著提升。但江苏先进制造业集聚还存在集聚度不高、领军企业不多、品牌影响力不强、"有高原、缺高峰"的现象。因此,江苏需聚焦新兴领域、突出特色优势,促使前沿新材料、生物医药和新型医疗器械等9个集群在全球产业链分工和价值链中地位明显提升,新型电力装备、工程机械等4个集群具有全球创新引领能力,综合影响力达到世界一流水平,推动全产业链优化升级。同时,江苏还需以集群创新需求为导向,构建企业主导的先进制造业集群创新发展体系,通过政府支持、股权合作、成果共享的市场化运作机制模式,分集群分层次推进制造业创新中心建设,创建3~5家国家级制造业创新中心,智能制造整体达到国际水平。

9.1.6 建设低碳清洁可持续的绿色安全制造新体系

从碳排放总量来看,"十二五"期间,江苏省规上工业碳排放总量累计增长4.96%,年均增长1.22%;"十三五"期间,全省规上工业碳排放总量累计下降7.44%,年均下降1.92%。"十三五"期间,碳排放总量增速得到控制。从碳排放强度来看,2005年以来,江苏碳排放强度呈逐年下降趋势,其中,"十二五"期间全省规上工业碳排放强度年均下降5.08%,"十三五"期间年均下降8.58%,表明江苏规上工业碳排放得到显著改善。从行业能耗来看,冶金、石化、纺织、轻工、建材五大行业能耗合计占比基本保持在80%左右。2017年,上述五大行业能耗占比分别为27.47%、22.63%、11.62%、13.82%和6.24%,建材能耗占比2017年较2006年下降5.04%。2019年,江苏规模以上工业单位增加值能耗比上年下降4.95%,2016—2019年累计下降21.9%。江苏积极发展利用清洁低碳能源,海上风电装机规模居全国第一,光伏发电累计装机居全国前列,分布式发电市场化交易试点数量亦居全国第一。江苏持续实施能效领跑行动和"百千万"行动,截至2019年底,累计创建国家绿色工厂147家、绿色园区11家、绿色供应链管理企业7家。但江苏仍面临能源结构偏煤,减碳压力巨大,能源消费和利用方式面临技术挑战等问题。因此,江苏要推进制造业绿色安全发展方式转变:一是推动制造业节能减排。引导企业开展清洁生产工艺技术升级改造,"一企一策"指导重点企业制定节能技术改造方案,加快推进中小企业清洁生产水平提升。二是启动零碳城市、零碳园区、零碳工厂建设,支持符合条件的地区创建国家低碳城市,推动南京市南部新城中芬低碳生态示范区、常州碳排放权交易市场建设。三是建立低碳产业引导基金,吸引投资节能环保、低碳清洁新能源和碳交易领域的民间产业基金,撬动社会资本在省内投资低碳制造业相关产业。四是对能源利用效率偏低的重点行业"深度挖潜"。围绕钢铁、石化化工、建材等重点行业,利用原料替代、过程削减和末端处理等手段,减少工业生产过程中的温室气体排放,开展碳捕集、利用、封存技术研发和示范应用。

9.2 自主创新,推动制造业转型升级

江苏制造业紧扣高质量发展要求,围绕自主可控,加快制造与科技的深度融合,努力形成科技创新推动制造业转型发展的叠加效应、聚合效应、倍增效应。

9.2.1 构建以企业为主体的产业创新体系

创新是影响制造业企业转型升级的一个重要因素。一是政府发挥主导作用,引导各要素向企业聚集,协助企业成为创新型企业,提升自主创新能力。二是鼓励企业加大技术研发投入,支持重点企业建设新型研发机构和境外研发基地,激发企业创新动力,提升创新能力。三是聚焦关键核心技术突破。针对制约江苏制造业发展的"卡脖子"问题,在高端装备、关键材料、核心零部件、核心软件、数字技术融合等领域实施攻关计划,开展关键核心技术攻关,力争在相关领域取得突破、补齐技术短板。

9.2.2 完善产业共性技术供给

产业共性技术是介于基础研究与应用研究之间处于竞争前阶段的技术,处于整个技术创新链、产业价值链中的基础性地位,它的有效供给能够改善企业获取技术的能力,降低企业后续应用性研发的技术风险,是企业技术储备的关键与提高自主创新能力的源泉。一是构建以政府为主导的多层次产业共性技术研发供给体系。充分发挥江苏产业技术研究院在基础性强、关联性强、外部性强的通用产业共性技术方面的研发作用;充分发挥创新联合体在整合创新资源、推动共性技术突破中的引领作用,供给应用性较强或商业化应用较近的产业共性技术;支持重点企业牵头建设产业创新中心、制造业创新中心、技术创新中心等创新平台,承担国家重大科技攻关项目,研发专项产业共性技术。二是鼓励有条件的企业联合转制科研院所组建行业基础研究院,提供公益性共性技术服务。

9.2.3 促进产学研用深度融合

江苏高教智力资源丰富,高校作为科技研发的主阵地,既是科研成果转化的重要来源,又是产学研深度融合的重要支撑。一是要完善产学研深度融合的运行机制。按照"政府引导、市场主导、专业运作"模式,支持高校、科研机构创建国家重点实验室,紧密对接地区主导产业创新需求,建设一批创新成果转化中心。二是要建立产学研深度融合的评价激励机制。加强统筹协调,在政府、企业、科研院

所、高校、行业组织之间协同互动,将科研成果转化体系建设纳入高校相关建设考核目标。三是推动国家科研平台、科技报告、科研数据进一步向企业开放,鼓励科研人员与企业建立深层次的长期合作关系。四是加快建设专业化、市场化技术转移机构和技术经理人队伍。

9.2.4 实施智能制造工程

智能制造是新一代信息技术与先进制造技术的深度融合,智能制造作为《中国制造2025》明确的主攻方向和突破口。江苏要打造制造业全面智能化改造的江苏样板。一是分类推进改造升级。支持骨干企业推动工艺创新、装备升级和业务流程再造,建设智能示范车间和智能制造示范工厂。二是实施中小企业数字化赋能专项行动。研发推广面向中小企业的低成本、模块化的先进智能化解决方案,推动中小企业数字化普及和智能化改进。三是加强关键技术创新,突破高性能传感器等基础零部件和装置,加快研制技术工艺水平先进、信息化程度高的新型智能制造装备,推动各类通用、专用制造装备加速迭代升级。四是建设智能制造集群和园区,支持有条件的地区建设智能制造先导区,打造若干区域数字化转型促进中心,推动重点产业集群和园区数字化转型。五是优化智能制造发展环境,从智能制造标准体系建设、系统解决方案供应商培育、标杆项目示范、智能制造园区建设等方面,打造完善的智能制造服务支撑体系。

9.2.5 加强数字产业支撑

数字产业化是发展数字经济的重要内容,是推动经济高质量发展的重要驱动力。一是培育壮大核心引领产业。培育云计算、大数据、区块链、人工智能等新兴数字产业,推进工业互联网创新发展应用,重点打造一批高水平的工业互联网平台,加快工业设备和业务系统上云上平台,支持企业建立全流程的数据归集体系,深入挖掘数据价值。二是积极推进数字化应用基础设施建设。加强5G、千兆光纤宽带、数据中心、标识解析等新型信息基础设施规模部署和创新应用,鼓励有条件的企业建设完善企业内网,创建国家"5G+工业互联网"融合应用先导区,提升工业信息安全保障能力。三是加快推进数字化园区建设。鼓励有条件的国家级、省级园区,探索建设智慧园区管理平台,支持建设"智能工厂""数字工厂",实现园区企业上云全覆盖。

9.3 集聚人才,推动制造业转型升级

加强产业人才队伍建设,是实现江苏新旧动能加速转换、推进制造业产业升

级的关键支撑。

9.3.1 打造"三支"人才团队

一是具有创新意识的政府管理部门人才团队。江苏制造业转型升级,需要做好顶层设计,这就需要一支适应数字经济时代产业发展、具有创新意识和优秀综合管理能力的政府管理部门人才团队,才能真正推进江苏制造业的转型升级。二是高素质的企业家队团队。企业家是"稀缺资源",江苏制造业企业转型升级工作的实施,需要由各企业家积极推进和具体落实。江苏要注重从龙头骨干、高成长型、隐形冠军、专精特新企业中遴选企业主要负责人,组建创新型企业家培育库,培养一批具有国际视野与创新能力的企业家团队。三是"高精专"的制造业领军技术人才团队。围绕江苏制造业产业转型升级和先进制造业的重点发展领域,以高层次创新创业领军人才和团队为重点,在全球范围内引入或培育一批能冲击国内外科技前沿、能够突破关键技术的科技领军人才、产业研发带头人。

9.3.2 构建立体化技术工人培训体系

一是积极倡导和培育精益求精的"工匠精神",培育"江苏大工匠"队伍,鼓励校企合作、产学融合,建立工匠人才培养教学基地和"工匠产业发展基金",构建宽渠道、多形式、立体化的技术工人培训体系,造就多层次的"工匠"型人才。二是结合江苏制造业的实际发展,关注钢铁产业、汽车产业、装备制造产业等十大重点领域,重点培育培养一批擅长使用智能制造装备和设备的操作人员,大力培养智能制造、高级数控机床、工业机器人、新能源汽车、光纤电缆、高端芯片、新材料等领域的稀缺技术人员。

9.3.3 激发制造业企业引才用才积极性

制造业的转型升级发展急需各类技术创新,因此,激发制造业企业引才用才积极性尤为重要。一是加大投入保障力度。财政产业类引导资金等要安排一定比例用于相关领域人才培养、引进工作,政府投资基金优先支持人才项目,同时调动社会资本支持高端产业发展,努力构建多元化、社会化的人才投入体系。二是突出政策叠加效应。坚持人才政策和产业政策集成发力,针对高端产业项目初创期、成长期、壮大期等不同阶段"痛点",针对不同层次人才特点,制定更具有针对性的培育支持措施。三是强化以用为本理念。贯彻"为我所用"的人才引进理念,研究制定柔性引才政策,鼓励通过技术转让、人才租赁、智力咨询、技术入股等多种方式,引进高端产业紧缺人才,形成以能力、业绩、贡献为主要指标的产业人才评价标准。

9.3.4 优化人才生态环境

一是构筑产业引智平台。加快推进制造业产业集聚区等大平台建设,不断增强人才与产业发展的契合度,围绕"产业链"构建"人才链",通过"人才链"提升"产业链",形成以产业聚人才、以人才兴产业的良性互动格局。二是打造良好营商环境。强化"互联网+"政务服务,提升政务环境、市场环境、法治环境,深化"最多跑一次"改革,努力提升企业与人才在江苏安居乐业的归属感和获得感。三是健全有效激励制度。配套出台有吸引力的人才落户、住房、子女入学教育、养老、医疗等优惠扶持政策,形成更强合力,从人才职业规划、人生规划方面入手留住人才。四是改革人才评价发现机制。创新人才评价标准、方式、渠道,不拘一格降人才,给各类人才以成长的空间和机会。

9.3.5 完善鼓励大学生省内制造业创业就业的政策

一是完善大学生就业政策。国内其他发达地区都有鼓励大学生创新创业就业的高效政策,比如深圳人才新政56条、成都的"蓉漂人才"等相关人才政策,江苏省委省政府也印发《关于进一步引导和鼓励高校毕业生到基层工作的实施意见》(2018年),通过18项措施引导和鼓励大学生基层就业。但还缺乏针对鼓励制造业行业创业就业政策,应出台包括生活补贴或安家费、人才过渡住房或租房补贴、科研经费或启动经费,到就业创业辅导、培训机会、子女入托入学等方面内容的系列引才留才政策,做好吸引、留住高校毕业生在江苏制造业创业就业工作,为江苏制造业转型升级提供智力支持。二是增强高校服务地方能力。引导省内高校积极向应用型转变,强化专业服务产业导向,深化政、行、企、校合作,促进科研成果转化与更多毕业生留在江苏制造业行业就业创业。

9.4 财政支持,推动江苏省制造业转型升级

制造业转型升级是在市场机制的主导下进行的,但也同样离不开政府财政政策的引导与支持。

9.4.1 加大对制造业的投入力度

一是利用好现有支持制造业发展的各类专项资金,特别是工业转型升级、创新型省份建设、省级工业和信息产业转型升级专项资金等重大专项资金,加大对

制造业科技创新领域的投入,建立财政支持制造业投入稳定增长机制。二是统筹发挥财政资金对金融资源的撬动作用。以江苏省政府投资基金等专项基金为引导,吸引社会资本、金融机构共同参与,放大财政资金引导作用和杠杆效应,支持智能制造、工业"四基"工程、绿色制造等重点领域,加快培育高端制造业。三是鼓励各地参照设立支持制造业发展的贷款风险补偿资金池,完善风险补偿资金池的管理办法,充实扩大小微创业融资基金,对符合条件的制造业逾期贷款,按一定比例由风险补偿资金池代偿。四是积极探索运用政府和社会资本合作(PPP)模式,尽快在制造业领域开展并推广试点,引导社会资本参与制造业重大项目建设和企业技术改造。

9.4.2 优化财政政策的支持方向和重点

一是优化支持方向。重点支持《中国制造2025江苏行动纲要》中所确定的集成电路及专用设备、网络通信设备、操作系统及工业软件、云计算、大数据和物联网、智能制造装备、先进轨道交通装备、海洋工程装备和高端船舶、新型电力装备、航空航天装备、工程和农业机械、节能环保装备、节能型和新能源汽车、新能源、新材料、生物医药和医疗器械等先进制造业行业,加大对制造业研发的支持、创新产品的采购力度和对制造业人才的投入。二是聚焦支持先进制造业集群培育和核心技术攻关。在技术改造升级方面,重点围绕高端化、智能化、绿色化、服务化方向,支持企业应用自主创新产品、技术、装备等,实施技术改造,提升产业基础能力、产业链现代化水平以及本质安全水平。在关键核心技术(装备)攻关方面,支持企业在重点领域完成对技术熟化、中试验证、批量生产等工程化阶段瓶颈持续创新攻关,重点突破关键核心技术、"五基"产品、重大装备短板、关键软件和系统等"卡脖子"技术和产品。在数字经济培育创新方面,支持工业互联网标识解析、平台、安全等基础设施建设和信息技术应用创新、数据产品化以及数字经济服务体系建设。在龙头骨干企业培育方面,支持龙头企业兼并重组、专精特新"小巨人"和"单项冠军"企业能力提升、标准领航质量提升,以及省委、省政府部署的重大展会、重大活动和政策文件明文规定的奖励事项;支持新能源汽车推广应用。在产业升级平台建设方面,支持建设制造业创新中心、集群发展促进机构、中小企业公共服务平台、产业人才培训等产业支撑平台,支持绿色系统解决方案服务商提升服务能力和水平。

9.4.3 创新对制造业的财政支持方式

一是从"直接投入"向"间接引导"转变。改变单一扶持方式,由扶持具体项目逐步向支持科技成果转移转化、技术交易、科技公共服务等平台建设,以及支持制造业企业融资等服务体系建设转变。二是由"无偿拨付"向"有偿使用"转变。设立制造业转型升级周转金,对于采用新技术、生产新产品、增加新品种、提高产品质量的制造企业,给予较低利率的借款,给予制造企业有偿的资金扶持,实现政策资金可持续使用,滚动支持更多的制造企业创新创业、转型升级。三是事前支持和事后补助相结合。围绕产业链关键环节和产业基础关键能力提升等领域,采取事前持续支持、事后奖励补助的方式,对企业实施的核心技术攻关、高端化技术改造升级等项目给予资金补助。同时,提高事前支持力度,安排的项目中事前支持类项目要占比 60% 以上,提升项目平均支持强度。

9.4.4 加强对财政支出的绩效监督和跟踪问效

一是建立制造业相关专项资金退出机制。结合国家和江苏省产业政策调整、公共财政体系建设等要求,坚持区别对待、有扶有控的原则,根据制造业专项资金支持范围和支持对象的变化情况,对支持制造业相关专项资金进行定期评估,做到"有取有舍"。二是优化财政资金分配行为。在支持制造业发展方面引入市场机制,逐步推广资金的竞争性分配方式,可选择高端制造业升级技术改造项目先行试点,制定相关制度办法,对资金的分配设定做出较为具体、详尽的要求,实现财政资金的优化配置,确保有限的资金用在刀刃上。三是完善财政资金绩效评价体系。完善制造业相关专项资金的绩效评价制度,适时对专项资金资助的重点领域和项目进行绩效评价,建立财政资金分配和使用效果的跟踪问效和责任追究制,并作为安排专项资金预算的重要依据,不断提高资金的使用效益。

9.5 税收扶持,推动江苏制造业转型升级

制造业转型升级需要税收政策的引导与扶持,税收可通过提升制造业创新能力、推进制造业产业集群发展、鼓励制造业兼并重组以及引导制造业与服务业的跨界融合等途径扶持制造业转型升级。

9.5.1 继续加大现行优惠政策的落实力度

在新时代经济发展的背景下,税务部门应严格落实国家各项税收优惠政策,以减税降负激活企业创新活力为重点,助力产业转型升级,着力点需放在利用税收政策在企业不同的发展阶段扶持制造业转型升级方面。一是在企业初创期,帮助符合条件的小微企业享受减免企业所得税优惠,指导扶持企业成长的科技企

孵化器、国家大学科技园等创新创业平台、创投企业和个人等享受税收优惠。二是企业成长期,指导企业享受研发费用加计扣除政策、企业固定资产实行加速折旧,尤其是生物药品制造业、软件和信息技术服务业等 6 个行业以及 4 个领域重点行业企业用于研发的仪器设备不超过 100 万元的,可以一次性在税前扣除。三是企业成熟期,指导高新技术企业减按 15% 的税率征收企业所得税,并不断扩大高新技术企业认定范围,指导软件和集成电路企业享受"两免三减半"等企业所得税优惠,特别是国家规划布局内的重点企业可减按 10% 的税率征收企业所得税。

9.5.2 不断提高指导企业享受税收优惠服务工作质量

一是江苏税务部门在坚决贯彻依法治税的前提下,进一步转变作风、改进服务,加强对不同政策、不同企业的分类指导,加大相关政策的培训和宣传力度,提高政策落实的精准性,减少无知性或程序性税务风险,避免有企业因不了解政策而放弃享受优惠,提高企业用好用足优惠政策的积极性,充分发挥税收优惠政策引导产业结构优化升级的作用。二是江苏地税部门与科技、发改、工信等部门建立联席会议制度,收集纳税人名单开展逐户筛查,并对重点行业企业进行辅导,帮助企业了解享受政策,将税收优惠政策落实到位。三是江苏税务部门运用信息化手段主动提供风险扫描服务,及时查找纳税人享受优惠政策中存在的风险点,使纳税人"足不出户"可实现风险自救,降低涉税风险。同时,加大宣传力度,编印发放大量促进企业创新税收宣传册,使广大纳税人对优惠政策应知尽知。

9.5.3 进一步完善现行相关税收政策

完善技术创新相关政策。一是在高新技术企业优惠政策方面,适度改变高新技术企业认定条件。高新技术企业的认定条件应体现出对企业创新投入的激励倾向和对企业创新绩效的激励倾向,相关标准的设定应更为灵活。优惠政策的实施应以为企业创新活动提供更多资金支持,分担企业创新风险为目的。参考 OECD 国家对高新技术企业认定指标,可以增加对研发投入增量的指标,以激励企业将减税税收收益更多投入创新活动中,也可考虑对企业因创新产生的收入予以额外的税收减免,更好激励企业创新成果的转化应用。比如荷兰政府规定对因创新产生收入的 25% 实施 5% 的低税率(荷兰的基准企业所得税率为 20%~25%)。二是在研发费用加计扣除政策方面,扩大加计扣除核算口径,适当提高扣除力度。一方面,统一研发费用加计扣除与高新技术企业认定中研发费用的归集口径,降低企业核算负担,减少核算争议。另一方面,可以将研发使用的建筑物折旧也计入其中,使企业享受更为充分的政策优惠。同时,将加计扣除比例由 50%

提高至 75% 甚至 100%,提高扣除力度。

完善固定资产投资相关政策。一是进一步扩大固定资产加速折旧政策适用范围,提高一次性扣除的标准。围绕《中国制造 2025 江苏行动纲要》的重点支持产业领域,逐步扩大固定资产折旧政策适用范围,促使更多企业基于自身利益提高固定资产投资力度和创新活力。同时,加大优惠力度,建议将企业购入的单位价值不超过 100 万元的研发机器、设备和单位价值不超过 5 000 元的固定资产一次性扣除的标准提高。还可考虑放宽"专用于研发"的条件限制,将所有行业"研发和生产经营共用"的仪器、设备纳入受惠范围,进一步扩大政策惠及面。二是推行增值税"留抵改退税"试点。"留抵改退税"在一定程度上会使当期税收收入受到较大影响,建议在精确计算的基础上,分行业、分步骤推进。同时,针对纳税人可能会因退税进行虚假异常申报,要建立健全增值税退税审核机制,加大稽核力度。

完善并购重组相关政策。一是放宽并购亏损企业的条件。有关并购亏损企业的规定应适当放宽,有利于前期亏损企业与并购企业的产业结构互补优化,促进企业做大做强。二是放宽特殊性税务处理条件。可以考虑提高免税待遇的最低股权支付比例,同时放宽股权支付中的股票性质规定,降低企业并购中的税收成本,提高企业并购积极性。三是针对不同海外并购方式,分别制定税收规则,更好地发挥税收政策的导向性作用。

完善产业融合相关政策。一是给予科技人员更多的税收激励。借鉴经济合作与发展组织(OECD)成员国经验,对企业引进高层次人才支付的工资薪金实行企业所得税前加计扣除或税收抵免措施;对高科技人员与创新项目挂钩的收入给予一定的个人所得税优惠;对高科技人员在技术成果和技术服务方面的收入,可比照稿酬所得的规定,按应纳所得税额减征 30% 或更多;对科研人员从事研究开发取得特殊成绩获得的各类奖励津贴免征个人所得税;对研发人员转让专利、发明和国际标准获得的收益,以技术入股而获得的股权收益,实行定期免征个人所得税政策。二是继续完善促进生产性服务业发展的相关增值税政策。在现实条件允许的情况下,对诸如文化创意服务等人力资本投入较大的企业,可考虑增值税征收中允许按 3% 的征收率实行简易计税方法。三是推进设备抵免政策。全方位支持工业互联网平台建设,将互联网设备投入和设施改造纳入税收抵免、加速折旧的范围;针对互联网设备附带有专业性维护和第三方委托服务项目,可将所含专业维护和第三方服务的费用纳入税收抵免或加速折旧的基数。[①]

---

① 郭健.税收扶持制造业转型升级:路径、成效与政策改进[J].税务研究,2018(3):17—22.

9.6 金融助力,推动制造业转型升级

金融支持则是制造业发展的核心动能之一。因此,有效增加制造业信贷投放,促进金融支持制造业发展,推动江苏建设具有国际竞争力的先进制造业基地。

9.6.1 加大制造业信贷投放力度

一是银行业金融机构要始终坚持服务实体经济的经营理念,围绕江苏重点培育的新型电力(新能源)装备、工程机械、物联网、高端纺织、前沿新材料、生物医药、集成电路等 13 个先进制造业集群,加大对战略性新兴产业、高新技术、传统产业技术改造和转型升级等企业的支持力度,重点加大中长期贷款投入。二是坚持区别对待、有扶有控的原则,对传统行业中的优质企业,继续给予信贷支持;对"三高一低"企业要限制贷款,促使其加强节能减排,提高发展质量和效益;对产能严重过剩行业未取得合法手续的新增产能建设项目,一律不得给予授信;对"僵尸企业",坚决压缩退出相关贷款。

9.6.2 提高制造业企业直接融资比重

一是支持各类制造业企业利用直接融资工具,替代其他高成本融资方式。支持符合《中国制造 2025 江苏行动纲要》和战略性新兴产业方向的制造业企业,通过 IPO、新三板挂牌、区域性股权交易市场交易等方式,在各层次资本市场进行股权融资。二是支持和引导上市公司通过整体上市、定向增发、资产收购等形式,促进行业整合和产业升级,提高优势企业证券化水平。三是积极支持符合条件的金融机构开展不良贷款证券化试点,加快推进应收账款证券化业务发展,盘活制造业企业存量资产。

9.6.3 充分挖掘制造业企业有效信贷需求

一是主动服务企业。制造业企业主办银行应建立企业信贷专员制度,明确企业信贷专员职责;企业信贷专员应深入企业进行调研、服务,及时了解企业信贷需求,打通内部流程,提供建设性、个性化解决方案,主动指导企业开展多渠道融资,协助解决企业融资过程中的困难和问题。二是引导银行业金融机构突出信贷投放重点,进一步加大对重大技术改造项目的信贷支持,继续加大对传统产业改造升级项目的信贷支持。三是鼓励金融机构开展跨境人民币业务及并购贷款业务。

9.6.4 减轻制造业企业融资成本

一是完善制造业企业转贷应急机制。有条件的市县建议建立企业转贷应急机制,引导国有资本、社会资本共同建立小微企业转贷基金,重点支持制造业企业500万元以下"过桥"转贷,有效缓解企业融资难、融资贵的问题。二是引导银行业金融机构改进信贷管理制度,逐步建立银行、担保机构风险分担的信贷机制,在有效管控风险的基础上,减少对担保、抵押物的依赖,切实降低制造业企业融资成本。

9.6.5 积极营造制造业企业良好融资环境

一是充分发挥各级经济和信息化部门、金融管理部门的桥梁作用。通过定期发布企业融资信息、举办融资洽谈活动等方式,推动政银企融资对接,推动银企信息沟通,疏通资金对接渠道。二是建立政银企合作机制。建立金融案件处置绿色通道,统一金融纠纷案件法律适用标准,加强对重点领域金融风险预警,联动处置区域金融风险。三是探索建立省级层面的综合金融服务平台,整合金融产品、融资需求、信息查询、公共信用信息、信息中介服务等资源,实现网络化、一站式、高效率的融资对接。四是建立放款审核绿色通道。对制造行业客户,在满足放款条件的基础上优先审核、优先放款;根据制造业信用等级不同的客户量身定制放款业务;对其他需重点支持的先进制造业客户可由二级分行梳理名单报放款中心备案,实行放款审核优先排序。

9.7 本章小结

江苏制造业转型升级发展需以习近平新时代中国特色社会主义思想为指导,认真落实习近平总书记对江苏工作和制造业发展的重要指示要求,本章紧紧围绕"高端化、智能化、数字化、绿色化",从促使产业基础高级化和产业链现代化出发,围绕自主可控,加快制造与科技的深度融合,加强产业人才队伍建设,发挥财政政策、税收政策、金融政策实效等方面提出建议,以破解制约制造业转型升级的瓶颈因素。

参考文献

[1] Akamatsu K. The synthetic principles of the economic development of our country[J]. The Journal of Economy, 1932(6):179 - 220.

[2] Alber T G, Hu Z, Gar Y H, et al. R&D and Technology Transfer: Firm-Level Evidence from Chinese Industry[J]. The Review of Economics and Statistics, 2005,87(4):780 - 786.

[3] Anyanwu J C. Does human capital matter in manufacturing value added development in Africa? [J]. Asian Journal of Economic Modelling, 2018, 6(3):294 - 316.

[4] Clark C. The conditions of economic progress[M]. London: Macmillan and co., limited, 1940.

[5] Creamer D. Shifts of manufacturing industries location and national resources[M]. Washington DC: Government Printing Office, 1943.

[6] Dunning J H. Trade, location of economic activity and the multinational enterprise: A search for an eclectic approach [M]. London and Basingstoke: Macmillan, 1977.

[7] Hill E W, Brennan J F. A methodology for identifying the drivers of industrial clusters: The foundation of regional competitive advantage[J]. Economic Development Quarterly, 2000,14(1):65 - 96.

[8] Hoffman W G. Industrial economics[M]. Manchester University Press, 1958.

[9] Kaldor N. Capital accumulation and economic growth[M]//The theory of capital. London: Palgrave Macmillan, 1961: 177 - 222.

[10] Kojima K. Reorganisation of north-south trade: Japan's foreign economic policy for the 1970s[J]. Hitotsubashi Journal of Economics, 1973(13): 1 - 28.

[11] Krugman P. Increasing returns and economic geography[J]. Journal of Political Economy, 1991,99(3):483 - 499.

[12] Kuznets S. Modern economic growth: Findings and reflections[J]. American Economic Review, 1973, 63(3):829–846.

[13] Marshall A. Principles of economics[M]. London: Macmillan, 1920.

[14] OECD. Trade in Value Added, Origin of Value Added in Gross Exports[J]// Congressional Research Service. Marc Levinson, U.S. Manufacturing in International Perspective, February 21, 2018:5.

[15] OECD. 技术创新统计手册[Z]. 北京:中国财政经济出版社,1993.

[16] Parteka A. Economic growth, structural change and quality upgrading in new member states[J]. EIBURS Project, European Investment Bank Working Paper, 2009.

[17] Porter M E. On competition[M]. Boston: Harvard Business School, 1998.

[18] Prebisch R. The economic development of Latin America and its principal problems[J]. Economic Bulletin for Latin America, 1962(1):1–35.

[19] Russu C. Structural changes produced in the Romanian manufacturing industry in the last two decades[J]. Procedia Economics and Finance, 2015(22):323–332.

[20] Schmitz H. Local enterprises in the global economy: issues of governance and upgrading[M]. Northhampton, MA: Edward Elgar, 2004.

[21] Teixeira A A C, Queirós A S S. Economic growth, human capital and structural change: A dynamic panel data analysis[J]. Research Policy, 2016, 45(8):1636–1648.

[22] Vernon R. International investment and international trade in the product cycle[J]. Quarterly Journal of Economics, 1966, 80(2):190–207.

[23] Zhou Y X. Human capital, institutional quality and industrial upgrading: Global insights from industrial data[J]. Economic Change and Restructuring, 2018, 51(1):1–27.

[24] 2017年泰国汽车总产量198.8万辆[EB/OL]. (2018-01-27)[2019-04-10]. http://chiangmai.mofcom.gov.cn/article/jmxw/201801/20180102704859.Shtml.

[25] 2018世界经济论坛东盟会议聚焦工业4.0[EB/OL]. (2018-09-11)[2019-04-11]. http://world.people.com.cn/n1/2018/0911/c1002-30287137.Html.

[26] 阿瑟·刘易斯. 国际经济秩序的演变[M]. 北京:商务印书馆,1984.

[27] 白永亮,杨扬.长江经济带城市制造业集聚的空间外部性:识别与应用[J].重庆大学学报(社会科学版),2019,25(3):14-28.

[28] 鲍曙明,张同斌.制造业行业分类体系的演变与新进展[J].东北财经大学学报,2017(5):25-33.

[29] 曹春方,马连福,沈小秀.财政压力、晋升压力、官员任期与地方国企过度投资[J].经济学(季刊),2014,13(4):1415-1436.

[30] 陈建军,胡晨光.产业集聚的集聚效应:以长江三角洲次区域为例的理论和实证分析[J].管理世界,2008(6):68-83.

[31] 陈瑾,何宁.高质量发展下中国制造业升级路径与对策:以装备制造业为例[J].企业经济,2018,37(10):44-52.

[32] 陈强强,邴芳,窦学诚,等.甘肃省产业转型升级测度及其经济效应[J].干旱区地理,2016,39(6):1365-1372.

[33] 陈清泰.新兴产业驱动经济发展方式转变[J].前线,2010(7):49-52.

[34] 陈蕊花,刘兰明,王芳.英国现代学徒制嬗变历程、战略管理及经验启示[J].职教论坛,2020(2):164-170.

[35] 陈志文."工业4.0"在德国:从概念走向现实[J].世界科学,2014(5):6.

[36] 陈志祥,迟家昱.制造业升级转型模式、路径与管理变革:基于信息技术与运作管理的探讨[J].中山大学学报(社会科学版),2016,56(4):180-191.

[37] 陈治.资源型城市生产要素配置与经济增长关系实证分析[J].统计与决策,2015(12):131-133.

[38] 成力为,孙玮,涂纯.我国制造业内外资资本配置效率差别的研究[J].山西财经大学学报,2009,31(5):52-59.

[39] 程恩富,李建平.中国经济规律研究报告(2013年)[M].北京:经济科学出版社,2014.

[40] 程艳霞,李娜.湖北产业结构升级测度与产业结构优化研究[J].武汉理工大学学报(信息与管理工程版),2010,32(1):118-121.

[41] 代明,殷仪金,戴谢尔.创新理论:1912—2012:纪念熊彼特《经济发展理论》首版100周年[J].经济学动态,2012(4):143-150.

[42] 代谦,别朝霞.人力资本、动态比较优势与发展中国家产业结构升级[J].世界经济,2006,29(11):70-84.

[43] 戴伯勋,霍从刚.论企业自组织兼并[J].中国工业经济,1999(12):52-56.

[44] 邓春玉.广东产业转型升级测度及要素空间演化响应机理研究[J].广东行政学院学报,2013,25(1):78-84.

[45] 丁堡骏,魏旭.马克思价值转形视阈下的产业转移思想[J].当代经济研究,

2015(9):21-26.

[46] 丁纯,李君扬.德国"工业4.0":内容、动因与前景及其启示[J].德国研究,2014,29(4):49-66+126.

[47] 丁焕峰,孙泼泼.中国产业升级测度与策略分析[J].商业研究,2010(5):97-100.

[48] 丁平.美国再工业化的动因、成效及对中国的影响[J].国际经济合作,2014(4):21-28.

[49] 丁伟丰,罗小龙,顾宗倪.产业空间演化视角下乡村型半城镇化地区的转型:以汕头市澄海区中部地区为例[J].经济地理,2020,40(12):147-154.

[50] 定了!2019年泰国汽车产销总量215万辆[EB/OL].(2019-02-11)[2019-04-12].http://www.sohu.com/a/294144244_761161.

[51] 杜军,鄢波,王许兵.广东海洋产业集群集聚水平测度及比较研究[J].科技进步与对策,2016,33(7):57-62.

[52] 段敏芳,田秉鑫.制造业升级监测指标体系探讨[J].中南民族大学学报(人文社会科学版),2017,37(3):135-140.

[53] 范正伟.从速度中国向幸福中国转型[N].中国高新技术产业导报,2011-03-28(A3).

[54] 菲律宾国家概况[EB/OL].(2018-07-23)[2019-04-12].https://www.fmprc.gov.cn/chn//gxh/cgb/zcgmzysx/yz/1206_9/1207/.

[55] 封思贤.江苏制造业的发展规律、产业演进趋势及发展建议[J].江苏商论,2010(9):148-151.

[56] 冯梅.比较优势动态演化视角下的产业升级研究:内涵、动力和路径[J].经济问题探索,2014(5):50-56.

[57] 付书科,廖莉莉,刘念.长江经济带物流产业集聚水平测度分析[J].商业经济研究,2018(5):117-119.

[58] 傅家骥,施培公.技术积累与企业技术创新[J].数量经济技术经济研究,1996,13(11):70-73.

[59] 傅元海,叶祥松,王展祥.制造业结构优化的技术进步路径选择:基于动态面板的经验分析[J].中国工业经济,2014(9):78-90.

[60] 干春晖,郑若谷,余典范.中国产业结构变迁对经济增长和波动的影响[J].经济研究,2011,46(5):4-16+31.

[61] 高燕.产业升级的测定及制约因素分析[J].统计研究,2006,23(4):47-49.

[62] 关爱萍,陈锐.产业集聚水平测度方法的研究综述[J].工业技术经济,

2014,33(12):150-155.

[63] 郭健.税收扶持制造业转型升级:路径、成效与政策改进[J].税务研究,2018(3):17-22.

[64] 国家发改委经济研究所课题组,刘树杰,黄卫挺,等.分报告二改革开放以来的区域发展模式回顾[J].经济研究参考,2012(43):36-38.

[65] 国务院.中国制造2025[R].北京:国务院,2015.

[66] 韩剑,郑秋玲.政府干预如何导致地区资源错配:基于行业内和行业间错配的分解[J].中国工业经济,2014(11):69-81.

[67] 韩增林,杨文毅,郭建科,等.环渤海地区临港石化产业集聚水平测度[J].地理科学,2017,37(8):1135-1144.

[68] 何平,陈丹丹,贾喜越.产业结构优化研究[J].统计研究,2014,31(7):31-37.

[69] 何雄浪,李国平,杨继瑞.我国产业集聚原因的探讨:基于区域效应、集聚效应、空间成本的新视角[J].南开经济研究,2007(6):43-60.

[70] 贺灿飞,朱彦刚,朱晟君.产业特性、区域特征与中国制造业省区集聚[J].地理学报,2010,65(10):1218-1228.

[71] 贺正楚,曹德,曹虹剑,等.中国全球制造业创新中心的建设:科技创新与GIP函数的视角[J].科学决策,2018(8):21-44.

[72] 洪联英,韩峰,唐寅.中国制造业为何难以突破技术技能升级陷阱?一个国际生产组织安排视角的分析[J].数量经济技术经济研究,2016,33(3):23-40.

[73] 胡晨光,程惠芳,陈春根.产业集聚的集聚动力:一个文献综述[J].经济学家,2011(6):93-101.

[74] 胡霞.产业特性与中国城市服务业集聚程度实证分析[J].财贸研究,2009,20(2):58-64.

[75] 胡昱.产业升级路径选择:循序演进与跳跃发展[J].东岳论丛,2011,32(12):91-94.

[76] 黄玖立,黄俊立.市场规模与中国省区的产业增长[J].经济学(季刊),2008,7(4):1317-1334.

[77] 霍利斯·钱纳里,谢尔曼·鲁宾逊,摩西·赛尔奎因.工业化和经济增长的比较研究[M].吴奇,王松宝,等译.上海:三联书店上海分店,1989.

[78] 贾妮莎,申晨.中国对外直接投资的制造业产业升级效应研究[J].国际贸易问题,2016(8):143-153.

[79] 江苏省统计局课题组,伍祥,马俊,等.江苏工业经济增长质量及动力选择

研究[J].统计科学与实践,2013(10):4-6.

[80] 姜泽华,白艳.产业结构升级的内涵与影响因素分析[J].当代经济研究,2006(10):53-56.

[81] 姜泽华.我国产业结构升级模式变迁的效应与前瞻分析[J].理论探讨,2010(1):66-69.

[82] 蒋伏心,王竹君,白俊红.环境规制对技术创新影响的双重效应:基于江苏制造业动态面板数据的实证研究[J].中国工业经济,2013(7):44-55.

[83] 蒋仁爱,冯根福.贸易、FDI、无形技术外溢与中国技术进步[J].管理世界,2012(9):49-60.

[84] 蒋媛媛,樊豪斌,黄敏.长江经济带制造业创新中心布局与建设研究[J].上海经济,2018(1):5-17.

[85] 揭仕军.经济新常态下增长转型与增速预测:基于新中国70年的时间序列数据[J].经济问题探索,2020(6):9-18.

[86] 靳卫东.人力资本与产业结构转化的动态匹配效应:就业、增长和收入分配问题的评述[87].经济评论,2010(6):137-142.

[88] 靖学青.上海产业升级测度及评析[J].上海经济研究,2008,20(6):53-59.

[89] 李汉青,袁文,马明清,等.珠三角制造业集聚特征及基于增量的演变分析[J].地理科学进展,2018,37(9):1291-1302.

[90] 李慧,平芳芳.装备制造业产业结构升级程度测量[J].中国科技论坛,2017(2):80-86.

[91] 李捷,余东华,张明志.信息技术、全要素生产率与制造业转型升级的动力机制:基于"两部门"论的研究[J].中央财经大学学报,2017(9):67-78.

[92] 李金华,李苍舒.我国制造业升级的路径与行动框架[J].经济经纬,2010,27(3):32-36.

[93] 李磊,刘常青,徐长生.劳动力技能提升对中国制造业升级的影响:结构升级还是创新升级?[J].经济科学,2019(4):57-68.

[94] 李廉水,石喜爱,刘军.中国制造业40年:智能化进程与展望[J].中国软科学,2019(1):1-9+30.

[95] 李廉水.中国制造业发展研究报告2015[M].北京:北京大学出版社,2016.

[96] 李平,王钦,贺俊,等.中国制造业可持续发展指标体系构建及目标预测[J].中国工业经济,2010(5):5-15.

[97] 李士梅,潘宇瑶.自主创新对产业结构高级化的影响:基于VEC模型的实证检验[J].江汉论坛,2016(7):56-61.

[98] 李文文,王文平,束慧,等.投入产出视角下中国制造业空间转移效应分析[J].统计与决策,2018,34(10):118-122.

[99] 李新,苏兆国,史本山.基于区位选择的中国工业生产企业空间集聚研究[J].科学学研究,2010,28(4):549-557.

[100] 李扬,张晓晶."新常态":经济发展的逻辑与前景[J].经济研究,2015,50(5):4-19.

[101] 李扬.西部地区产业集聚水平测度的实证研究[J].南开经济研究,2009(4):144-151.

[102] 李耀新.生产要素密集型产业论[M].北京:中国计划出版社,1995.

[103] 李毅.晋城市煤化工产业发展中存在问题及对策[J].晋城职业技术学院学报,2010,3(1):63-65.

[104] 李宇,林菁菁.产业升级的内生驱动及其企业持续创新本质挖掘[J].改革,2013(6):118-127.

[105] 李悦,孔令丞.我国产业结构升级方向研究:正确处理高级化和协调化的关系[J].当代财经,2002(1):46-51.

[106] 李云志."工业4.0"时代的管理架构研究[J].管理观察,2014(24):95-96.

[107] 李智.新常态下中国经济发展态势和结构动向研究[J].价格理论与实践,2014(11):7-12.

[108] 梁榜,张建华.对外经济开放、金融市场发展与制造业结构优化[J].华中科技大学学报(社会科学版),2018,32(4):89-101.

[109] 廖安勇,史桂芬,黎涵.马克思制造业转型升级思想及当代价值[J].当代经济研究,2019(6):55-63.

[110] 列宁全集:第1卷[M].北京:人民出版社,1955.

[111] 林晶,吴赐联.福建产业结构升级测度及产业结构优化研究[J].科技管理研究,2014,34(2):41-44.

[112] 林涛,谭文柱.区域产业升级理论评价和升级目标层次论建构[J].地域研究与开发,2007,26(5):16-23.

[113] 刘丹,王迪,赵蓓,等."制造强国"评价指标体系构建及初步分析[J].中国工程科学,2015,17(7):96-107.

[114] 刘宏,李述晟.FDI对我国经济增长、就业影响研究:基于VAR模型[J].国际贸易问题,2013(4):105-114.

[115] 刘树成.现代经济辞典[M].南京:凤凰出版社,2005.

[116] 刘伟全,李锐.外商直接投资与山东省制造业升级的实证检验:基于地区、

行业面板数据的分析[J].科技与经济,2012,25(2):70-75.

[117] 刘艳.中国战略性新兴产业集聚度变动的实证研究[J].上海经济研究,2013,25(2):40-51.

[118] 刘志彪,安同良.中国产业结构演变与经济增长[J].南京社会科学,2002(1):1-4.

[119] 刘志彪,吴福象.新中国60年江苏工业发展的基本轨迹和基本经验[J].南京社会科学,2009(12):1-8.

[120] 刘志彪.产业升级的发展效应及其动因分析[J].南京师大学报(社会科学版),2000(2):3-10.

[121] 罗军.FDI前向关联与技术创新:东道国研发投入重要吗[J].国际贸易问题,2016(6):3-14.

[122] 吕明元,尤萌萌.韩国产业结构变迁对经济增长方式转型的影响:基于能耗碳排放的实证分析[J].世界经济研究,2013(7):73-80+89.

[123] 吕铁,韩娜.智能制造:全球趋势与中国战略[J].人民论坛·学术前沿,2015(11):4-17.

[124] 马光荣,程小萌,杨恩艳.交通基础设施如何促进资本流动:基于高铁开通和上市公司异地投资的研究[J].中国工业经济,2020(6):5-23.

[125] 马洪福,郝寿义.产业转型升级水平测度及其对劳动生产率的影响:以长江中游城市群26个城市为例[J].经济地理,2017,37(10):116-125.

[126] 马克思.资本论:第1卷[M].北京:人民出版社,2004.

[127] 马克思.资本论:第2卷[M].北京:人民出版社,2004.

[128] 马克思.资本论:第3卷[M].北京:人民出版社,2004.

[129] 马克思恩格斯全集:第3卷[M].北京:人民出版社,1972.

[130] 马克思恩格斯全集:第47卷[M].北京:人民出版社,1972.

[131] 迈向智慧国愿景,额外3亿拨款加强服务与数码经济科研[N].联合早报,2019-03-05.

[132] 毛蕴诗,汪建成.基于产品升级的自主创新路径研究[J].管理世界,2006(5):114-120.

[133] 美媒:2020年东盟有望成世界第五大经济体[EB/OL].(2017-08-08)[2019-04-13].http://world.huanqiu.com/exclusive/2017-08/11096306.html?agt=1079.

[134] 潘为华,潘红玉,陈亮,等.中国制造业转型升级发展的评价指标体系及综合指数[J].科学决策,2019(9):28-48.

[135] 彭冲,李春风,李玉双.产业结构变迁对经济波动的动态影响研究[J].产

业经济研究,2013(3):91-100.

[136] 彭国华.中国地区收入差距、全要素生产率及其收敛分析[J].经济研究,2005,40(9):19-29.

[137] 丘海雄,于永慧.中国制造的腾飞:珠三角产业转型升级的实证研究[M].北京:人民出版社,2018.

[138] 任碧云,贾贺敬.基于内涵重构的中国制造业产业升级测度及因子分析[J].经济问题探索,2019(4):141-148.

[139] 三星在越南大量生产手机带动越南GDP回升[EB/OL].(2017-06-30)[2019-04-11].https://www.nanyangmoney.com/Vietnam.

[140] 盛朝迅.以产业生态理念推进东南沿海地区转型升级[J].宏观经济管理,2012(2):62-64.

[141] 宋利芳,冀玥竹,朴敏淑.韩国"制造业革新3.0"战略及启示[J].经济纵横,2016(12):115-119.

[142] 宋胜洲,郑春梅,高鹤文.产业经济学原理[M].北京:清华大学出版社,2012.

[143] 宋维佳,王军徽.ODI对母国制造业产业升级影响机理分析[J].宏观经济研究,2012(11):39-455+91.

[144] 宋宪萍,孙茂竹.资本逻辑视阈中的全球性空间生产研究[J].马克思主义研究,2012(6):59-66.

[145] 苏杭,郑磊,牟逸飞.要素禀赋与中国制造业产业升级:基于WIOD和中国工业企业数据库的分析[J].管理世界,2017(4):70-79.

[146] 隋映辉,于喜展.我国轨道制造的系统创新与转型路径:跨越式发展与创新转型实践[J].科学学研究,2015,33(5):767-773.

[147] 孙海波,焦翠红,林秀梅.人力资本集聚对产业结构升级影响的非线性特征:基于PSTR模型的实证研究[J].经济科学,2017(2):5-17.

[148] 孙汉杰.东北地区制造业升级问题研究[D].长春:东北师范大学,2016.

[149] 谭晶荣,颜敏霞,邓强,等.产业转型升级水平测度及劳动生产效率影响因素估测:以长三角地区16个城市为例[J].商业经济与管理,2012(5):72-81.

[150] 谭清美,陆菲菲.Ellison—Glaeser指数的修正方法及其应用:对中国制造业行业集聚的再测度[J].技术经济,2016,35(11):62-67.

[151] 唐红祥,张祥祯,吴艳,等.中国制造业发展质量与国际竞争力提升研究[J].中国软科学,2019(2):128-142.

[152] 唐清泉,李海威.我国产业结构转型升级的内在机制研究:基于广东R&D

投入与产业结构的实证分析[J].中山大学学报(社会科学版),2011,51(5):191-199.

[153] 童健,刘伟,薛景.环境规制、要素投入结构与工业行业转型升级[J].经济研究,2016(7):43-57.

[154] 汪德华,江静,夏杰长.生产性服务业与制造业融合对制造业升级的影响:基于北京市与长三角地区的比较分析[J].首都经济贸易大学学报,2010,12(2):15-22.

[155] 王福君.装备制造业内部结构升级的测度指标体系研究:兼评辽宁装备制造业内部结构升级程度[J].财经问题研究,2008(10):49-53.

[156] 王国平.产业升级模式比较与理性选择[J].上海行政学院学报,2014,15(1):4-12.

[157] 王劲峰,徐成东.地理探测器:原理与展望[J].地理学报,2017,72(1):116-134.

[158] 王凌.人力资源服务产业集聚建设的影响因素及其突破[J].江西社会科学,2016,36(7):54-60.

[159] 王茂祥,施佳敏,黄建康.江苏省产业结构升级测度及优化路径研究[J].管理现代化,2017,37(1):1-4.

[160] 王勤,温师燕.东盟国家实施"工业4.0"战略的动因和前景[J].亚太经济,2020(2):36-43.

[161] 王玉燕,汪玲,詹翩翩.中国工业转型升级效果评价研究[J].工业技术经济,2016,35(7):130-138.

[162] 王正毅.东盟国家的工业化战略及其对产业布局的影响[J].人文地理,1994,9(2):54-59.

[163] 王子龙,谭清美,许箫迪.产业集聚水平测度的实证研究[J].中国软科学,2006(3):109-116.

[164] 魏龙,王磊.全球价值链体系下中国制造业转型升级分析[J].数量经济技术经济研究,2017,34(6):71-86.

[165] 魏旭,谭晶.资本积累、空间修复与产业转移[J].经济学家,2016(8):5-10.

[166] 文东伟,冼国明.中国制造业的空间集聚与出口:基于企业层面的研究[J].管理世界,2014(10):57-74.

[167] 吴安波,孙林岩,李刚,等.中国制造业聚集度决定因素的理论构建与实证研究[J].经济问题探索,2012(2):6-13.

[168] 吴学花,杨蕙馨.中国制造业产业集聚的实证研究[J].中国工业经济,

2004(10):36-43.

[169] 吴义爽,徐梦周.制造企业"服务平台"战略、跨层面协同与产业间互动发展[J].中国工业经济,2011(11):48-58.

[170] 西蒙·库兹涅茨.各国的经济增长[M].北京:商务印书馆,1985.

[171] 西蒙·库兹涅茨.现代经济增长[M].北京:北京经济学院出版社,1989.

[172] 习近平.谋求持久发展共筑亚太梦想:在亚太经合组织工商领导人峰会开幕式上的演讲(2014年11月9日,国家会议中心)[N].人民日报,2014-11-10(2).

[173] 夏锦文,吴先满,吕永刚,等.江苏经济高质量发展"拐点":内涵、态势及对策[J].现代经济探讨,2018(5):1-5.

[174] 夏友富,何宁.推动我国装备制造业迈向全球价值链中高端的机制、路径与对策[J].经济纵横,2018(4):56-62.

[175] 向吉英.产业成长的动力机制与产业成长模式[J].学术论坛,2005,28(7):49-53.

[176] 徐梅.日本制造业强大的原因及镜鉴[J].人民论坛,2021(S1):116-121.

[177] 薛继亮.技术选择与产业结构转型升级[J].产业经济研究,2013(6):29-37.

[178] 阳立高,龚世豪,王铂,等.人力资本、技术进步与制造业升级[J].中国软科学,2018(1):138-148.

[179] 杨公朴,夏大慰.产业经济学教程[M].上海:上海财经大学出版社,1998.

[180] 杨仁发.产业集聚能否改善中国环境污染[J].中国人口·资源与环境,2015,25(2):23-29.

[181] 杨汝岱.中国制造业企业全要素生产率研究[J].经济研究,2015,50(2):61-74.

[182] 杨先明,伏润民.国际直接投资与我国产业升级问题的思考[J].云南大学学报(哲学社会科学版),2002,1(1):58-64.

[183] 杨颖.新产业区理论与湖北产业转型升级研究[J].湖北社会科学,2010(12):56-58.

[184] 姚正海,杨保华,叶青.基于区域产业转型升级的创新人才培养问题研究[J].经济问题,2013(10):87-90.

[185] 叶娇,王佳林.FDI对本土技术创新的影响研究:基于江苏省面板数据的实证[J].国际贸易问题,2014(1):131-138.

[186] 叶莉,范高乐.区域金融产业集聚水平的测度与效率评价[J].统计与决策,2019,35(10):161-164.

[187] 叶琪.世界创新竞争驱动制造业转型的机理与验证[J].工业技术经济,2015,34(1):29-36.

[188] 殷德生,唐海燕.中国制造业集聚的决定因素与变动趋势:基于三大经济圈的实证分析[J].世界经济研究,2007(12):3-9.

[189] 殷醒民.制造业:"乘数效应"溢出与技术升级[J].经济学家,1998(5):101-108.

[190] 尹希果,刘培森.中国制造业集聚影响因素研究:兼论城镇规模、交通运输与制造业集聚的非线性关系[J].经济地理,2013,33(12):97-103.

[191] 印尼政府将推出工业4.0路线图[N].印尼商报,2018-04-03.

[192] 袁永,陈丽佳,王子丹.英国2017产业振兴战略主要科技创新政策研究[J].科技管理研究,2018,38(13):53-58.

[193] 约翰·伊特韦尔.新帕尔格雷夫经济学大辞典[M].北京:经济科学出版社,1992.

[194] 岳意定,谢伟峰.城市工业转型升级发展水平的测度[J].系统工程,2014,32(2):132-137.

[195] 越共中央政治局发布决议,主动参与第四次工业革命[N].越通社,2019-10-01.

[196] 张蓓.英国工业2050战略重点[N].学习时报,2016-02-15(02).

[197] 张凤,何传启.第二次现代化与中国国家创新体系[J].中国软科学,2000(1):106-108.

[198] 张慧明,蔡银寅.中国制造业如何走出"低端锁定":基于面板数据的实证研究[J].国际经贸探索,2015,31(1):52-65.

[199] 张军,吴桂英,张吉鹏.中国省际物质资本存量估算:1952—2000[J].经济研究,2004(10):35-44.

[200] 张林.中国双向FDI、金融发展与产业结构优化[J].世界经济研究,2016(10):111-124+137.

[201] 张培刚.农业与工业化(中下合卷)[M].武汉:华中科技大学出版社,2002.

[202] 张其仔,李蕾.制造业转型升级与地区经济增长[J].经济与管理研究,2017,38(2):97-111.

[203] 张其仔.比较优势的演化与中国产业升级路径的选择[J].中国工业经济,2008(9):58-68.

[204] 张少军,刘志彪.产业升级与区域协调发展:从全球价值链走向国内价值链[J].经济管理,2013,35(8):30-40.

[205] 张舒.工业先行国产业升级路径的比较分析:以纺织业为例[J].工业技术经济,2014,33(4):3-10.

[206] 张学良.中国交通基础设施促进了区域经济增长吗:兼论交通基础设施的空间溢出效应[J].中国社会科学,2012(3):60-77+206.

[207] 张彦.全球价值链调整下的东盟制造业发展[J].东南亚研究,2020(2):16-39.

[208] 张耀辉.包含交易费用的市场绩效模型:兼论我国东北经济难以振兴的根源[J].中国工业经济,2004(1):43-48.

[209] 张耀辉.产业创新:新经济下的产业升级模式[J].数量经济技术经济研究,2002,19(1):14-17.

[210] 张宇,蒋殿春.FDI、产业集聚与产业技术进步:基于中国制造行业数据的实证检验[J].财经研究,2008,34(1):72-82.

[211] 张志元,李兆友.创新驱动制造业转型升级对策研究[J].中国特色社会主义研究,2015,6(4):41-44.

[212] 张志元,李兆友.新常态下我国制造业转型升级的动力机制及战略趋向[J].经济问题探索,2015(6):144-149.

[213] 赵儒煜,侯一明.中国劳动密集型制造业集聚及其影响因素研究[J].南昌大学学报(人文社会科学版),2015,46(5):53-58.

[214] 赵儒煜,石美生.我国制造业集聚转移及影响因素的分析与对策[J].经济与管理,2013,27(12):73-76.

[215] 中小企业数字化升级可享减税200%[N].星暹日报,2019-08-15.

[216] 周济.制造业数字化智能化[J].中国机械工程,2012,23(20):2395-2400.

[217] 周茂,陆毅,杜艳,等.开发区设立与地区制造业升级[J].中国工业经济,2018(3):62-79.

[218] 周民良,梁祝.日本建设低碳社会的着力点及启示[J].中国发展观察,2012(11):45-48.

[219] 周长富,杜宇玮.代工企业转型升级的影响因素研究:基于昆山制造业企业的问卷调查[J].世界经济研究,2012(7):23-28+86.

[220] 朱高峰,王迪.当前中国制造业发展情况分析与展望:基于制造强国评价指标体系[J].管理工程学报,2017,31(4):1-7.

[221] 朱卫平,陈林.产业升级的内涵与模式研究:以广东产业升级为例[J].经济学家,2011(2):60-66.

后 记

本书内容来自笔者负责的江苏省教育厅哲社基金一般项目"创新驱动苏南城市群制造业转型升级路径与对策研究"(2017SJB0425)的主要研究成果。在项目立项和研究过程中得到了许多评审专家、同行评议人和有关管理人员的悉心指导和无私帮助,在此谨向他们表示衷心的感谢。

本书凝聚着课题组成员的研究心得,由衷地感谢课题组成员王圣元老师、丁茗老师、许国银老师、柳莹老师对本课题申报和研究以及本书撰写给予的大力支持和帮助。

在本书出版过程中得到了东南大学出版社领导和编辑们的大力支持,特别是得到孙松茜编辑的鼎力相助,正是她的辛勤工作,本书才能得以如期出版。在此表示深深的感谢!

在本书写作过程中,笔者参考了大量的国内外同行的相关研究成果,从中获得了许多启示和借鉴,在此也向这些成果的完成者们表示深深的敬意和谢意!

由于本书研究内容所涉及的知识丰富而复杂,而笔者的学识与经验有限,所以本书的观点和数据在系统性上难免会存在不妥和不足之处,恳请同行专家学者和广大读者批评指正。